U0331266

旅行社销售实务

LVXINGSHE XIAOSHOU SHIWU

王育峰　龙睿　主编

内容提要

本书在引入国内外销售理论的基础上，充分结合了旅行社销售人员的岗位职责与能力要求，以任务为导向，使学习者能快速具备相应的职业素养与技能。全书按照工作流程共分为四个情景，十六个任务，包括认识销售岗位、养成职业礼仪、获取销售产品知识、引流拓客、分析顾客、接触顾客、推荐旅游产品、处理异议、成交订单、收款、签订合同、开具发票、办理签证、行前说明、处理投诉、维护客户关系等。

本书不仅适合各类应用类本科院校、高等职业院校旅游管理专业和旅行社经营管理专业学生使用，也可以作为旅行社从业人员、旅游职业培训的参考用书。

图书在版编目（CIP）数据

旅行社销售实务/王育峰，龙睿主编. —上海：上海交通大学出版社，2023.3（2024.8重印）
ISBN 978-7-313-27983-5

Ⅰ.①旅… Ⅱ.①王… ②龙… Ⅲ.①旅行社—市场营销学—教材 Ⅳ.①F590.82

中国版本图书馆CIP数据核字（2022）第221217号

旅行社销售实务
LÜXINGSHE XIAOSHOU SHIWU

主　　编：王育峰　龙　睿
出版发行：上海交通大学出版社　　地　　址：上海市番禺路951号
邮政编码：200030　　电　　话：021-64071208
印　　制：江苏凤凰数码印务有限公司　　经　　销：全国新华书店
开　　本：787mm × 1092mm　1/16　　印　　张：12
字　　数：293千字
版　　次：2023年3月第1版　　印　　次：2024年8月第2次印刷
书　　号：ISBN 978-7-313-27983-5
定　　价：58.00元

前　言

本教材根据国标《旅行社服务通则》中销售人员的要求，打破以知识体系为线索的传统编写模式，以崭新的视角让读者了解销售岗位、认识销售过程、运用销售技巧。教材以旅行社销售人员工作过程为线索，以旅行社行业销售岗位的职业能力培养为目标设计了4个学习情景、16项学习任务。每项学习任务中有相关知识、实训活动设计和任务掌握评价。教材依据学习目标设计了工作项目，布置了对应的工作任务，教材中运用大量的案例进行操作示范，帮助读者理解知识点，掌握技能点。

我国旅游业飞速发展，消费市场多元化，消费者对旅游服务提出了更高的要求。为满足旅行社销售岗位对复合型人才的要求，教材在内容上，除强调销售旅游产品的技能外，还将营销推广、财务等相关知识点融入教材，培养学生在旅行社销售工作岗位所需的业务能力与职业素质，提升学生的职业综合能力；教材在实训设计上，强调跨界技能点的融合以及不同销售场景的技能掌握，例如疫情常态化的直播销售。本教材的特点就是可以帮助销售新手快速适应销售岗位、全面掌握销售过程、适应不同销售场景，完成复杂销售任务。

本教材一共分为售前准备、旅游产品销售、售中服务和售后服务4个学习情景。

学习情景一：售前准备。本单元主要讲述旅行社销售的售前准备环节需要的知识储备与技能。本单元主要有4项学习任务："认识销售岗位""养成职业礼仪""获取销售产品知识"及"引流拓客"。

学习情景二：旅游产品销售。旅游产品销售是销售人员最核心的工作内容，本单元从顾客分析、与顾客开场接触、旅游产品推介及演示、顾客异议处理以及订单成交5项任务入手，让学习者了解和掌握如何成功地销售旅游产品。

学习情景三：售中服务。售中服务单元主要讲述的是以顾客确认订单为起点到客人出行为终点所涉及的一系列步骤，具体包括收款、签订合同、开具发票、办理签证、行前说明5项任务，销售人员与顾客在此环节达成销售意向，完成各类销售环节的文件资料签署，办理各项手续并做好出发前的准备。

学习情景四：售后服务。售后服务单元主要介绍旅行社向参加旅游活动的顾客提供一系列后续服务的相关知识与技能，单元包括处理投诉、维护客户关系2项任务。

本教材由上海旅游高等专科学校王育峰和龙睿共同完成，感谢吴旭云老师和邹华老师对本教材的支持。在写作过程中，参考和借鉴了许多专家、学者的相关著作和研究成果，优秀教材，以及旅游管理专业历届学生优秀作业，我们在此表示感谢！对上海交通大学出版社张勇老师和倪华老师的辛勤付出表示感谢！

由于编者水平所限，差错疏漏之处在所难免，真诚地请专家、读者指正。

编　者

2022年7月

目　录

学习情景一

售前准备

旅行社销售的售前准备环节是指在与客户接洽前的准备阶段，销售人员需要进行相应的知识储备与技能学习，以便更顺畅地开展销售工作，提升工作效率及效果。本单元的主要学习任务有“认识销售岗位”“养成职业礼仪”“获取销售产品知识”及“引流拓客”。

任务一 认识销售岗位

在成为一名旅行社销售人员前，需要对旅游行业及相关岗位有所了解，明确今后的工作目标、需要具备的条件与技能，这样有利于今后更快更好地开展工作。

通过本节内容学习，达成以下目标。

知识目标：理解旅行社销售的概念、掌握旅行社销售的分类、列举旅行社销售的岗位职责、归纳旅行社销售的工作特点。

技能目标：能复述旅行社销售岗位职责。

素质目标：通过了解销售岗位的基本知识，培养学生对销售的兴趣。

一、旅行社销售的概念

旅行社销售是旅行社在市场营销观念指导下经由策划、促销、管理，而将旅行社产品以符合旅行社利益及市场规律的价格销售出去的一种以营利为目的的现代企业行为。

旅行社销售必须经历旅游产品推销、洽谈、报价、签约等一系列过程，而其成长离不开时间的积累、专业知识的积累、实战经验的积累和行业人脉的积累。最终运用相关的知识与技能在销售过程中让买卖双方各取所需，使彼此感到满意，形成一种双赢的局面。可以说，“销售”是一种“变赢的艺术”。

二、旅行社销售的工作分类

一般而言，旅行社销售工作根据销售对象进行分类，主要分为两大类：一类是旅游同业销售工作，即B2B业务；另一类是面向直客市场的销售工作，即B2C业务。前者是将旅游业内其他旅行社作为销售对象，将自己所在旅行社的优势产品推介给旅行社同行们，让其成为自身产品的经销商，合作完成产品的销售工作，从而共同创造价值。后者则是直接面对终端客户，将自己所在旅行社的自营产品或代理产品推介给他们，达成创造效益的目的。

其中，同业销售的优势在于比直客更容易获得同行旅行社的认可，而且能较大程度地削减营销投入成本，一旦与同行建立了合作关系后，会有一段较长时间周期的产出。但同业销售由于最终同行旅行社还要将旅游产品销售给其自身客户，获取利润，故对于产品供给方的批发商而言，需要进行较大幅度的让利，以确保同行分销商的利益与积极性，因此同业销售的产品毛利率较低，主要以量取胜。

直客销售的优势则在于全部利润都由作为直接销售方的旅行社获得，减少了中间环节。但面对直客的销售压力及营销投入也较大，这就要求旅行社不断推出更有吸引力和高性价比的旅游产品从而招徕新客户，维护好老客户。目前旅行社直客销售的形式主要包括：旅行社门店销售、电话销售和在线销售。

三、旅行社销售人员的岗位职责

1. 提供信息

销售人员要做好旅游市场的信息调查工作，紧跟国内外旅游市场的发展动态，及时向旅行社经营决策者提供经过调查和预测得出的结论，如产品质量、客户情况、发展趋势等市场信息，以便决策者做出正确的经营决策。

2. 协助设计产品

销售人员根据目标市场的特点，认真研究目标客户群的旅游动机和消费心理，反馈给计调人员，协助其设计有吸引力的旅游产品。同时还要加强与各地旅行社的合作，与其保持密切联系，持续收集当地最新的旅游市场信息，使本社的产品线得到不断更新与完善。

3. 销售产品

销售产品是旅行社销售的本职工作，也是最主要的一项工作，即与客户进行业务洽谈，签订旅游合同、收款、办理签证等。同时还要参与售后服务及客户关系管理等工作，并且积极参加旅游展销、促销活动，做好对外旅游宣传工作，为企业树立良好形象，招徕更多客源。

4. 开拓与维护客户

一名合格的销售人员应当具备维护好现有客户并且不断开拓新客户的基本意识。旅行社销售按照销售对象主要分为两类，一类是同业销售，需要将自身的产品推广给更多的同业客户，建立尽可能多的分销渠道；另一类是直客销售，直客销售的开拓重点对象是企事业单位及团体客户。具体的销售对象分类主要由旅行社的定位及业务性质决定。

四、旅行社销售工作的特点

1. 综合性

综合性主要体现在工作内容和涉及的工作对象上。工作内容中，从市场调研、产品设计、报价、销售谈判到售后服务，要涉及这些业务的方方面面。

2. 复杂性

(1) 旅游业的多变性造成销售的方法多变。

(2) 旅行社供应商的价格波动，给销售带来了很大的不确定性。比如，航空公司给旅行社机票销售佣金的削减、旅游景点门票不断地涨价等，价格的变动会直接影响产品的品质。

(3) 旅游者的行为不断变化，旅游产品的多样化给销售工作带来新的挑战。

(4) 随着中国旅游业的不断发展，消费者的旅游心理和行为也发生了很大的变化。旅游产品不仅仅包括团队游线路，还包括自由行线路、机票、酒店、门票、签证、订餐等旅游单项产品。逐渐兴起的定制游产品对旅行社销售人员提出了更高的要求。

3. 超前性

(1) 要占领市场，就必须事先研究市场需求，搜集信息，对市场进行调查，预测、根据市场情况做出相应的调整。

（2）要根据市场的需求，了解各条线路、景点、餐饮、住宿、交通和风土人情，预先设计出适销对路的产品。

4. 时效性

销售人员必须抓住瞬息万变的市场，加强横向交流，掌握最新市场与价格动态。如游客的询价通常会货比三家，如果你无法尽快、精准地报价，其他旅行社就会抢占时间，争夺客源。如果是海外、外地客户的咨询、报价，必须在24小时内给予回复，这是国际惯例。

5. 经济性

（1）价格的制定必须合理，既要有效益，又要有竞争力。

（2）报价必须仔细，考虑周到、全面，稍有疏忽，就会造成较大的经济损失。

（3）签订合同必须认真，各项条款必须仔细斟酌，避免主客双方的权益受到损害。

（4）加强信用管理，协助财务做好收款工作，必须一团一清，杜绝欠款现象。

实训活动设计

学生以3～5人为一个小组，查阅资料，开展小组头脑风暴，各小组在组内说说门店销售、电话销售和网络销售的不同之处。

任务掌握评价

1. 学生自评

要求在已完成和可以胜任的选项后打勾。

（1）能复述旅游销售岗位职责。（　　）

（2）在完成实训作业的过程中主动查阅资料。（　　）

2. 老师评语

任务二 养成职业礼仪

“人无礼则不立，事无礼则不成”，一名合格的销售人员必须“知礼、懂礼、行礼”，良好的仪表仪态，有助于在客户面前树立良好的第一印象，从而赢得客户的青睐，并获得销售与服务的机会。

通过本节的学习达成以下目标。

知识目标：掌握各项服饰礼仪、销售人员的仪态礼仪。

技能目标：能结合自身情况打理发型、化淡妆（女生）、能规范穿着职业装、模拟各项仪态。

素质目标：培养学生知礼、懂礼、行礼，成为一名有内涵、有修养的人。

一、旅行社销售人员仪表修饰

仪表指人的外表，包括容貌、姿态、气质、服饰以及个人卫生等方面，是一个人精神面貌、道德修养、审美情趣以及文化品位综合素质的外在体现。旅游工作者在仪表方面要做到整洁、和谐和自然，给人良好的第一印象。良好的仪表有利于获得旅游者的信任感，建立良好的人际关系。

（一）发型打理

1. 男士发型

男士发型的统一标准就是干净整洁，并且要注意经常修饰、修理，头发不应过长。一般认为，男士前部的头发不要遮住自己的眉毛，侧部的头发不要盖住自己的耳朵，同时不要留过厚或者过长的鬓角，男士后部的头发，应该不要长过西装衬衫领子的上部。不宜烫发、染发、剃光头、留发辫。

2. 女士发型

女性销售人员的发型应大方干练，一般要求在工作岗位上头发长度不宜超过肩部，不宜随意披散。如果留长发，在工作中宜将长发盘起来，或者束起来。

女士在有必要使用发卡、发绳、发带或发箍时，应尽量选用朴实无华的款式。色彩宜为蓝、灰、棕、黑，并且不带任何花饰。不宜在工作岗位上佩戴艳色或带有卡通、动物、花卉图案的发饰。

女士在选择适合自己的发型时，应该先分析研究一下自己的脸型：

（1）圆形脸：将头发安排在头顶，用前刘海盖住双耳及一部分脸颊，即可减少脸的圆度。

（2）方形脸：类似于圆形脸，其发式应遮住额头，并将头发梳向两边及下方，并可以烫一下，造成脸部窄而柔顺的效果。

(3) 鹅蛋形脸：保持头发覆盖丰满且高耸，分出一些带波浪的头发遮住额头，头发以半卷或微波状盖住下级线，造成宽额头的效果。

(4) 长形脸：可适当用刘海掩盖前额，一定不可将发帘上梳，头缝不可中分，尽量加重脸型横向感，使脸型看上去圆一些。

(5) 钻石形脸：增加上额和下巴的丰满，维持头发贴近颧骨线，可创造出鹅蛋形脸的效果。

(6) 心形脸：将中央部分刘海向上卷起或倾斜地梳向一边，在下级线加上一些宽度。

(7) 不规则形脸：可以选择适当的发型掩饰其缺点，采用柔和的可盖住突出缺陷的发型，造成脸部两边平均的效果。

图1-2-1　各 种 脸 型

(二) 职业妆容

适当的化妆修饰有助于旅游工作者形成良好的职业形象，更具亲和力，促使旅游者产生信任感，有利于促进双方彼此建立良好的人际关系。

旅行社销售人员化妆时的注意事项：

1. 避免浓妆艳抹

在旅游服务工作场所，女性旅游工作者宜化淡妆，以适应工作需要。化妆是对工作对象的尊重，体现自尊和职业工作能力水平。在工作岗位上，妆容的最高境界是“妆成有却无”。

2. 突出个性化特点

当旅游工作者出现在旅游者面前时，旅游者首先对旅游工作者的职业妆容留下印象，其职业形象传递着关于旅游工作者的多种信息。人的个性千差万别，适合个性的化妆方法也因人而异,每个人都应该根据自己的具体情况突出其妆容的个性特点。

二、旅行社销售人员礼仪养成

(一) 男士服饰礼仪

(1) 在工作时尽量穿工作服或西装。工作服可以帮助提升企业形象和个人气质。应注意工作服领子和袖口上的洁净,注意保持整体挺括。穿工装时同时要注意检查扣子是否齐全,有无松动,有无线头、污点等等。

(2) 鞋子是不容忽视的一个环节,中国传统文化用“足下生辉”来传递鞋子对人的重要性。应尽量选择黑色皮鞋并且要保持皮鞋的干净光亮。同时注意不要搭配白色袜子或露出鞋帮有破洞的袜子。袜子颜色应与鞋子的颜色和谐,通常以黑色最为普遍。

(3) 在工作时要佩戴好工作证,注意将有人像的面朝外。工作证有助于提升企业形象,突显个人的专业性。

(4) 西装着装要讲究。在正式场合,一般要求穿套装,色彩最好选用深色,给人稳重老成的印象。西服的领子应紧贴衬衣领,并低于衬衣1～2厘米。西装不宜过长或过短,一般以刚刚盖住臀部为宜,不要露出臀部。西装的袖子不宜过肥,一般袖口处最多到手腕的1厘米。

(5) 衬衣也是品位的体现。衬衣领要硬扎、挺括、干净,衬衣一般以白色为宜,白色衬衣显得稳重。衬衣的衣领一定要高于西装后领1～2厘米 。衬衣的下摆要塞在裤子里,衬衣的袖口略长于西装袖口1～2厘米,应扣上袖口纽扣。衬衣里面的内衣要单薄,不宜把领圈和袖口露在外面。

(6) 应注意纽扣的扣法,一般站立时扣上西装的纽扣,坐下时要解开。西装扣子如果是两个,扣纽扣时只需扣上边一个(如果三个扣则只需扣中间的一个)。穿双排扣西装时,应把纽扣都扣上。

(7) 要注意领带的选择和佩戴。领带是西装的重要装饰品,西装与衬衣、领带的搭配十分讲究。领带与衬衫的配色规律是:黑色西装+银灰色、蓝色或黑红色条纹对比色调的领带+浅色或白色衬衣;灰色西装+砖红色、绿色、黄色领带+白色衬衣;乳白色西装+红色为主、略带黑色或砖红色、黄褐色的领带+灰色衬衣;墨绿色西装+银灰色、浅黄色、红白相间的领带+银灰色或白色衬衣;暗蓝色西装+蓝色深玫瑰色、褐色、橙黄色领带+白色或浅蓝色衬衣。领带的长度一般要到腰带部,如果未穿西装背心,领带要长到腰带上沿附近。如果要用领带夹,它的正确位置是在6颗扣衬衣从上朝下数第四颗扣的地方。

(8)皮带是男士腰间唯一的配饰,也需注意。一般选择款式简洁大方,与西装颜色相协调的深色系,皮带扣以银色或暗金色,没有明显图案和标志的为宜。

(二) 女性服饰礼仪

1. 穿着得体

女士在正式场合穿职业套装时讲究得体,优雅大方。上衣的衣扣须全部系上,不要将其部分或全部解开,更不要当着别人的面随便将上衣脱下。上衣的领子要完全翻好,有袋的盖子要拉出来盖住衣袋。不要将上衣披在身上,或者搭在身上。

套裙的长度在膝盖以上2厘米或膝盖下2厘米,这样的长度可以很好地体现端庄、可信的气质。同时注意应将衬衫下摆掖入衬裙裙腰与套裙裙腰之间,切不可将其掖入衬裙裙腰之内。

衬衫应轻薄柔软,色彩与外套和谐。内衣的轮廓最好不要从外面显露出来。衬裙应为白色或肉色,不宜有任何图案。裙腰不可高于套裙裙腰而暴露于外。

职业套裙必须穿连裤丝袜，袜子以肉色或黑色透明丝袜，越靠近肤色为好。丝袜上不可有其他装饰图案，不可着破损丝袜。

2. 饰品礼仪

女性饰品主要有丝巾、胸针、首饰、提包、手套、鞋袜等。饰品在着装中起着画龙点睛、协调整体的作用。饰品选择佩戴得当，可以塑造职业魅力与个性，使人与饰品相得益彰，交相辉映。

胸针是职业女性非常重要的饰品之一，适合一年四季佩戴。佩戴胸针应根据季节、服装的不同而调整搭配，胸针应戴在第一第二粒纽扣之间的平行位置上。

首饰主要指耳环、项链、戒指、手镯、手链等。佩戴首饰应与脸型、服装协调。首饰不宜同时戴多件，比如戒指，两手最好只戴一枚，手镯、手链一只手也不能戴两个以上，多戴则不雅而显得庸俗。不允许佩戴与个人身份无关的珠宝首饰，或者戴有可能过度张扬自己的耳环、手镯、脚链等首饰。

巧用围巾，特别是女士佩戴的丝巾，会收到非常好的装饰效果。通常，单色丝巾搭配带图案的外套，深色或单色的职业套装搭配颜色丰富鲜艳的丝巾。丝巾的颜色与职业套装属于同一色系的，丝巾明度可以高一些。

3. 着装技巧

着装要与环境相协调：当人置身于不同的环境、不同的场合，就必须有不同的着装，要注意穿戴的服装与周围环境的和谐。比如，在办公室工作就需要穿着正规的职业装或工作服。比较喜庆的场合如婚礼、纪念日等可以穿着时尚、潇洒、鲜亮、明快的服装等。

着装要考虑个人身份角色：每个人都扮演不同的角色、身份，这样就有了不同的社会行为规范，在着装打扮上也自然有其自身的规范。作为一名销售人员，就不能过分打扮自己，以免有抢顾客风头的嫌疑；企业的高层领导人员出现在工作场所，当然也不能随心所欲地去穿着。

着装要和自身“条件”相协调：要了解自身的缺点和优点，用服饰来达到扬长避短的目的。所谓“扬长避短”重在“避短”。比如身材矮小的适合穿造型简洁明快、小花形图案的服饰；肤色白净的，适合穿各色服装；肤色偏黑或发红的，切忌穿深色服装等。

着装要和时间相协调：只注重环境、场合、社会角色和自身条件而不顾时节变化的服饰穿戴，同样也不好。比较得体的穿戴，在色彩的选择上也应注意季节性。

社交场合，女士穿裙子时袜子以肉色相配最好，深色或花色图案的袜子都不合适。连裤袜比长筒袜更适合职场，因为长筒袜容易从腿上滑落，坐下后站立起来很容易发生尴尬的情况。长筒丝袜口与裙子下摆之间不能有间隔，不能露出腿的一部分，那很不雅观，不符合服饰礼仪规范。有破洞的丝袜不能露在外面。

（三）旅行社销售人员的仪态礼仪

体态包含人的手势、身姿、眼神、面部表情以及交际中相互的空间位置关系，是借助神态情状和肢体动作来传递信息、表达感情、参与交际活动的。

1. 微笑

微笑是一种国际礼仪，能充分体现一个人的热情、修养和魅力。真正甜美而非职业性的微笑是发自内心的，自然大方——露出6～8颗牙齿，真实亲切的。要与对方保持正视的微笑，有胆量正视对方，接受对方的目光，微笑要贯穿礼仪行为的整个过程。

2. 目光

与客户交谈时，目光应注视对方，范围限于上额至衬衣第二粒纽扣之间。一般注视方式分为两种：公务注视与社交注视。公务注视用于洽谈、磋商等场合，注视位置在对方双眼和额头之前的三角区域；社交注视则用于社交场合，如酒会，注视的位置在对方的双眼与嘴唇之间的三角区域。

3. 站姿

抬头、挺胸、含颚、收腹、提臀、双肩自然下垂。男士：双脚分开，比肩略窄，双手交叉，放于腹前或体后。女士：双脚并拢呈V字形或“丁”字状站立，双手交叉放于腹前，右手放在左手上，食指微翘。

4. 坐姿

入座要轻，坐满椅子的三分之二，轻靠椅背。双膝自然并拢(男士可略分)，头平正、挺胸、夹肩、立腰。如长时间端坐，可将两腿交叉重叠，注意将腿回收，大腿与小腿呈90度，大腿与上身呈90度。

5. 行姿

女士，抬头，挺胸，收腹，手自然摆动，步伐轻盈，不拖泥带水，身体有上拉的感觉。男士，步伐稳重，摆臂自然，充满自信。

6. 手势

手势是谈话必要的辅助手段，幅度和频率不要过大，在示意方向或人物时，应用手掌，切不可用手指。示意他人过来时，应用手掌，掌心向下，切不可掌心向上。

(四) 旅行社销售人员的社交礼仪

(1) 鞠躬礼仪。身体向下弯曲成30度角，头颈背一条线，目光落于体前1米处。用于迎送客人，自我介绍或交换名片时。

(2) 开门。向外开的，先敲门，把住门把手，请客人先进。向内开的，自己先进屋，侧身把住门，请客人进。

(3) 电梯。电梯内有人，按住“开”按钮，请客人先上先下。无人时，自己先进，按住“开”的按钮，请客人进，下时请客人先下。

(4) 上下楼梯。上楼梯时，尊者客人在前，主人在后。下楼梯时，尊者客人在后，主人在前。

(5) 奉茶要及时，开水宜在70度左右，7分满。

(6) 握手，有“五到”，即身到、笑到、手到、眼到、问候到；握手时间3～5秒为宜，力度适中。遵循贵宾先、长者先、主人先、女士先的顺序。

(7) 介绍礼仪。介绍他人时，掌心向上，手背向下，四指伸直并拢，拇指张开，手腕与前臂成一直线，以肘关节为轴，整个手臂略弯曲，手掌基本上抬至肩的高度，并指向被介绍的一方，面带微笑，目视被介绍的一方，同时兼顾客人。介绍自己时，右手五指伸直并拢，用手掌按自己的左胸。介绍时，应目视对方或大家，表情要亲切坦然。注意不要用大拇指指着自己，也不要用食指指点别人。

(8) 名片礼仪。两大拇指按名片上两角，两手掌托住名片，字正向对方，身体微倾向对方，并简单寒暄“多多关照”。

(9) 同行礼节。两人行，右为尊，三人同行中为尊，四人不能并排走。

(10) 保持距离。适当的距离感可以营造一种更宽容、和谐的氛围，范围因民族、地域、文化、身份、关系等因素会有所区别。通常认为：1.2～1.6米为社交距离；0.5～1.2米为私人距离；小于0.5米为亲密距离；大于3.6米为公共距离。

(11) 鼓掌礼仪。鼓掌含有欢迎、赞许、祝贺、感谢、鼓励等语意。鼓掌时应用右手手掌拍击左手手掌心，不可用指尖轻拍左掌心。

（12）送客。“出迎三步，身送七步”是迎送宾客的基本礼仪，意为迎客时要向前三步，送客时，送七步。当客户提出告别时，销售人员应当在对方起身后再站起来。握手道别时，应由客户先伸手，销售人员随后伸手。如客户是初次来访，应当送至办公区域外，如是熟悉客户可以送至办公室门口或电梯口。

实训活动设计

学生以3～5人为一个小组，以小组为单位，模拟旅行社销售人员迎接客人到来的一系列动作，包括迎客、介绍、交换名片、奉茶、握手、送别等。

任务掌握评价

1. 学生自评

在已完成和可以胜任的选项后打勾。

（1）在完成实训作业的过程中正确运用各项仪态礼仪。（　）

（2）在完成实训作业的过程中查阅了其他资料。（　）

（3）能根据自身情况合理打理发型。（　）

（4）能理解各项服饰礼仪并较好地打扮自己。（　）

表1-2-1　“旅行社销售人员的礼仪实训”小组评价表

小组 / 项目					
身姿（20）					
表情（20）					
服装规范（20）					
社交动作标准（30）					
团队合作（10）					
总分					

评分由学生自评（20%）、学生互评（40%）、教师评分（40%）组成。

2. 老师评语

任务三 获取销售产品知识

销售人员对于自己所推销产品的熟悉程度在一定程度上显示了销售人员的敬业程度。精通产品知识是销售人员必备的素质之一。把产品推销出去，销售人员不仅要有三寸不烂之舌，还要有对产品知识烂熟于心的基本功。

通过本节内容学习，达成以下目标。

知识目标： 理解销售人员获取产品知识的重要性，掌握获取产品知识的方法。

技能目标： 能采用相应的方法以克服学习中遇到的各种问题。

素质目标： 激发学生浓厚的学习兴趣，培养学生自主学习的习惯。

一、销售知识的来源

销售知识可以通过两种途径获取。一方面，多数企业在新的销售人员正式上岗前都会开展正式的销售技能培训，通过基本的训练课程来传授知识。另一方面，销售人员在工作的同时也在进行学习，对于销售新手而言，实践是最好的老师。

销售培训为销售人员提供机会以使其获得与工作相关的文化、技能、知识以及态度，从而在销售实践中取得更好的业绩。

正如很多岗位的职业生涯一样，销售是一项需要通过历练才能养成的技能。虽然通过教育、阅读、正规的销售培训以及口头传授等方式获得的销售知识，有利于提高总体销售能力，但实际经验才是销售知识的重要来源。只有掌握了大量知识，销售人员才能在工作过程中游刃有余，为顾客提供出色的服务，从而取得成功。

二、知识构建关系

当今的销售人员，要使工作效果好、效率高，必须拥有渊博的知识。销售人员必须具备知识的三条重要理由是：增强销售人员的自信心；增强顾客对销售人员的信心；通过对他人需求的真切关心来建立起关系。

此外，无论是潜在顾客还是已有顾客，都愿意和那些熟知自己行业情况以及所售产品的人进行沟通和交易。如果顾客对销售人员的专业知识有信心，那么销售展示就更加易于被潜在顾客接受和相信，更具说服力。

因此，销售人员应当尽力成为与所销售产品相关的所有领域的专家。同时，了解所售产品及相关条款和特殊条件可使你更加有信心地回答询问和应对潜在顾客提出的反对意见。

三、了解你的公司

对本公司的情况了解有助于销售人员向潜在顾客传递一种专家形象。公司情况包含了公司的概况、发展史、政策、交易手续、促销活动等相关信息。

所有销售人员都应了解公司的背景和现行的经营政策，这些政策是开展工作的行动指南，必须加以理解以提高工作效率。销售展示时，可经常穿插介绍公司发展情况、政策、服务理念等，以提升顾客对公司品牌的认知度。

四、了解你的产品

对公司和竞争对手公司产品知识的了解是销售知识的重要组成部分。

首先，销售人员需要学习自己销售的产品知识、本行业的知识、同类产品的知识。这样知己知彼，才能以一个"专业"的销售人员的姿态出现在客户面前，才能赢得客户的信任与依赖。因为当顾客消费购物时，或销售人员向顾客推荐产品时，如果销售人员一问三不知或是一知半解，无疑会使顾客对意向产品及这名销售人员的印象大打折扣。消费者总是希望站在他们面前的是一位非常"专业"的销售人员，这样他们才更能接受其所代表的公司以及销售的产品。

其次，销售人员需要不断学习、了解和接受行业外的其他知识与信息，例如，文艺、体育、生活趣事、时事新闻等都应不断汲取。这些都是与客户聊天、拉近距离的题材。在面对客户时找话题，投其所好，客户对哪方面感兴趣就与他聊什么。

最后，了解竞争对手的产品情况。正所谓"知己知彼百战百胜"，熟悉主要竞争对手产品的情况及与本公司产品的异同点，有助于销售人员在讲解展示时有的放矢、扬长避短，在顾客提出异议时能够更加从容地应对。

五、学习产品知识的方法

（一）学习产品知识的方法

1. 参加公司产品知识培训会

大多旅行社在推出新产品时都会进行内部产品培训，产品经理（计调经理）通常会对产品设计的理念、特点、销售注意点等进行详尽的阐述，是很好的学习产品的机会。

2. 向师傅、前辈和其他同事学习

对于销售新人而言，经常向师傅、前辈及其他同事请教是非常有必要的，不同销售人员对同样的产品理解也可能会有差异，通过同事间的沟通交流，能够互通有无、取长补短，更快地提升自己。

3. 在日常的销售活动中体会与学习

"纸上得来终觉浅，绝知此事要躬行"，靠死记硬背的记忆是短暂的、不深刻的。销售人员必须通过日常工作中的不断使用来帮助自己记忆，加深自己的理解，提升实际运用的能力。

4. 通过同类产品比较总结学习

市场上的同类产品通常存在各种异同点，通过对同类产品的研究、比较与总结，找出其中的差异与各自的优缺点，在理解的基础上进行记忆，能够有效地提升学习效率。

5. 从顾客的体验反馈和意见中学习

作为旅行社销售人员，仍有不少旅游路线自己并没有体验过。通过与曾体验过的顾客交流沟通，能从他们的真实体验反馈中，获得一些平时从纸面上无法获得的产品信息，从而帮助自己更好地进行销售工作。

（二）学习中存在的问题

问题1 对产品知识死记硬背，掌握不好，容易忘

解决方法 找出产品的关键词进行记忆，优先记住产品的特点或卖点，而不需要对全部的行程内容进行死记硬背。平时通过多接待或多模拟加深记忆。

例1-3-1 俄罗斯莫斯科+圣彼得堡+摩尔曼斯克9日跟团游

销售新手不太容易记住行程。可以先记住产品特色，具体如下。

（1）10人即发团，上限25人品质追光团！无自费、无购物。

（2）B线升级上限15人精致小团，市中心5钻酒店住宿+北极圈玻璃屋+帝王蟹特色餐+十菜一汤15美金/人，顿高餐标+高铁商务座出行。

（3）俄罗斯团队旅游免签，只需护照首页复印件，便捷的出境手续，说走就走。

（4）全程中俄文双语领队+当地中文导游双人服。

（5）东航直飞往返（可配全国联运航班）+内陆2程飞机+高铁，舒适旅途，减少舟车劳顿。

（6）飞往北极圈拉普兰地区欣赏极光最佳地点之一的摩尔曼斯克，在专业极光向导的带领下寻找炫彩北极光！在北纬68度58分纪念碑前留影纪念，登上闻名海外、红极一时的“世界上第一艘核动力破冰船”——列宁号核动力破冰船，感受一把做船长掌舵的霸气。

（7）走进萨米民俗村，与圣诞老人的坐骑驯鹿宝宝们来个亲密接触，特别安排摩尔曼斯雪地项目体验。

（8）莫斯科圣彼得堡标志性景点全包含：克里姆林宫、夏宫宫殿+花园、叶卡捷琳娜宫+琥珀宫、红场等。

通过以上产品特色分析，我们发现产品特色要从成团人数、住宿、餐饮、航班、目的地签证、旅游项目体验和代表景点几个方面进行总结。

问题2 旅游产品很多，知识很琐碎，记忆起来很费劲，记不住

解决方法 先按照产品目的地进行分类，对于相近产品，可分别总结出它们的相同之处和不同之处，对比着记忆。

例1-3-2 有线路“广西桂林+阳朔+漓江+龙脊梯田+古东瀑布6日5晚跟团游”和线路“广西桂林+阳朔+漓江5日4晚跟团游（5钻）”两条广西桂林阳朔线。在记忆时可以先记住相同之处，如入住酒店星级、桂林阳朔漓江行程、大交通安排；再记不同之处，如6日多了梯田和瀑布，餐食有3顿不同。

问题3 感觉学得慢

解决办法 平时多和师傅、同事及上级沟通，端正自己的态度，培养自己的兴趣。可以先从自身特别感兴趣或者相对熟悉的目的地开始记忆。

问题4 公司销售的产品很多，是否都要记住呢？

解决方法 对于销售新手来说，没有办法在短期内完成，即便是销售老手也未必能记住全部的旅游产品。因此对于新手而言，可以这么做：结合公司的产品，对于每个旅游目的地，针对

不同的目标市场记一条最具代表性或销售最旺的线路；记住公司主推的线路；记住近期正在促销或让利幅度最大的线路。在销售的过程中要善于运用展示给顾客的线路行程单，即使是对着行程向顾客解读线路，也要学会用自己的语言来重新组织。对于已有工作经验的销售人员而言，要善于运用各项销售技巧来展示旅游产品利益点。

（三）如何记住产品

美国心理学家米勒教授经过种种试验，得出了一个有趣的结果：一般人一次记忆项目的最大数值是7个。如在学习外语时，无论是单词还是词组，只要数量不超过7个，都很容易记忆。所以，在记忆较多的事项时，可将它们按性质分成不超过7个小组，加以记忆，效率就会大大提高。

（1）读出声来记得牢。朗读时“发声”这个能动因素和“耳听”这个被动因素同时作用，对大脑的刺激比单纯默读强得多。所以朗读有助于记忆，特别是头脑不够清醒时，朗读可以使思想集中，效果甚为明显。

（2）靠节奏感来唤起记忆。节奏是语言的固有频率，它可以给大脑一种刺激，使思维与这种频率共振，从而加强记忆。如演员在背歌词、台词、诗文等时，节奏感就起着重要作用。

（3）通过特征抓住本质。任何事物都有其本质特征，这种特征总要通过一定的形式表现出来，但这种形式往往不很显著。所以，对被观察的事物细致观察，抓住其特征，就可以记得牢。

（4）寻找有关条件，加固记忆外围。任何事物都不是孤立的，都处于一个网络中，有其内核和外围。记忆时，应把这些外围条件弄清，这样，在回忆时便可“顺藤摸瓜”，利用外围信息引出或推出要回忆的内容。

（5）重要事项放在最前最后记。人的精神一般最多只能高度紧张一小时，在这一个小时中，注意力最集中的时间是前十分钟和后十分钟，因为人们开头往往有“这是什么”的强烈好奇心，而最后往往有看是不是这样结束的心情。所以，记忆时，应把最重要的内容放在最前或最后记。要记较多内容时，可把记忆的次序不断颠倒，反复多次，让每一项内容都经历过最前和最后。

（6）分类便于记忆。在记忆杂乱无章的一大堆东西时，使用分类整理法，可事半功倍。具体做法是先分清要记对象的性质，然后进行归纳分类，一组一组地去记。这样虽然多花了一些整理的时间，但缩短了记忆时间，是得大于失的好“买卖”。分类时，切记不要把组分得太多。

（7）寻找规律更好记忆。任何事物都有其内在规律，特别是数字的排列，总有一定规律，找到这个规律，对记忆有很大帮助。原因是规律代表了事物的本质，排除了纷乱的假象，使事物明了、简化。这要求在记忆时要多动脑筋。

（8）短期记忆与长期记忆。美国心理学家帕林通过试验证明，人的短期记忆只能保持数秒钟。在日常生活中，许多东西是没有必要长期记忆的。随记随忘的短期记忆正是人脑比电子计算机高明的地方，其好处在于可以排除干扰，减轻大脑的负担，从而可以集中精力记那些必须长期记忆的东西，凡需要长期记忆的东西，可将短期记忆反复记几次，就可以变短期记忆为长期记忆。

（9）讨论促记忆。讨论，可以加深对问题的理解，加强对讨论者大脑的刺激。讨论时会出现赞成、补充、质疑争论等情况，在这个过程中，参加者往往全力以赴，积极思索，互相取长补短，从对方的观点中获取“灵感”，得到启发，还可以增长有关知识。这种学习方法比死啃书本效果好得多，但要注意的是参加讨论的人不宜过多，以免掌握不住讨论议题。

（10）“不动笔墨不读书”。读书时，应及时将重要内容进行标记，并在空白处写下心得、体会。光看不记，读完后不久，印象就淡漠了。一本数万字的书很难将其内容都记住。做注脚可抓住重点，加强记忆，还可起提示、索引作用。有一条重要读书经验叫作“不动笔墨不读书”，指的就是这种做注脚的方法。

实训活动设计

学生以3～5人为一个小组进行角色扮演，全员熟读并记忆以下两个“法意瑞”行程，比较其中的异同点。其中2～3人模拟旅行社销售人员，1～2人模拟顾客。由“销售人员”为“顾客”介绍这两条线路，介绍完后“顾客”可针对行程内容向“销售人员”提问。

设计题 1-3-1

销售价：16 999元/人	
日期：3月24日—4月5日	
法意瑞13日勃朗峰快车之旅	签证类型——法签

1. 线路特色

(1) 全程精选**优质四、五星级**酒店。

(2) 酒店早餐升级为热自助，享用法国阿尔卑斯山区历史悠久的地方菜肴——奶酪烤土豆。

(3) 特别体验：乘坐红白相间的可爱列车——勃朗峰快车；
体验由意大利超跑法拉利汽车公司投资的高速火车——意大利Italo法拉利火车。

(4) 前往全球最好的奢侈品打折中心——The mall购物村。

(5) 特别安排：漫步法国罗纳-阿尔卑斯地区的大城小镇。
乘南针峰缆车观赏欧洲第一高峰——勃朗峰。
四周被阿尔卑斯山环绕的山谷小镇霞慕尼。
站着就能看见山的城市格勒诺布尔，乘坐独特的圆球式缆车登上巴士底要塞。
有着“阿尔卑斯山的阳台”之称的阿纳西，乘坐游船游美丽的阿纳西湖。

(6) 畅游瑞士：少女峰山脚下的小城因特拉肯。
浪漫爵士之都蒙特勒，参观因拜伦的名篇《西庸的囚徒》而闻名于世的西庸城堡。
坐落在莱蒙湖边的小山城洛桑。

(7) 美景尽览：入内参观巴黎卢浮宫和凡尔赛宫。
乘船游览巴黎塞纳河，览两岸美景。
搭贡多拉凤尾小船畅游威尼斯运河。
登阿尔卑斯山系著名的雪山——少女峰。

(8) 探访意大利：千年古城罗马、浪漫水都威尼斯、文艺复兴发源地佛罗伦萨。

具体见行程表1-3-1。

表1-3-1　法意瑞13日勃朗峰快车之旅

日　期	行　　程	用　餐	交通	住宿
第01天 03月24日 周二	**上海** 集合在上海浦东国际机场，办理手续后，搭乘法国航空公司班机飞往巴黎	—	—	—
第02天 03月25日 周三	**上海/巴黎** 抵达后，游览**巴黎（不少于200分钟）**：入内参观法国国家艺术宝库——卢浮宫*（含中文讲解），在这里可以亲眼目睹世界名画“蒙娜丽莎”“维娜斯”雕像等。**外观埃菲尔铁塔** 注意：巴黎卢浮宫三宝之一的胜利女神像近期维修，届时可能参观不到，由此带来不便敬请谅解！ 航班号：AF111　00:05—05:50	— 午餐：中式餐食 晚餐：中式餐食	飞机 旅游 巴士	四星 或 以上
第03天 03月26日 周四	**巴黎** 当天游览**巴黎（不少于180分钟）**：游览凡尔赛宫*（**不含后花园**）。乘船游巴黎塞纳河*，欣赏沿途浪漫美景、两岸闻名遐迩的历史名胜及建筑；之后**歌剧院广场自由活动（不少于200分钟）**	早餐：酒店早餐 午餐：中式餐食 晚餐：中式餐食	旅游 巴士	四星 或 以上
第04天 03月27日 周五	**巴黎—法国小镇（预计350千米）** 当天游览**巴黎（不少于100分钟）**：登上著名的蒙柏纳斯大厦*，整栋大厦高210米，是巴黎最高的建筑，游客可以将整个城市的美景尽收眼底。参观雄伟的**协和广场**，漫步**香榭丽舍大街**，在宏伟壮丽的**凯旋门前留影**。随后前往法国小镇	早餐：酒店早餐 午餐：中式餐食 晚餐：中式餐食	旅游 巴士	四星 或 以上
第05天 03月28日 周六	**法国小镇—少女峰—因特拉肯（预计320千米/预计20千米）** 当天前往登阿尔卑斯山系著名的雪山——少女峰*（**不少于180分钟**），饱览雪山之巅的美景。**因特拉肯自由活动（不少于120分钟）**	早餐：酒店早餐 午餐：自理 晚餐：中式餐食	旅游 巴士	四星 或 以上
第06天 03月29日 周日	**因特拉肯—洛桑—蒙特勒（预计165千米/预计30千米）** 当天前往游览坐落在莱蒙湖边的小山城——**洛桑（不少于60分钟）：外观奥林匹克运动会总部办公楼和博物馆花园、洛桑大教堂**；随后前往**游览蒙特勒（不少于60分钟）：沿着湖畔漫步**，沿途有浅滩和小码头，到处都是私人游艇和豪华住宅。海明威、卓别林、芭芭拉·亨德瑞克等大牌明星都曾在这个温馨抒情的小城居住过。入内参观西庸城堡*，当年拜伦的名篇《西庸的囚徒》在此写就。	早餐：酒店早餐 午餐：中式餐食 晚餐：自理	旅游 巴士	四星 或 以上

续 表

日 期	行 程	用 餐	交通	住宿
第07天 03月30日 周一	**蒙特勒—马蒂尼（勃朗峰快车）→ 霞慕尼—阿纳西（预计50千米/预计100千米）** 当天前往**马蒂尼**乘坐红白相间的可爱列车——勃朗峰快车*（中间需转乘一次）前往霞慕尼，抵达后，乘坐南针峰缆车*（**不少于100分钟**），登上南针峰可以观赏到欧洲最高峰勃朗峰，世界之巅的阿尔卑斯山的主峰勃朗峰，高4 810米，山峰直入天际，山顶终年积雪，让您亲自感受它巍峨的气势。随后参观法国山谷小镇**霞慕尼（不少于30分钟）**，这里四周为阿尔卑斯山环绕，抬头可仰望名山，留影有山地美景，拥有得天独厚的自然风光 备注：如因天气等不可抗力原因南针峰缆车不开无法登峰，则调整为乘坐观光齿轮火车游览“冰海”——法国最大的永久性冰川，缆车费用不退，敬请谅解	早餐：酒店早餐 午餐：西式快餐 晚餐：自理	旅游 巴士 火车	四星 或 以上
第08天 03月31日 周二	**阿纳西—格勒诺布尔—都灵（预计110千米/预计235千米）** 当天游览拥有“阿尔卑斯山的威尼斯”之称的**阿纳西（不少于90分钟）**，在法国南部阿尔卑斯山麓最古老的美丽小城停留，这里的风景如诗如画，恍若世外桃源，可漫步美丽的安纳西湖畔。乘坐游船*游览阿纳西湖光山色的美景。随后前往法国东南部的山间谷地——**格勒诺布尔（不少于90分钟）**：游览**巴士底要塞**（含360°球型缆车*），**外观司汤达故居，老城区游览**。中午享用一餐法国阿尔卑斯山区历史悠久的地方菜肴（肉排+奶酪烤土豆）	早餐：酒店早餐 午餐：风味餐 晚餐：自理	旅游 巴士	四星 或 以上
第09天 04月01日 周三	**都灵—威尼斯（预计400千米）** 当天前往游览被称为“亚德里亚海的明珠”的水城**威尼斯（不少于150分钟）**：搭船前往威尼斯本岛，**外观圣马可教堂、圣马可广场、远观叹息桥、道奇宫**——曾经的威尼斯共和国总督的居所等历史陈迹，欣赏意大利吹玻璃工艺（不少于40分钟）。乘坐贡多拉（六人一船）*游览威尼斯水道。特别安排威尼斯墨鱼面	早餐：酒店早餐 午餐：墨鱼面 晚餐：中式餐食	旅游 巴士	四星 或 以上
第10天 04月02日 周四	**威尼斯 →（Italo）佛罗伦萨—The Mall—佛罗伦萨** 当天**乘坐**Italo*高速列车**前往佛罗伦萨**。由意大利超跑法拉利汽车公司投资的高速火车，“红鬃烈马”的法拉利车身加上流线型子弹车头，以近300千米时速，送您前往目的地。乘车前往The Mall——“全球最好的奢侈品打折中心”，尽享购物欢乐（不多于240分钟）	早餐：酒店早餐 午餐：自理 晚餐：中式餐食	旅游 巴士 火车	四星 或 以上

续 表

日 期	行 程	用 餐	交通	住宿
第11天 04月03日 周五	**佛罗伦萨—罗马(预计280千米)** 当天游览文艺复兴的发源地**佛罗伦萨(不少于90分钟)**：游览由绿、白、粉红三色大理石装饰的**圣母百花大教堂(外观)**，正对面的圣洗堂大门便是著名的天堂之门。沿着小巷来到创作《神曲》的意大利伟大诗人但丁的故居，**外观但丁之家**。随后来到**市政厅广场**，广场上耸立着海神喷泉和大卫雕像以及许多雕刻佳作，有“小型露天博物馆”之称。之后**圣十字教堂及广场自由活动(不少于60分钟)**。	早餐：酒店早餐 午餐：中式餐食 晚餐：中式餐食	旅游巴士	四星或以上
第12天 04月04日 周六	**罗马(梵蒂冈)/巴黎/上海** 当天游览被誉为“永恒之都”的**罗马(不少于100分钟)**：**外观著名景观斗兽场、君士坦丁凯旋门**，途经帝国大道、**古罗马废墟**，参观幸福喷泉——**少女许愿池**(许愿池目前在维修，会有遮挡物影响观瞻，请谅解！)。适时前往机场，办理手续，搭乘法国航空公司班机经巴黎转机返回上海 航班号：AF1405 19:10—21:20 AF 116 23:25—16:35+1	早餐：酒店早餐 午餐：中式餐食 —	旅游 巴士 飞机	—
第13天 04月05日 周日	**上海** 抵达上海机场后请将护照、登机牌交予领队，以便送入领馆进行销签工作。根据领馆要求，部分客人可能会被通知前往领馆进行面试销签，请提前做好思想准备，谢谢配合	—	—	—

特别说明：请以出团通知中的酒店为准！

(备注：此行程为旅游合同不可分割之部分，旅行社将严格按照行程执行。在不减少任何景点的前提下，旅行社、领队或导游可根据境外情况做顺序之调整，该调整不视为违约)

2. 所含服务

(1) ADS团队旅游签证费。

(2) 行程中所标明的欧洲星级双人标准间酒店住宿及早餐。

(3) 16顿午晚餐，以中式餐食为主(用餐标准为六菜一汤，含一顿西式快餐，一款风味餐)；部分游览城市无法安排中餐，将为各位游客安排简餐或者当地餐；若行程中由于交通堵塞等突发状况造成无法安排游客正常用餐的，将按照7欧/餐(其中瑞士9欧/餐)的标准退还餐费。

(4) 全程提供空调巴士、专业司机。

(5) 全程中文陪同。

(6) 全程导游服务费人民币429元。

(7) 行程所含景点首道门票：巴黎卢浮宫、蒙柏纳斯大厦、凡尔赛宫、塞纳河游船、贡多拉、少女峰、西庸城堡、格勒诺布尔球型缆车、南针峰、阿纳西游船。

(8) 国际间往返机票及欧洲境内段机票(经济舱、含机场税)。

（9）勃朗峰快车（马蒂尼到霞慕尼之间）单程，威尼斯至佛罗伦萨间Italo火车二等舱（如果票紧张，可能会在附近小镇出发或抵达）。

在不影响团队分房原则的前提下安排同行的两人一间房，散拼团队因单男单女问题可能产生夫妻亲属、朋友等不同房，请予以谅解和配合。如不接受拼住，则需加收单房差价费。

3. 不含服务

（1）境外服务费（具体请参考善意提醒部分）。

（2）护照费、申请签证中准备相关材料所需的制作费、手续费，如未成年人所需的公证书认证费。

（3）出入境的行李海关课税，超重行李的托运费、管理费等。

（4）旅游费用包含内容之外的所有费用：

① 一切私人费用：例如交通工具上非免费餐饮费、洗衣、理发、电话、饮料、烟酒、付费电视、行李搬运、邮寄、购物、行程列明以外的用餐或宴请等。

② 自由活动期间的餐食费及交通费。

（5）行程中未提到的其他费用：如特殊门票、游船（轮）、缆车、地铁票等费用。

（6）因个人原因滞留产生的一切费用。

（7）因气候或飞机、车辆、船只等交通工具发生故障导致时间延误或行程变更引起的经济损失和责任。

（8）行李在航班托运期间丢失、损坏造成的经济损失和责任。

设计题 1-3-2

销售价：14 599元/人	
出发日期：03月19日—3月30日	
法意瑞12日金色快车之旅	签证类型——意签

1. 线路特色

（1）搭乘德国汉莎航空公司，罗马进巴黎出，合理的行程安排；

（2）全程精选优质四星级酒店，更特别升级1晚五星酒店；

（3）全程酒店早餐升级为热自助Hot Buffet，六菜一汤中式午晚餐，特别赠送一餐意大利风味餐；

（4）特别安排乘坐Goldenpass金色山口观光列车最美一段（茨韦西门—蒙特勒），一路驶过之处，美景天成，处处皆画；

（5）畅游瑞士，游览少女峰山脚下的小城因特拉肯，阿尔卑斯山腹地的瑞士法语区大城日内瓦；

（6）前往游览瑞士中东部城市琉森，感受阿尔卑斯山的蜿蜒与壮丽，湖光山色的美好；

（7）安排游览浪漫爵士之都蒙特勒；

(8) 入内参观建在岩石上的城堡西庸古堡；
(9) 登巴黎最高商业大楼蒙柏纳斯大厦，俯瞰巴黎全景；
(10) 游历世界三大博物馆之一的法国国家艺术宝库“卢浮宫”(含讲解)；
(11) 访意大利千年古城罗马、浪漫水都威尼斯、文艺复兴发源地佛罗伦萨。
具体行程见表1-3-2。

表1-3-2 法意瑞12日金色快车之旅

日 期	行 程	用 餐	交通	住宿
第01天 03月19日 周四	**上海 / 法兰克福 / 罗马** 集合在上海浦东国际机场，办理手续后，搭乘德国汉莎航空公司班机经法兰克福转机飞往罗马 航班号：LH 729 13:50—19:00 LH 242 21:45—23:35	—	飞机 旅游 巴士	四星 或 以上
第02天 03月20日 周五	**罗马(梵蒂冈)—佛罗伦萨(预计280千米)** 当天游览被誉为“永恒之都”的**罗马(不少于100分钟)**：**外观著名景观斗兽场、君士坦丁凯旋门**，途经帝国大道、**古罗马废墟**，参观幸福喷泉——**少女许愿池**(许愿池目前在维修，会有遮挡物影响观瞻，请谅解！)；特别安排意大利风味餐(含比萨、意大利面、牛肉及配菜、红酒、甜点)	早餐：酒店早餐 午餐：中式餐食 晚餐：风味餐	旅游 巴士	四星 或 以上
第03天 03月21日 周六	**佛罗伦萨—威尼斯(预计260千米)** 当天游览文艺复兴的发源地**佛罗伦萨(不少于90分钟)**：游览由绿、白、粉红三色大理石装饰的**圣母百花大教堂(外观)**，正对面的圣洗堂大门便是著名的天堂之门。沿着小巷来到创作《神曲》的意大利伟大诗人但丁的故居，**外观但丁之家**。随后来到**市政厅广场**，广场上耸立着海神喷泉和大卫雕像以及许多雕刻佳作，有“小型露天博物馆”之称。之后**圣十字教堂及广场自由活动(不少于60分钟)**	早餐：酒店早餐 午餐：中式餐食 晚餐：中式餐食	旅游 巴士	四星 或 以上
第04天 03月22日 周日	**威尼斯—米兰(预计280千米)** 当天游览被称为“亚德里亚海的明珠”的水城**威尼斯(不少于150分钟)**：搭船前往威尼斯本岛，**外观圣马可教堂、圣马可广场、远观叹息桥、道奇宫**——曾经的威尼斯共和国总督的居所等历史陈迹，欣赏意大利吹玻璃工艺(不少于40分钟)；随后前往意大利时装之都**米兰游览(不少于60分钟)**：参观著名的**米兰大教堂**，是意大利最大的哥特式教堂；**外观斯卡拉歌剧院、达芬奇像**，欣赏威风凛凛的**国父骑马像**。	早餐：酒店早餐 午餐：中式餐食 晚餐：中式餐食	旅游 巴士	四星 或 以上

续 表

日 期	行 程	用 餐	交通	住宿
第05天 03月23日 周一	**米兰—琉森—苏黎世（预计270千米/预计80千米）** 当天前往游览瑞士中部第一度假胜地**琉森（不少于60分钟）：狮子纪念碑**、风格独特的**卡佩尔木桥**，漫步群山环抱、风景如画的琉森湖畔。在琉森的**老城区自由活动（不少于120分钟）**。之后前往瑞士金融中心——**苏黎世游览（不少于60分钟）：市政厅建筑，留影苏黎世湖**。苏黎世是瑞士第一大城市，也是一个充满中世纪风情的历史古城，它不仅是瑞士工商业、金融业的中心，也是文化艺术的中心	早餐：酒店早餐 午餐：中式餐食 晚餐：自理	旅游 巴士	四星 或 以上
第06天 03月24日 周二	**苏黎世—因特拉肯（预计120千米）** 当天游览**因特拉肯（不少于60分钟）**，在镇中心的何维克街一片宽广绿地上，如天气好，可以清楚地远观少女峰的美丽身影。**因特拉肯自由活动（不少于120分钟）**	早餐：酒店早餐 午餐：自理 晚餐：中式餐食	旅游 巴士	四星 或 以上
第07天 03月25日 周三	**因特拉肯—茨韦西门（金色山口观光列车）→蒙特勒—洛桑—日内瓦（预计60千米/预计30千米/预计70千米）** 当天乘坐*金色山口观光列车**前往蒙特勒，沿途穿过连绵山峦和清雅湖泊，驶过之处，美景天成，处处皆画；抵达后，**游览蒙特勒（不少于60分钟）：沿着湖畔漫步**，沿途有浅滩和小码头，到处都是私人游艇和豪华住宅；海明威、卓别林、芭芭拉·亨德瑞克等大牌明星都曾在这个温馨抒情的小城居住过。入内参观*西庸城堡**，当年拜伦的名篇《西庸的囚徒》让蒙特勒名扬天下；随后前往坐落在莱蒙湖边的小山城**洛桑游览（不少于60分钟）：外观奥林匹克运动会总部办公楼和博物馆花园、洛桑大教堂**	早餐：酒店早餐 午餐：自理 晚餐：中式餐食	旅游 巴士 火车	四星 或 以上
第08天 03月26日 周四	**日内瓦—巴黎（预计540千米）** 当天游览**日内瓦（不少于60分钟）**：法拉山和阿尔卑斯山近在眼前，观赏美丽的**日内瓦湖、英庭花园内的花钟，外观联合国欧洲总部**。（此日车程较长！）	早餐：酒店早餐 午餐：中式餐食 晚餐：自理	旅游 巴士	四星 或 以上
第09天 03月27日 周五	**巴黎** 当天前往游览**巴黎（不少于100分钟）**：入内参观法国国家艺术宝库*卢浮宫**（含中文讲解），在这里可以亲眼目睹世界名画“蒙娜丽莎”、“维娜斯”雕像等 注意：巴黎卢浮宫三宝之一的胜利女神像近期维修，届时可能参观不到，由此带来不便敬请谅解！	早餐：酒店早餐 午餐：中式餐食 晚餐：自理	旅游 巴士	四星 或 以上

续　表

日　期	行　　程	用　餐	交通	住宿
第10天 03月28日 周六	**巴黎** 当天游览**巴黎（不少于45分钟）**：登上著名的蒙柏纳斯大厦*，整栋大厦高210米，是巴黎最高的建筑，游客可以将整个城市的美景尽收眼底；之后**歌剧院广场自由活动（不少于200分钟）**。	早餐：酒店早餐 午餐：中式餐食 晚餐：自理	旅游 巴士	四星 或 以上
第11天 03月29日 周日	**巴黎／慕尼黑／上海** 当天游览**巴黎（不少于60分钟）**参观雄伟的**协和广场**，漫步**香榭丽舍大街**，在宏伟壮丽的**凯旋门前留影**。**外观埃菲尔铁塔**；随后适时前往机场，办理手续，搭乘德国汉莎航空公司班机经慕尼黑转机返回上海 航班号：LH2235　18：10—19：35 LH 726　22：15—15：10+1	早餐：酒店早餐 午餐：中式餐食 —	旅游 巴士 飞机	—
第12天 03月30日 周一	上海 抵达上海机场后请将护照、登机牌交予领队，以便送入领馆进行销签工作；根据领馆要求，部分客人可能会被通知前往领馆进行面试销签，请提前做好思想准备，谢谢配合	—	—	—

特别说明：请以出团通知中的酒店为准！

（备注：此行程为旅游合同不可分割之部分，旅行社将严格按照行程执行。在不减少任何景点的前提下，旅行社、领队或导游可根据境外情况做顺序之调整，该调整不视为违约）

2. 所含服务

（1）ADS团队旅游签证费。

（2）行程中所标明的欧洲星级双人标准间酒店住宿及早餐。

（3）13顿午晚餐，以中式餐食为主（用餐标准为六菜一汤）；部分游览城市无法安排中餐，将为各位游客安排简餐或者当地餐；若行程中由于交通堵塞等突发状况造成无法安排游客正常用餐的，将按照7欧/餐（其中瑞士9欧/餐）的标准退还餐费。

（4）全程提供空调巴士、专业司机。

（5）全程中文陪同。

（6）全程导游服务费人民币396元。

（7）行程所含景点首道门票：巴黎卢浮宫、蒙柏纳斯大厦、西庸城堡。

（8）国际往返机票及欧洲境内段机票（经济舱、含机场税）。

（9）茨韦西门至蒙特勒间单程二等舱金色山口观光列车。

在不影响团队分房原则的前提下安排同行的两人一间房，散拼团队因单男单女问题可能产生夫妻亲属、朋友等不同房，请予以谅解和配合。如不接受拼住，则需加收单房差价。

3. 不含服务

（1）境外服务费（具体请参考善意提醒部分）。

（2）护照费、申请签证中准备相关材料所需的制作费、手续费，如未成年人所需的公证书认证费。

（3）出入境的行李海关课税，超重行李的托运费、管理费等。

（4）旅游费用包含内容之外的所有费用：

① 一切私人费用：例如交通工具上非免费餐饮费、洗衣、理发、电话、饮料、烟酒、付费电视、行李搬运、邮寄、购物、行程列明以外的用餐或宴请等；

② 自由活动期间的餐食费及交通费。

（5）行程中未提到的其他费用：如特殊门票、游船（轮）、缆车、地铁票等费用。

（6）因个人原因滞留产生的一切费用。

（7）因气候或飞机、车辆、船只等交通工具发生故障导致时间延误或行程变更引起的经济损失和责任。

（8）行李在航班托运期间丢失、损坏造成的经济损失和责任。

任务掌握评价

1. 学生自评

要求在已完成和可以胜任的选项后打勾。

（1）能列举学习产品知识的方法。 （ ）

（2）能对学习中存在的问题提出相应的解决方案。 （ ）

（3）能列举帮助记忆产品的方法。 （ ）

（4）能脱稿对实训任务中的旅游产品行程进行销售讲解。 （ ）

2. 老师评语

任务四　引流拓客

旅行社实体店的引流拓客，重在从传统的“人找店”模式向“店找人”模式转变，作为销售人员必须有主动出击的“猎人精神”，主动去寻找与开发新的客户，借助各种引流措施，不断拓展，直至形成专属的私域流量池，使企业具备稳定的业务量。

通过本节内容学习达成以下目标。

知识目标：理解与掌握各种引流拓客的途径与方法。

技能目标：能够结合实际案例，提出相应引流拓客的可行性方案，并制定初步的实施流程。

素质目标：通过思考与制作引流拓客方案的过程，培养学生勤于思考、吃苦耐劳的精神，打造创造性思维及统筹策划能力。

一、百度竞价引流

百度竞价引流是一种网络付费推广引流方式，商家购买该项服务并开通推广账户后，注册提交一定数量的同经营范围相关的关键词，如“婚纱摄影哪家好”“幼儿学画画去哪里好”“张家界旅游”“三亚自由行”等。

商家开通以上关键词的推广后，其推广信息就会率先展示在用户相应的搜索结果中。例如，当某个用户使用百度搜索“张家界旅游”这个关键词时，参加竞价推广的商家就会优先展示到用户的搜索结果中，搜索结果右下角有“广告”字样。至于呈现的顺序，则取决于本地同时做该推广的商家数量和出价，通常出价越高，排名越靠前。

竞价推广展示，只有被点击时商家才需付费，即按点击次数付费。由于进行特定关键词搜索的多是意向比较强的准客户，因此通过百度竞价方式引来的多是精准流量。

竞价推广可以通过关键词搜索的方式将目标客户和商家联系起来，为商家带来目标明确的潜在客户，可以大大提高引流成功率。另外，竞价推广有推广时段可控、推广地域可控、推广费用可控等优势，因此非常受企业和商家的欢迎。

百度推广因为是按照点击次数收费，所以比较适用于客单价高、消费频次低的商户，如培训机构、婚纱摄影、旅行社等。百度推广的流量精准度相对较高，对于旅行社而言特别适用于推销高价的定制游产品。

在人员配备上一般需要有专门的竞价专员进行推广账户的维护与管理，同时专业的销售人员也是必不可少的,需要提供咨询应对,从而提高成单转化率。

图1-4-1 百度推广展示

案例1-4-1

小丽是云南佳途旅行社的一名销售人员,每天的主要工作就是应对从百度推广导入的顾客咨询,在了解顾客的具体需求后配合计调制作云南的定制游方案。鉴于百度相对精准的流量导入及小丽出色的业务能力,她几乎每天都能谈成几单,受到了公司领导的肯定与表扬。

二、抖音引流

抖音如今的日活用户已突破4亿,成为一个巨大的自生流量体,“直播带货”也成为很多商家的重要销售渠道。旅行社也可以利用抖音平台进行营销、引流与产品销售。

旅行社的抖音运营主要以“内容引流”为主,即开通店铺抖音号,以自媒体运作的方式引流。旅行社可以开通抖音企业号,进行“蓝V”认证,之后可以获得一系列的POI(信息点)能力,如设置店铺地址、产品服务展示、优惠券投放、一键拨号等,并可以开设线上店铺。

抖音的内容推广以小视频为主,作为旅行社,投放内容通常以展现旅行目的地或旅游产品的特色为主,比如美食、美景、网红店铺,奇闻逸事等,在内容中通过声音、道具、字幕等方式适当地植入广告。抖音号要做好内容定位和内容创作,同时创意以及植入的方式很重要,切忌为了植入而植入。

案例1-4-2　中山四季国际旅行社抖音运营分享

抖音三部曲

第一部分，认识抖音。第一步是找准内容的定位。刚刚有位小伙伴问我的抖音号是个人号还是企业号，这个非常重要。在申请企业号之前，首先是用个人号去申请，一个企业只能申请两个蓝V认证的号，这个认证是非常有用的。个人号的内容相对简单，可以发一些心得、鸡汤、旅游体验、美食探店等，用自己的身份证认证就可以了，一个身份证只可以对标认证一个个人账号。个人号更趋向于变现，可以找广告商合作，可以帮酒店、景区去做推广，然后收取广告费。但是企业号内容必须垂直，不像个人号那么随意。不管是做酒店，还是车队、旅行社，建议大家如果做公司的内容，一定要垂直往下去，深挖下去，只有这样才能号召大家来关注。所以，内容是决定做企业号的第一步。第二步是关于蓝V的认证，我们中山世纪国旅实际上有两个蓝V认证号，这两个号也是从无到有，从个人号升级到蓝V认证号，所以你要想用公司的名字，只能驱动两个个人号升级去做两个公司的蓝V认证号，如果不能确定这个号能不能做下去，千万不要去认证，因为一旦错了就少了一次机会。大家可以先参考下我的个人号，就清楚可以往哪个方向去做公司的定位。公司如果去做直播，表现的方式也不一样，建议两种表现方式：一是卖和旅游不相关的产品；二是卖和旅游相关的产品，内容会更垂直，定位会更清晰。企业号主要是以线上推广线下成交的闭环运营，不是说在线上推广就可以同时马上变现，在抖音中刻意地去营销，包括在短视频中留电话号码或直接播报号码，这样获取不到抖音分配的流量。所以说，抖音、小红书只是我们宣传的渠道，我们要做的是把线上的流量拉到线下，这才是最重要的。接着，建议大家去参考卡思数据里面的内容，卡思数据是视频内容的风向标，有小红书、西瓜视频、抖音等平台内的行业分类和数据排名，可以为我们企业号的定位找到对标或参照。

第二部分，小白抖音零基础。关于拍摄的装备，简单地给大家分享下，如果是个人，常用的手机就可以，拍摄出来的画质就已经很强了，然后可以买一个稳定器，可以拍出平顺的画面，因为视频的质量会影响到大家能否看下去，而且稳定器的价格也不贵，比较简单实用。如果想呈现得更好，建议买一个运动相机，如果要高质量拍摄，更高级的可以买一个单反相机，然后再建议大家可以买一个镁光灯，呈现出来的效果会更好。在硬件上或视觉效果上要让客人看到更丰富的视野，可以花大价钱买一个无人机。建议大家可以分两步走，第一步就是要先学会怎么拍摄，能够拍摄出更优质的画面，可以从不同角度去拍摄视频，第二步再去买那些需要的硬件，建议大家可以从模仿或学习优秀的同行开始。

在内容方面，我觉得做这四部分内容是最有价值的：第一是做鸡汤类的，第二是做有趣的，第三是做有用的，第四是有价值的。我个人的抖音号为什么能在一个月涨粉2万，我主要是做两个方面的探店，第一是做美食类的探店，第二是酒店和景区饭店。因为我的精准粉丝都是中山本地的，希望以后可以用在我的旅游产品的推广上，所以我去做内容时会有针对性地去做，做一些有用的有价值的内容。我觉得美食，还有一些酒店和景区的推荐，对他们是有用的。大概往这个方面去做，去打造专属于企业抖音的内容，这是最关键的一步。然后从内容的方向上去打造有质量的短视频，这是去模仿内容时关键的点。然后再运用拍摄的手段，在拍摄方面基本上有5个镜头，就是用远景、全景、中景、近景、特景这5个镜头来预设拍摄的角度和宽度，短视频的播放时间，尽量控制在40秒到50秒，还有完播率和点赞量、评论量这三个数据，相对来说，如果能用最短的时间可以把事情讲清楚,时间越短越好。

第三部分,抖音涨粉秘笈。制作短视频时非常浪费时间、金钱和精神,比如说我们去拍一家酒店,要提前做功课,还得开车去酒店,拍摄要花时间,还得花几个小时来剪辑,还要花几百元把这个短视频上到热门,这个过程是非常浪费时间精力的,而且是很折磨人的事情,所以大家要考虑清楚。在涨粉方面,需要注意三点。第一是发布时间很重要,建议大家在晚上6点到10点之间这个区间来发布。第二是标题,可以模仿人家的标题,千万不要有营销的字眼,越简单越精准地把内容呈现出来就好,这是很关键的问题。第三,在发布抖音时添加位置,方便客人找到你拍摄的这家酒店或景区,有了这个定位之后,同城的人可以凭借这个位置看到你拍摄的视频,才能增加曝光机会。建议大家再三认真检查发布流程。

接下来讲一下,制作好的短视频如何上热门,首先给大家简单讲下抖音短视频的推荐机制(或者说算法)是怎样的。抖音会把优质的短视频推送给更多人。第一步群发给加过你的粉丝,这个叫自然分发,自然分发是系统内部把这条视频推送到自己的粉丝当中,粉丝看到这个内容感觉做得很好,完播率很高,而且有点赞,有评论,系统里还有叠加推送的功能,这个功能会把视频由我们的中山市推广到广东省,然后一级一级往外推。如果想提高视频的播放量或关注量,一定要注重以下4点。第一是完播率,以前有前辈做了7秒的短视频,很简短,但是我觉得做旅游的话,7秒连一件事情都讲不清楚。所以建议大家还是从内容上把事情讲清楚,尽量做短去突破完播率。第二是转化率,第三是点赞量,第四是评论量。我建议各位当视频发出去半个小时后,只要有人评论就在第一时间回复。系统会按照你的完播率、转化率、点赞量、评论量去考量你制作视频的质量,如果觉得质量很高,系统会把你的视频往更高的流量去推送。所以粉丝的每条评论每个点赞,对这条视频能不能上到更高的热门是至关重要。因为,我个人觉得抖音是新的流量入口,特别是在6月份以后,我才认识到抖音作为新的流量入口非常有价值。传统旅行社过去都是靠打电话来成交,或者很多客人到门店来咨询线路然后成交,到后来通过添加微信好友然后完成报团的操作,那么,现在通过抖音把自己希望呈现出来的效果呈现出来,就很容易吸到粉丝。然后我们再去做酒店、美食、景区类的探店,包括我们公司主营的出境游,都可以用短视频的方式将精彩的部分呈现出来,这样成交的机会更多,还可以把这条视频回放到微信公众号里面,更直观地呈现给粉丝,然后促成购买。所以,建议同行们花点时间把时间精力放在短视频上,我觉得短视频的风口和红利才刚开始,还没有真正发挥到极致,还有更大空间。

对于急需涨粉或变现的抖音号,投抖加是个不错的方法,官方说有三个最好的时间:上午6点、中午12:00~2:00、晚上8点以后。我个人运营了一个月后觉得8:00~10:00去投抖加是最合适的,早上6点那波大家刚刚醒,没有太多时间放在看内容上。所以我们投抖加有四点是非常重要的:第一,因为我们是一家刚刚开始做抖音的旅行社,如果你期望提升的话,有四个选项,首先是它会关注你官方的主页,其次关注你的地址,再次是关注你的评论,最后是关注你的粉丝,我首选的是第四个,所以每次投抖加时,我都是想提升我的粉丝量,因为得流量者得天下,得粉丝者得天下,只有有了流量,才有动力才有赢的机会。第二,是投放的时长,我一般是投2小时或6小时,因为有四个选项,最短的是2小时,最长24小时。第三,自定义投放和系统投放,我一般选自定义推荐,你可以选想投放的群体、城市、商圈,抖音可以利用自带的投放功能帮你实现。

我个人投放的全部都是中山本地的粉丝,因为如果你投100元,用系统自动来投放,可以有5 000人关注,如果用自定义投放,就有2 500人关注,因为我想以后做中山本地的市场营销,所以我希望吸到的粉丝都是中山本地的,我投抖加也是针对中山本地的客户去投,所以我的粉丝当中有

80%都是中山本地人。等旅行社开业后，我可以去卖产品，我相信粉丝会给我带来价值，所以前期会慢一点，只要内容做得足够细腻，就能吸引到的都是中山本地精准的粉丝。我们要合理投放费用，如果你的费用很有限，就要花很长的时间去打磨好内容，有了好的内容再去投抖加才会有更好的效果。如果你的内容感觉一般般，可以少投一些费用来尝试下，如果你的内容发出去半小时有10万以上阅读量，可以多投一些费用，就可以冲破智能叠加功能，冲破权重，直接上热门。

（内容来源：中山四季国旅董事长陈仲霖，略有改动）

课堂讨论　阅读中山四季国际旅行社抖音运营分享的案例后，你有何感想。

三、朋友圈转发引流

所谓“朋友圈转发引流”并非单指销售人员在自己的微信朋友圈内转发广告，而主要是指通过客户将消费过程的相关信息以文字、图片或短视频的形式发到客户的朋友圈，从而为商家起到引流效果。要使客户协助推广销售行程，一般需要做好以下几点。

1. 提供超出预期的消费体验

如果商家提供的产品、服务不能达到顾客的期望值，他们就会感到失望、痛苦；相反，如果商家提供的产品、服务超出用户期望值，就会让他们兴奋、尖叫，给他们带去超预期的体验，使其欲罢不能，流连忘返。

当顾客得到超预期消费体验时，往往会在朋友圈有感而发，此类内容说服力最强，引流效果最好。

因此，商家要注重研究顾客需求、顾客心理，为其提供一流的消费体验，顾客才能有参与感，愿意主动为商家宣传推广，这种参与感也是顾客追求自我价值的重要一环。

2. 满足顾客猎奇、爱美之心

爱美之心，人皆有之。商家要反思一下，自己的门店能否从装潢、格调、气质、文案、精美的产品、优质的服务、仪式感等方面去满足顾客的爱美之心、猎奇之心，能否帮他们凑够9张图组成朋友圈的九宫格。如果满足客户的这种需求，那么被顾客转发的概率将大大增加。

3. 注重细节、经营口碑

商家要想营造好口碑，就要在日常经营的方方面面做到尽善尽美，尤其要注重细节的完善，要“于细微处见真章”。而销售人员作为对外服务的窗口，更要做好方方面面的服务工作，通过细节来打动顾客，建立起与顾客之间的信任关系，从而让其心甘情愿地为自己与所在企业站台。

4. 满足顾客优越感

销售人员可以赋予老顾客这样一种权限——“报我的名字可以打折”，这种福利可以极大地满足顾客的虚荣心和优越感，并乐于与身边的人分享，从而实现客流量的裂变。同时，销售人员还可以充分发挥想象力，通过一些创新、创意举措让顾客主动发朋友圈。

四、微信社群引流

（一）社群的含义

社群，就是有共同点的人聚在一起，共同实现某些目的或一起做一件事情的人群集合。社群不同于企业，成员间没有利益关系，也没有上下级关系，但他们有共同的目标或想要做的事情。社群里面的人是有共同点的：或是有共同爱好，或是处于共同年龄段，又或是有共同需求，或者三者兼而有之。他们有同样的兴趣，愿意和彼此一起玩；有相似的过往与经历，喜欢与同龄人出游；他们需求相似，有共同话题，希望和有差不多需求的人出游。旅游是一种体验，有时选择和谁一起去，比去哪里更加重要。

（二）社群的商业意义

第一，社群能够让消费者从“高速公路”上跑下来，形成真实的闭环互动关系，重新夺取信息和利益分配的能力。

第二，社群让互动和交易的成本大幅降低，令优质内容的溢价得以实现，让消费者的支付成本得以下降。

第三，社群能够内生出独特的共享内容，彻底改变内容提供者与消费者之间的单向关系。

（三）社群运营的步骤

1. 建立社群，筛选客户

销售人员建立微信群，将有过消费记录以及对公司比较认可的客户拉进群。在具体操作过程中，可以结合公司系统进行客户分类。将客户按照年龄、同行人（家庭出游，朋友出游）、倾向目的地（例如去得比较多的是海滩海岛，历史名胜，国内，出境），初步划分他们是否应归于同一个群，然后查看客户朋友圈，更精准地把握客户类型。如果对客户类型把握不准，可以先将他们全部拉入一个群，再结合客户咨询意向、平日表现、报名路线精准划入分类群。例如群内组织亲子游，有报名意愿或已经报名的群友另外组成一个群，形成“同类型”客户群。

2. 激活用户，产生信任

微信社群建立的目的是持续为店铺输出流量，因此有必要保持社群的活跃氛围，使群成员产生信任感以及对产品、服务的认可。保持社群活跃的常用方法如下。

（1）优惠激活。喜欢占便宜是人的天性，因此在社群中经常推出优惠活动，如特价团、尾单团，或发放优惠券及社群专属优惠资格对用户将是很有吸引力的。通过社群丰富的优惠让利活动，能够有效做到“线上参与，线下领取，线下消费”，实现线上到线下的引流，提高到店率，同时也能进一步同顾客产生关系黏性。

（2）内容激活。通过有价值的内容输出，使之发挥黏合剂、润滑油的作用，用来调和社群氛围。分享的优质内容可以是软文、专业知识，还可以是有创意的短视频。针对不同属性的社交群，可以分别推送不同的内容。

（3）红包激活。红包是活跃社群氛围的利器，群主（销售人员）通过不定期的红包发放可以有效提升群成员的活跃度和参与度，保持社群活力。

3. 社群运营，流量变现

销售人员作为社群管理员在进行社群运营管理时，不仅需要注意活跃社群氛围，还要能够圆润处理各种群内关系；同时，还应建立社群规则，如禁止拉票、发广告等行为，以保持群内良好的氛围，再适时地推送一些产品广告，将流量变现。

五、跨界合作引流

“旅游是综合性产业，是拉动经济发展的重要动力。”“旅游+”战略的提出，将是产业融合发展的有力践行，不仅为旅游业的发展提供更多机会，同时，旅游的创新成果深度融合于经济社会各领域之中，提升其他产业的创新力和生产力，形成更广泛的以“旅游+”为先导的各项经济建设新常态。现如今，旅行社也越来越多地与其他行业开展跨界合作，资源共享，力争共赢。

（一）跨界合作的意义

（1）现顾客资源共享。联盟参与商户之间可以实现顾客资源的共享，积“众弱”为“众强”，共同对抗电商和线下大品牌、大商家的冲击，这也是异业联盟进行资源共享、资源整合、资源营销的核心。

（2）让消费者得到实惠。异业联盟可有效实现消费者利益最大化，它的实质是将分散的各大利益主体共置于一个公共平台上，在该平台上，各方均能在合作的达成中实现自己的利益。在这个过程中，消费者也实现了“利益均沾”，得到最大化的实惠。

（3）降低营销成本。首先，异业联盟降低了营销成本。联盟商家的联合促销费用一般由双方和多方共同投入，有效降低了广告宣传成本，而且营业额增加了，也等于变相增加了利润，减少了促销费用。其次，通过异业联盟的渠道交换借用，可有效增加产品/服务的渗透率，降低昂贵的渠道成本。

（4）提高传播效率。实体店影响力的扩散和品牌效应的形成需要不断通过各种渠道来强化。通过异业联盟，商家可以利用其他商家品牌的影响力和传播渠道进行宣传，彼此搭便车，能有效提高传播精准度和拓客效率。

（二）跨界合作的方式

（1）联合促销。各个联盟商家都邀约自己的客户参加共同举办的活动，同时享受多个商家的优惠活动。

（2）联合活动。多个联盟商家一起邀约客户组织一次活动，报名资料可以共享。

（3）商家互推。例如，互相在对方店内放置易拉宝、优惠券、朋友圈互推等。

（4）换群。通过互相将对方拉进自己微信群的方式来共享客户，同时拓展客户。

（5）合作会员特权包。将关联合作商家的特权联合在一起，每家提供一项特权，整合成一个特权包，然后打包赠送给目标客户，提升吸引力。

案例1-4-3　跨界合作！烟台举办“旅行社+品牌农产品企业”供需见面会

7月10日，烟台“旅行社+品牌农产品企业”供需见面会在旅游大世界举办。活动由烟台市文化和旅游局、烟台市农业农村局联合举办，山东永安国旅、山东江山国旅、烟台同游国旅、风行旅游等近40家旅行社，烟台昆嵛正源食品、甜园蜂蜜、仙阁果品、长岛县长山海珍品等近30家优质农产品品牌企业参会，现场交流、对接合作，共同探索疫情下通过企业跨界合作、产业融合发展促进经济复苏的新路径。

烟台市文化和旅游局党组成员、二级调研员于仁山表示：“此次见面会旨在通过政府部门搭台，行业协会牵头，旅行社与品牌农产品企业对接，以农助旅、以旅兴农，探索‘旅行社+品牌农产品企业’跨界经营，多措并举纾解旅行社和品牌农产品经营困难，寻求融合发展新路径。”活动现场，于仁山还向参会企业普及相关农产品品牌的版权保护知识。

烟台市农业农村局副局长吴晨光在致辞中表示，烟台是中国北方著名的名优农产品生产基地。烟台苹果、大樱桃、莱阳梨等52个区域传统优势品牌获得了国家地理标志证明商标，龙口粉丝、烟台海参等9个特色农产品成为国家地理标志保护产品，烟台苹果等17个农产品获农产品地理标志。烟台黑猪、五龙鹅、牙山黑绒山羊3个地方畜禽品种列入中国地方畜禽品种资源志。烟台拥有500平方米以上的近岸岛屿72个,海岸线1 038千米,近海渔业生物品种200多个,有捕捞价值的100多种,盛产海参、对虾、鲍鱼、扇贝等海珍品,是全国重要的渔业基地。

烟台市旅行社协会会长夏卫介绍,受疫情影响,烟台旅行社积极开展生产自救,尝试多种经营方式、拓宽营销渠道。旅行社在农产品销售方面具有多方面优势:首先旅行社拥有自己的票务网站或微信小程序,有一定的流量和粉丝,可以有针对性选择品牌农副产品进行线上推广和销售;其次多数旅行社有微信客户群等,可以快捷地推送、跟进沟通;第三,旅行社有较为深厚的业务积累,在各省份都拥有广泛的同业资源,这为烟台品牌农产品企业打开外地市场、拓宽销售渠道提供了一个便捷通道。

烟台农产品企业朗源公司营销负责人肖楠表示,受疫情影响,农产品销售受到一定的冲击。此次供需见面会,为公司的农产品拓宽销路,提供了很好的渠道和机会。期望能够与烟台旅行社深度合作,将富有烟台特色的农产品推广销售到旅游客群中去,双方携手努力,开发烟台美丽乡村游的新产品,拓展新市场。

当日,本次供需见面会初步达成合作意向20个左右;烟台苹果果蔬品、益生源奶制品、莱州理生堂姜茶、甜园蜂蜜等品牌农产品企业与烟台部分旅行社达成实际合作意向7个;昆嵛正源食品等三家品牌农产品企业现场报名参加烟台文旅助企惠民"后浪潮街"夜市,甜园蜂蜜等多家品牌农产品企业希望能与烟台市旅行社联手,进行线上销售直播活动。

(案例来源:中国山东网)

思考 以上案例中,旅行社是如何开展跨界合作的,有何启示意义?

六、客户转介绍引流

每一名老客户的背后通常都有着一批潜在客户,销售人员要善于发动老客户的力量,让他们协助自己销售,为自己介绍他的亲朋好友。发动客户转介绍是一种行之有效的引流方式,也是性价比最高的一种方式,客户转介绍的拓客成本要远远低于商家直接拓客的成本。

1. 转介绍的基本前提

成功的转介绍拓客建立在三个前提之上:第一,转介绍行动对介绍人有利;第二,转介绍行动对被介绍人有利;第三,转介绍行动对商家有利。以上任何一个条件不具备,转介绍活动都难以成功和持续下去。

2. 客户转介绍的时机

当出现以下情况时,可请客户进行转介绍。

第一,当客户购买产品或服务的时候,流露出满意和兴奋的表情。

第二,当客户对商家表示感谢和赞扬的时候。

第三,当产品或服务得到了顾客认可,甚至提供了超预期体验的时候。

3. 足够的利益驱动

利益刺激是客户开展转介绍行动的直接动力。同样,通过转介绍行动,老客户能得到的好处也要尽可能直接、有诱惑力,避免给出一些模糊的概念,如有精美奖品赠送、再次消费可以享受折扣价、可参与抽取神秘大奖，对这类不确定性的利益，客户很难有积极性。因为人们在做出某项行动之前往往都会进行价值评估，即值不值得自己去做，对于没有明确收益的活动，他们根本不会有行动欲望。

4. 转介绍的流程要简单

老客户并不是专业的销售人员，他们没有义务付出大量的时间与精力去向其他熟人进行推介。因此转介绍的方案和话语要设计得尽可能的简易明了，通俗易懂，切忌让顾客记忆复杂的转介绍话语和方案。

案例：小丽是新华旅行社的销售人员，最近正面向社区开展销售工作。通过朋友介绍，小丽认识了一位热衷于跳广场舞的张阿姨，小丽向其推荐了公司的周边游拳头产品“长兴三日游”，并告知公司最新的促销政策“推荐报名人数超过20人，即可立减30元/人，同时推荐人可以免单出游”。张阿姨听闻后心动了，并立即向平时跳舞的姐妹们进行了宣传，大家都觉得很不错，纷纷响应，很快报名人数便超过了20人。

七、追销引流

追销，即说服已消费顾客二次回购或介绍新客户。实体店引流的目的是吸引顾客到店，进而促成交易；而追销则是让“头回客”变为“回头客”。

案例1-4-4

书店里顾客买了本销售方面的书，当结账时，店员拿起附近的一本书说：“先生，我看您是做销售工作的吧。您选的这本不错，这里还有一本同类书，您看，都上我们的畅销榜了，读者反映不错。而且，这两本书总价满50元了，可以享受八折优惠，只买一本的话没有优惠。”

顾客扫了一眼那本书，确实是自己需要的题材，而且还能享受折扣，就两本一起买了。店员因此追销成功。

在营销领域一直有这样一个观点：90%的利润在后端，即在于已经成交的老顾客。如果好不容易吸引来的客流只成交一次，然后又费心费力寻找新客户，那么就等于浪费了老顾客的终身价值，浪费90%的后端可追加利润。通过追销的方式引流（回头客流）是一种性价比更高、效率也更高的拓客方式，原因在于：

首先，商家不需要再投入营销成本去获取顾客，因为顾客就在我们的店里、顾客通信录里、微信群里，推广信息随时可以触达他们；

其次，不需要再次付出构建信任的成本，通常顾客和商家之间第一次的信任是最难建立的，不过一旦突破信任关系，那么后续的关系维护、追销等都会非常轻松；

最后，商家可以不断满足顾客的新需求，不断追销，锁定顾客，实现单个顾客价值的最大化。销售人员在追销时需要注意以下几点。

1. 把握好时机

最好的追销时机是在顾客消费后，而不是在选购中，否则，在顾客还没有确定是否消费的情况下就贸然进行追销，很可能竹篮打水一场空。如果顾客对第一次消费满意度较高，那就更适合进行追销。

2. 把握好额度

追销商品、服务的价格，追销价格的高低要根据双方的信任程度来定，同时也要考虑顾客首次消费金额和消费能力。一般来说，当场追销的商品金额通常不宜太高，后续追销中可以酌情提高。

3. 解释原因

向客户解释为何追销、为何在此刻追销，建议从考虑顾客利益的角度帮助对方进行自我说服。

4. 形势不对，立马停止追销

并不是所有人都愿意接受追销，尤其是刚消费之后的当场追销。所以，如果顾客对追销行动有所抵触，应该立即停止追销，避免留下不良印象，可以待日后时机成熟时再追销。

实训活动设计

设计题

拓客引流方法分享

学生以3～5人为一个小组，查阅课外资料，每组分享一项可用于旅行社拓客引流的方法并结合案例简要介绍该方法的特点及操作方式。各组以PPT形式进行汇报，小组间相互点评。

（举例：小红书引流、意见领袖引流、社区团购引流、集赞引流、顾问式引流等）

任务掌握评价

1. 学生自评

要求在已完成和可以胜任的选项后打勾。

（1）能列举五种以上拓客引流的方法。（　　）

（2）在实训活动过程中有查阅其他课外资料。（　　）

（3）能结合实际案例制作拓客引流的初步方案。（　　）

2. 老师评语

学习情景二

旅游产品销售

旅游产品销售是销售人员最核心的工作内容，本单元从顾客分析、与顾客开场接触、旅游产品推介及演示、顾客异议处理以及订单成交五个任务入手，让学习者了解和掌握如何成功地销售旅游产品。

任务一　分析顾客

在旅游产品销售过程中，顾客分析对于销售人员来说是一项必需的基础性任务。有效地分析顾客，有助于销售人员准确判断并制定销售策略，最终达成交易。

通过本节的学习达成以下目标。

知识目标：理解顾客感知、态度和信念的含义，理解影响顾客购买行为的四个因素。掌握顾客的自我概念、个性类型和需求意识程度的三种层次。

技能目标：能根据销售场景判断顾客的需求意识程度；能运用自我概念来销售旅游产品。

素质目标：通过学习从不同知识点分析顾客，养成学生的逻辑思维的习惯；通过本节内容的学习，学生养成换位思考的习惯，提高服务意识，培养以人为本的精神。

一、顾客的感知

为什么需求相同的两个顾客会购买不同的产品呢？为什么有时候，即使同一个人在不同的时刻也会对同一产品产生不同看法呢？这两个问题的答案都牵涉到人们对产品的感知。

感知是人们对信息进行选择、组织和解释的过程。

在确定顾客对销售展示的反应时，感知三个组成部分（选择、组织和解释）中的每一部分都各司其职。购买者常常在短时间内收到大量信息，但通常只能接受并利用其中一小部分。由于难以记住大量信息，所以其他不重要的信息就被忽略或者很快遗忘。这个过程即所谓的选择性接触，因为一个人所接触的信息中，只有一部分被选择出来加以组织和解释，然后得以转化为意识。

为什么有些信息会进入顾客的意识里，而另一些却不能呢？

首先，销售人员的陈述方式不一定能保证最佳的信息接收效果。例如，销售人员可能一下就提供了过多的信息。这就会导致混乱，顾客就会回避。或者有时可能偶然地给出了一些信息，使顾客以一种无组织的形式接收这些信息。

其次，如果信息与顾客希望得到满足的需求相关联，那么顾客就更乐于将这些信息有意识地贮存。例如，有销售人员向你推荐上海迪士尼门票，而你并没有这种需要，那么这些信息很可能不会进入你的意识。相反，如果你需要，你就可能认真地倾听销售人员的推荐。如果你有哪些地方不是太明白，你就可能会提问来搞清楚。

顾客的感知过程也可能产生选择性失真或者是信息的改动。选择性失真通常发生在当人们接收到的信息与现有的信仰或态度不一致时。当顾客听到一种产品的销售展示，而他们对该产品已经有了质量低劣的观感，他们可能会在心理上把信息转变成为符合他们信念的东西，近似于一种自我强迫。如果顾客认为这种产品质量好，即使它质量并不好，他们也会把关于产品的负面信息转变成正面信息。这种失真会降低销售人员将所推销的产品与顾客正在使用的产品进行比较的预期效果。

选择性保留也会影响感知。顾客可能只会记住支持他们信念和态度的信息，而忘记那些不支持的。在销售人员离开后，顾客可能就会忘掉销售人员所强调的产品优势，因为这些优势与他们心中的态度及信念不一致。

这些感知有助于解释某位顾客做出购买决策与否的原因。

顾客的感知像过滤装置一样，决定了他们听进去哪些销售信息、如何理解以及保留这些信息。因此，由两名销售人员所传递的两种不同信息，即使讨论的是相似的旅游产品，也可能发生不同的接收效果。顾客可能对一种展示置之不理，对另一种展示情有独钟，购买在他们感知中理想的产品。

虽然无法控制顾客的感知，但经验丰富的销售人员通常可以影响并改变顾客的感知。为了成功做到这一点，销售人员必须知道在展示过程中会产生感知障碍。销售人员必须学会确定这种障碍何时产生，并如何克服。

二、态度和信念

进行销售展示时，销售人员介绍的是产品的特性、优势和利益，目的是向购买者提供足够的信息，使其做出理性的购买决策。然而，一个人的感知过程有可能妨碍信息的正常利用。因此理解人们感知的形成过程，对销售成功大有帮助。

成功的销售人员必须帮助顾客理解自己和推介的产品。如果顾客尝试着去信任你，他们就会仔细地倾听，信任你所说的，因此就会增加达成交易的概率。如果你的产品如你声称的一样价廉物美，顾客就更有决心再次购买。

如果你在销售展示中提供了进行购买决策所必要的信息，那么达成交易的可能性就会提高。

人的态度是后天学得的对于某种事物的认识倾向。这种感觉可以是正面的，也可以是负面的。如果一个人对产品持中立态度或根本一无所知，那么就无从谈起他有什么态度。顾客的态度是由过去和现在的实践经验所左右而形成的。

创造一种积极的态度是很重要的，但这并不足以让你达成交易。要把产品销售给某人，你还必须把顾客的信念转化成一种积极的态度。

所谓信念，是指对某人或某事存在信任或信心的心理状态。顾客必须相信你的产品能够满足需求或者解决问题。对一种产品而非另一种产品的积极态度，就来源于认为这种产品更好的信念。

如果顾客的感知使他们产生了积极的态度，并且使他们相信你的产品对他们而言是最好的，而且你是最佳的购买去处，那么你就能达成交易。例如，有顾客决定买土耳其9日游，有三家旅行社销售相近的旅游线路，价格差异不大，那么顾客就会从他认为最好的销售人员那里购买，尽管其间并没有任何不信任其他两位销售人员的原因。然而，人们通常并不了解你或你的产品。销售人员的工作就是提供产品信息，使得顾客形成积极的态度和信念。如果顾客的感知、态度或信念是负面的、被曲解了的或是错误的，销售人员需要把大部分时间花在营造或是改变顾客对你的产品的既存信念上。

例2-1-1　顾客错误的感知例子

一位女士在为家里采购一台吊顶电扇。她对产品主要感兴趣的三个特性是价格、质量和款式。在货比三家后，她确定了两种牌子，“猎人”牌和“经济”牌。她获得的关于这两种品牌的信息使她认为所有的吊顶电扇都差不多。每个品牌所提供的特性和优势都相似。出于这种态度，她形成了要购买一台低价电扇的信念，也就是这里的“经济”牌电扇。成本成了决定购买决策的关键因素。

她决定再到一家销售“卡萨布兰卡”牌电扇的商店看看。她要求销售人员向她展示一下低价的电扇。结果这些电扇比“猎人”或“经济”型号的都要昂贵。发现了这一点后，她告诉销售人员：“这不是我想买的电扇。”然后，在销售人员的“欢迎再次光临”声中，她离开了商店。

这位销售人员应该怎样做呢？当顾客走进商店，销售人员应该大致知道她要买一台电扇。因为这位顾客错误地认为所有的牌子都差不多，所以销售人员应该首先问一些了解顾客想法的问题，来帮助客户发现最适合需求的电扇。了解顾客对产品的态度和信念，有助于达成交易；有了这些信息，销售人员可以在做产品利益的展示时，改变或者加强顾客的感知。

三、顾客的个性

顾客的个性也会很大程度地影响购买行为，具体表现为不同个性的用户在选择用以满足特定需求的产品类型时会出现较大差异。个性可以视为个体不同于他人的性格特点、态度或习惯。尽管很难确切得知性格是如何影响购买行为的，但是通常都认为，个性对一个人的感知、态度和信念都有一定影响，从而影响到了购买行为。

研究人们个性的最好方法之一，就是考察顾客的自我概念，即顾客对自己的看法。内在的或个人的自我评价都可能影响顾客对喜欢的或不喜欢的产品的态度。

根据自我概念的理论，顾客有四种形象：

（1）真实自我——顾客的真实面目；

（2）自我形象——顾客对自己的看法；

（3）理想自我——顾客想成为的样子；

（4）镜中自我——顾客认为别人是如何看待自己的。

销售人员应该设法去理解顾客的自我概念，因为这可能是理解顾客态度和信念的关键。

例2-1-2　一名电话销售人员给顾客推荐万圣节活动期间的惠州皇冠假日酒店

张先生，您好！您是平时比较注重事业，工作比较忙，所以没有时间陪孩子（自我形象），正好这个周末有空，想要带您的儿子出游，是这样吗？

恩，是这样的。父母都期望能够与孩子拥有一种良好的关系，但是也更希望多赚点钱，给孩子更好的生活环境，但是平日里忙于工作，与孩子缺乏沟通交流。看您的儿子跟您在一起稍微显得内敛沉默，想必您也是期望缓和这种关系，得到孩子的理解，让你们更加亲密吧？（理想自我）我相信这次活动能够为你们相处的周末创造一个不一样的美好的记忆，提升您在孩子心中的形象、地位，增进你们的感情，让您的孩子在您的面前变动更加活泼，成为大家羡慕的亲密父子。（镜中自我）

分析　顾客张先生平时工作繁忙，他想通过一次旅行改善与孩子之间的关系。销售人员理解了顾客的自我形象、理想自我及镜中自我等自我概念后有助于成功推荐旅游产品。

例2-1-3 假设销售背景

顾客王先生年轻有为，早年间创业成立了一家小型的软件开发公司，在业内是有名的精英人士。最近他又迎来了一件好事，成功向女朋友求婚了。然而，平常工作忙碌加之休假时间短，他正苦恼于如何安排拍摄婚纱照这件事，他不想因为自己的忙碌让未婚妻觉得自己不够在乎她，他想让一切事情都完美。

销售人员：好的，王先生，那根据您的情况，也了解到您太太曾在日本留学过，我这边推荐给您的是“京都旅拍·古都风情”日本和风婚拍4天3晚的旅游产品。首先这款产品是携程高端品牌鸿鹄逸游的一款产品，整个行程提供的都是公务舱，并且四天我们都有资深专业中文司机兼导游全程为您服务，尽可能地为您减少出行方面的困扰。住宿的话，您将和您的未婚妻共同入住京都四季酒店豪华景观房，它坐落在八百年历史的日本庭院建筑内，在保持惯有的四季的舒适和服务的同时，还结合了日本古都传统风韵和日式服务，此外，您还可以和太太享受由米其林三星主厨带来的真正地道的寿司。至于您最关心的拍摄部分，我们是旅程第二天进行全天拍摄，选取了两处人气婚拍景点，一年四季皆有美景，在此基础上还有我们鸿鹄逸游独家安排的高台寺专属庭院婚拍以及当地特色的日式体验。同时，摄影师及其助理、化妆师、翻译都是一对一全天服务的，服装方面也会提前为您安排妥当的。

您可以想象一下将在这么美丽的地方拍出的婚纱照发送给亲友看，一定会称霸朋友圈，令非常多的人羡慕的。第三天你可以和太太一起参观京都的标志性景点建筑，午后，还特别安排了百年老店日式点心制作体验和友蝉染的体验，两个人一起在旅行中共同体验挑战完成一件事情是非常有纪念意义的，这也是我们之前的顾客们最喜欢的体验，是非常适合情侣以及夫妻的，相信您的太太一定会非常喜欢。当然，最后一天我们留出了足够的购物时间，让您和太太可以尽情地购物后返回本国。总之，这款产品简直就是为您和您太太量身定做的，在游玩过程中也许还能勾起您太太大学时的美好回忆，更显得您的用心了呢！您觉得怎么样呢？

分析 顾客的四种形象

（1）真实自我。这位王先生是业内精英，工作忙碌，没有办法有过多的时间去拍摄婚纱照。

（2）理想自我。他希望自己能给爱人一个独特的婚拍体验，让爱人觉得自己是很在乎她的，用心对待这件事情的。

（3）镜中自我。他会认为别人觉得他只注重工作而不顾及家庭，没有担当，即将有自己家庭的他希望能把每件事情都做好。

（4）销售分析。由于时间短暂，所以推荐距离较近的日本而非欧洲等地；业内精英，所以相对注重旅行的品质，全程的食住行以及婚纱拍摄都是非常高端的，这款产品是专门为情侣或夫妻打造的，具有针对性，贴心的服务也能让顾客感觉受到重视；婚纱拍摄加旅游，不仅是和爱人在美丽的异国拍摄了婚纱照，还有浪漫及印象深刻的旅行体验，是一次感情的升温。

虽然了解顾客的自我概念很重要，但销售人员还应设法弄清楚潜在顾客的个性中影响其购买决策的任何其他方面，这样就可以进一步调整销售方法。方法之一就是研究顾客的个性类型。

四、个性分类

卡尔·古斯塔夫·荣格与西格蒙德·弗洛伊德奠定了现代心理分析的基础。荣格将人类的意识分为四种职能：感觉（feeling）、知觉（sensing）、思考（thinking）、直觉（intuiting）。荣格认为，大多数人感觉舒适的行为方式都属于这四类之一。每一种个性类型，都有由经验形成的不同特征。

表2-1-1提供了一些可用以鉴别他人个性类型的指南。可通过鉴别关键人格特征，如时间取向、环境确定，以及通过他们的言语，来判断对方的个性类型。

表2-1-1　个性类型识别指南

指　南	思考型	直觉型	感觉型	知觉型
如何描述这个人	直截了当，注重细节，喜欢按自己的时间有条理地处理事情，讲求精确，有时有点钻牛角尖，看重事实	知识渊博，看重未来，喜欢从大量事实经验中直接提炼原则的革新者，积极参加社区活动、参与政策制定、项目开发等	以人为本，对于人们的需要很敏感，感性的人，爱怀旧，乐于与人相处，能够看透别人	行动派，凭自己的知觉和世界打交道，有决断力，富于活力
他的长处	善于沟通，谨慎小心，求稳，客观，理性，有分析力，为解决问题多方求教	具有独创性和想象力，思路宽阔，有魅力，理想化，有才华，坚韧不拔，能出主意，概念性强，善于动手参与	有说服力，有同情心，坚守传统价值观，爱钻研，好反省，善于察觉他人情绪，忠贞不二，以既往经验作为行动基础	讲求实际，果断干脆，技术娴熟，以所见得出客观结论，完美主义者，有决断力和行动力，实事求是
他的短处	犹豫拖沓，过于小心，过于缜密，缺乏感性和激情，有控制欲和被控制欲，过于严肃，僵化，爱钻牛角尖	不现实，爱想入非非，精力不集中，爱绕弯子，教条主义，不实用，不善于倾听	好冲动，做事鲁莽，爱对人不对事，好伤感，易拖拉，总有负罪感，爱惹是生非，主观性强	缺乏耐心，短视，热衷于地位，过于自我，做事欠考虑，不信任别人，爱钻牛角尖，好冲动，不会利用他人协助
时间取向	过去，现在，将来	将来	过去	现在

销售人员所面临的最大挑战是使自己的个性类型与要打交道的人紧密相连并相互适合。例如，如果你发现与你有密切联系的顾客很容易拜访，那么很有可能他的主要个性类型与你的相似。反而言之，你觉得很难拜访的人往往有着和你不同的主要个性类型。

销售人员必须提高识别与自己打交道的人的个性类型的能力。一旦能识别出顾客的基本类型，举个例子，你就可以根据顾客类型来修改产品展示的内容，以求达到最好效果。以下内容是基于潜在顾客个性类型偏好而制定的销售方法。

1. *思考型*

思考型的人很看重逻辑、观点以及系统性的调查。因此，销售人员在进行之前，必须提前准备好大量的事实和有说服力的数据，而且要井井有条、富有逻辑性。

2. *直觉型*

直觉型的人很看重观念、革新、概念、理论以及长远考虑。关键是要将展示融入顾客的宏伟蓝图或总体目标。销售人员应尽可能地把顾客的概念和目标体现在展示中。在做产品展示时，一定要留有充裕的时间。

3. 感觉型

感觉型的人强调以人为本并且对别人的需要很敏感。和他们打交道，关键在于强调你的主意对人带来的影响。感觉型的人喜欢进行简短的交谈，因此和他交谈时要时刻察言观色准备开始介绍产品。

4. 知觉型

知觉型的人极为强调行动的重要性。和知觉型的人打交道的关键在于直截了当，开门见山。旅游产品一线一单、旅游产品宣传册、目的地影像资料可以让知觉型的人对你的展示有直观的认识。和知觉型的人相处，语言交流远比书面交流有效。

五、顾客购买行为影响因素

个人收入水平。购买力是旅游购物需求产生的前提条件之一，它直接影响着消费者的购买决策。旅游消费者经济基础越高，产生购买行为频率就越高，反之亦然。

性别差异。在旅游过程中，由于男女生理、心理特征及社会角色等因素不同，表现出价值观和购买偏好不同。

年龄差异。不同年龄段的旅游消费者对旅游产品的偏好也有所不同。一般情况下，年轻人精力旺盛，性格也比较活泼，对一些现代高科技产品或有刺激性的产品兴趣浓厚；中老年人则对产品质量、舒适度、档次及实用度要求较高，消费频率和概率相对较低。

文化教育程度。不同文化教育层次，在产生购买行为时的需求表现也有所不同，这种差别在于，旅游消费者文化教育水平越高，选择旅游产品时所体现的欣赏品味也越高。

一名优秀的销售人员必须关注潜在顾客的动机、感知、学识、态度和个性。同时，应当理解这些因素是如何影响顾客的购买决策的。

六、顾客的需求

人类受需求和欲望的推动和驱使。这种需求和欲望形成于内心，使人们想要购买某种商品——比如一辆新轿车或者一台新复印机。由于想得到所期望的东西，人们就产生了需求。欲望是人们习得而成的需求。例如，人们都需要运输工具，然而一些人想得到宝马跑车，另一些人则想要福特野马牌轿车。

上述例子既体现了实用的或理性的购买原因（需要运输工具），也体现了心理的或情感的购买原因（对拥有宝马所带来的声望的渴望）。不同个体产生购买欲望的原因各不相同。销售人员必须把握潜在顾客的需求，使产品的利益能够满足其特定需求或者欲望。

经济性需求即购买者用手中货币购买到最令人满意的产品的需求。经济性需求包括价格、质量（性能、可靠性、耐用性）、购买的便利性以及服务。一些人的购买主要就是建立在经济性需求这一基础上的。然而，大多数人在购买时除了考虑经济因素外，还会考虑其他一些因素。

许多销售人员都误以为人们仅仅凭价格来决定是否购买。这并不总是正确的。一种产品相比其竞争对手的高价劣势，往往可以通过诸如服务、质量、销售人员的友好态度、购买的便利性等因素而抵消。

不同个体的需求各不相同，对于销售人员而言，发现顾客需求很重要。一旦确定顾客的需求，销售人员就可以更好地准备销售展示，使产品利益能够针对其需求。但要做到这点并不总是很容易，因为人们也许并不完全了解其自身的需求。购买决策因人们对其需求的意识程度不同而变得复杂。

人们对需求的意识程度有三种层次，分别为：意识、前意识和无（潜）意识。

在第一层次，即意识需求层次，购买者完全了解自己的需求。向他们进行推销是最容易的，因为他们知道自己需要哪种产品，并且愿意谈论自己的需求。顾客可能会告诉销售人员："我打算近期去新疆旅游，能介绍一些线路吗？"

在第二层次，即前意识需求层次，购买者自己也许不完全了解自己的需求。在他们有意识的思维中，需求并没有完全形成。他们知道想要什么类型的产品，但是不愿意细谈。例如，顾客前往旅行社进行咨询，他有外出旅游的想法，但是选购国内游产品还是出境游产品并不明确，他的需求是比较模糊的。顾客可能出于一种强烈的自我需要而想购买某种产品，却犹豫着是否要告诉你。

在第三个层次，即无（潜）意识需求层次，人们根本不知道为什么要买这种产品——只是他们确实买了。销售人员需要确定具有影响力的需求。通常，可以通过运用技巧性询问，来找出潜在顾客的无意识需求。把握购买者可能具有的需求类型，有助于你在产品展示时使产品投其所好。

意识需求层次的顾客，有明确的需求，顾客往往会在产品与产品之间进行选择，对于销售人员来说，除了对自己的产品熟悉外，需要了解竞争对手的产品。在销售过程中，可以从旅行社规模、品牌，自身产品与竞品比较等角度劝说顾客购买自己公司的产品；针对前意识需求层次的顾客，销售人员需要帮助顾客弄清楚需要什么，通过询问的方式了解顾客的真实想法。如果顾客不太愿意表达，销售人员可以先根据了解到的情况给顾客推荐一条线路，在销售推荐线路的过程中，再了解顾客的想法，调整销售策略。对于无意识需求层次，销售人员可以从预算、天数、旅游区域、同行人、出发时间这几个方面了解顾客的大致想法，掌握基本情况后，销售人员可以向顾客推荐自己相对熟悉的线路。

案例2-1-1

有一位穿着得体、显富态的顾客走进了旅行社门店，进来后工作人员询问她想买什么旅游产品，她说就是进来看看，面对这位顾客，你接下来会如何销售？

顾客分析：从顾客外表打扮可基本看出，这位顾客应是家境富足，经济方面是无碍的，可选择较多。在少了经济这一大约束的条件下，多数顾客是有较强的购买产品的欲望的。但是顾客只是回答说看看。推测可能顾客有足够的经济条件，但时间等条件约束了顾客现下立即做出购买的决定。又或者，顾客心理、物质、知识等准备不足，内心只有计划雏形，尚有担忧。那么这位顾客确实是属于无意识或前意识需求层次。也可能因为身份等原因，这位顾客暂时隐藏了自己的明确需求，但是实际上她是意识需求层次的顾客。

正式销售前先对顾客的购买需求意识程度进行测定

（S代表销售人员，C代表顾客）

S：这位顾客，您好，欢迎光临！请问有什么我可以为您服务的？

C：哦，我只是进来随便看看。

（接下来，销售人员亲切随性打听询问，收集顾客信息、做初步判断。）

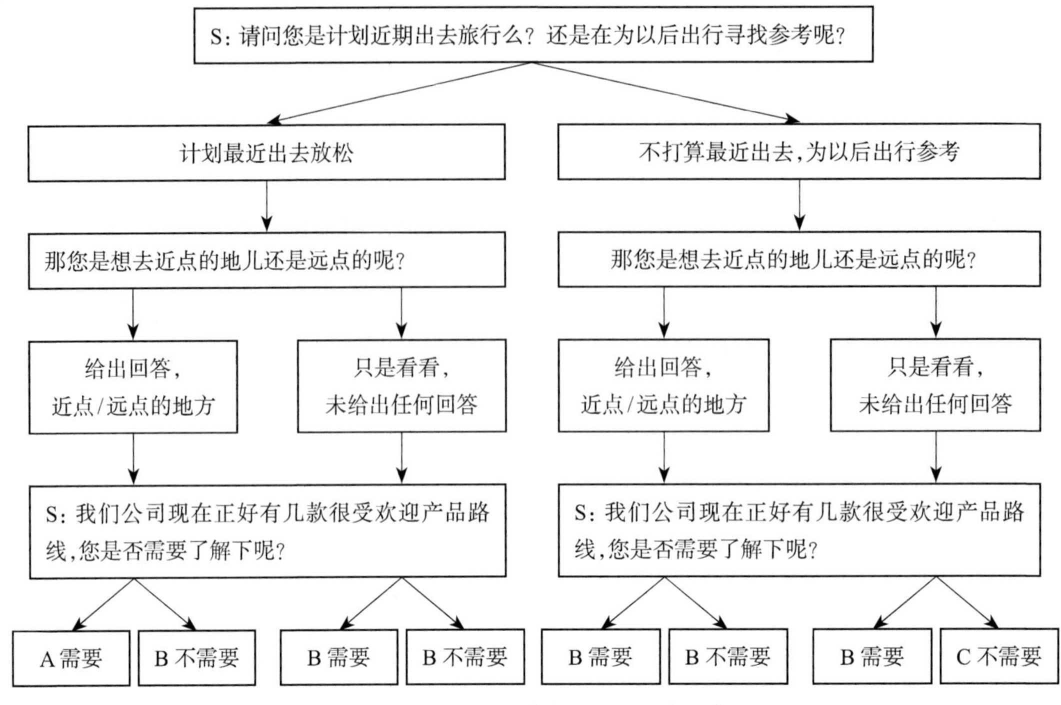

图2-1-1　顾客需求意识程度测定程序

从上述问题的回答可初步判断，若这位顾客答复是A类，则推断她是有较强购买需求意识的，若为B类，则表明顾客对产品的需求意识不强；C类回答则基本可看出这位顾客购买需求意识不足。

鉴于以上判断，销售人员继续较为详尽地询问顾客是否对产品价位、旅行类型以及目的地有要求等来精确判断顾客的购买需求层次。若顾客对产品以上所述几点皆无或极少有任何要求，可以确定这位顾客的购买需求程度是属于无意识或前意识需求层次的。若顾客有较多或极精细的要求，则可估量，这位顾客的需求程度应属于意识需求层次。若此顾客属于无意识或前意识需求层次，则加以引导再销售，如果发现顾客的购买需求层次是意识层次的，则开始直接介绍推荐产品。

销售人员必须把握住对于顾客而言最为重要的购买需求。那么如何做到这一点呢？通常可用以下这些方法来发掘重要需求。

（1）倾听。潜在顾客可能无意间透露出重要信息，例如“真希望我能漫步在金色的沙滩上”。

（2）观察。观察潜在顾客，研究他们所处的环境。经验丰富的销售人员可以通过观察对方的穿着或住所和工作地点，来把握顾客的许多信息。

（3）组合。有技巧的销售人员会和他人交谈，倾听潜在顾客，以问题试探，仔细观察，并且设身处地为对方考虑——运用各种方法，为的就是把握住潜在顾客的需求。

（4）提问。问题通常可以带出潜在顾客不会透露或是不知道的需求。销售人员可以问：“行程让您未婚妻满意对您来说最重要吗？”顾客可能回答：“是的。”“如果我向您提供我社新婚夫妇满意度高的一条线路，您会感兴趣吗？”

（5）与他人交谈。向他人询问潜在顾客的需求。例如，向办公室经理的秘书询问经理对为公司策划的团建活动是否满意。

（6）设身处地。站在顾客的角度考虑问题。

案例2-1-2

销售场景：你是春秋国旅的销售专员，接到一位顾客的来电。顾客询问，携程网自营产品9月14日出发的丽江+大理+香格里拉6日5晚跟团游（5钻）的价格是3 436元/人，而春秋旅行社提供的“泸沽湖遇上亚丁”丽江+香格里拉+稻城亚丁+俄亚纳西古寨+泸沽湖6日5晚纯玩团9月14日的价格是3 590元/人，顾客疑惑的是为什么行程差不多，会有不少的价格差距。请分析下顾客的需求意识程度并说说如何应对顾客。

首先，顾客属于意识需求层次（见图2-1-2）。

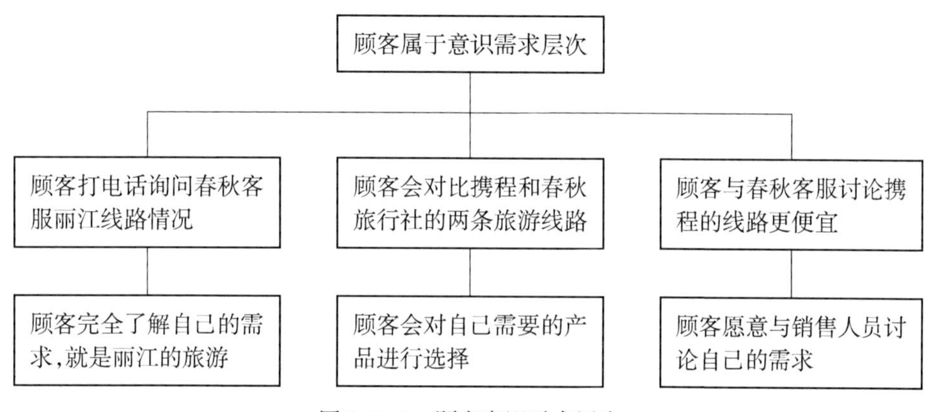

图2-1-2　顾客意识需求层次

在与顾客沟通的过程中要把握顾客拒绝的缘由，站在顾客的角度，真诚相待。

（1）倾听。认真倾听顾客讲话，避免漏掉重要信息。

（2）对顾客的不满意表示关注。

（3）通过询问进一步了解产生疑虑的原因。

（4）澄清事实，消除顾虑。分析春秋和携程丽江+大理+香格里拉线路的特点、景点、餐饮标准、住宿的星级、交通方式、旅游安全等方面说明价格的差异。

（5）解决问题，寻求认同与信任。

实训活动设计

设计题 2-1-1

一天中午，一对新婚夫妇走进了A旅行社门店，销售小张接待了这对夫妻。妻子说：“我们俩想去度蜜月，时间有6天，你看看有什么合适的线路?”还没等小张开始讲话，丈夫紧接着说：“一定要保障我们的人身健康安全，我问过一些朋友并在网上做了一些研究，考虑到性价比，目前锁定是大理和三亚，你看看有什么评价好的线路推荐给我们。”妻子皱了皱眉头，不耐烦地说:“去哪不重要，我要是9月份最美的地方，毕竟蜜月旅游就一次，我要留下最美好的记忆。”丈夫赔着笑脸连忙说:“是是是，宾馆我们要卫生的，经济实惠的。主食不一定安排，但我们自己找餐厅要方便的。哦，最重要一个团不要太多人。”还没等丈夫把话说完，妻子狠狠地瞪了他一眼。

如果你是销售人员小张，请判断夫妻两人分别倾向是哪种个性类型，处于什么需求意识层次？请说明你的判断理由以及后续应对方法。

要求 请用思维导图软件完成分析，口述自己的答案。

设计题 2-1-2

请模拟销售旅游线路或旅游门票，需要至少运用自我概念中的2种顾客形象。

要求 完成销售稿，字数不得少于800字，具体的销售场景和销售形式不限。

任务掌握评价

1. 学生自评

要求在已完成和可以胜任的选项后打勾。

(1) 在完成实训作业的过程中使用了思维导图软件。 (　　)

(2) 在完成实训作业的过程中查阅了其他资料。 (　　)

(3) 能复述顾客感知、态度和信念的含义。 (　　)

(4) 能列举顾客的个性分类。 (　　)

(5) 能从描述这个人、长处短处和时间取向等几个维度说出不同个性的特征。 (　　)

(6) 能说明顾客的自我概念。 (　　)

(7) 能根据销售场景判断顾客的需求意识层次。 (　　)

(8) 能体会到换位思考的重要性。 (　　)

2. 老师评语

任务二　接触顾客

在旅游产品销售过程中，开场接触顾客对于销售人员来说是一项重要的任务。顾客在展示开始的几分钟里对销售人员的反应对于成功销售是非常关键的。这段短暂的时间非常重要，因此把它设为销售过程中一个独立的步骤——接触。接触将影响顾客对销售人员的第一印象。

通过本节的学习达成以下目标。

知识目标：了解销售人员与顾客间的沟通过程，销售中使用非言语沟通的重要性，可以定义并识别表示接受、谨慎和不同意的非言语信号，可以分析妨碍有效沟通的障碍。了解说服沟通技能的方法，区别不同的销售场景开场接触的方法。

技能目标：能通过顾客传递的非言语信号判读顾客的想法进而调整销售策略，能运用陈述、询问和演示开场技巧开始旅游产品销售。

素质目标：通过学习从不同知识点了解在与客户沟通过程中应注意的事项，培养应变能力，提升服务意识。

一、塑造良好第一印象

与顾客会面时，给人的第一印象取决于销售人员的外表及态度所映射出的形象。如果给人的印象很好，你的顾客就更愿意听你说话；如果印象不好，顾客就会产生难以克服的沟通障碍。教材将围绕不同销售工作场景具体谈谈如何给顾客留下良好的第一印象。

（一）门店接待

销售人员与顾客面对面接触时，留意以下细节有助于销售人员给顾客留下好的第一印象。

佩戴工作证或胸牌；穿着工作装或相近款式、颜色的服装，男士穿衬衫时必须戴领带，服装整洁，无污渍、斑点；不得衣冠不整。精神饱满，坐姿端正，站有站相。仪容仪表好；男士须每天修面，不留长发；女士必须化淡妆，不染彩发或挑染，头发梳理整齐，长发必须梳扎。

在客人进门、出门时面带微笑，轻声细语，语气热情、友善地主动招呼，有“招呼声”和“道别声”；面带微笑，不“问一答一”；主动向客人友情提示，不厌其烦；当业务应接不暇时，招呼同事接待或请客人稍等；礼貌用语，双手递物。

能够主动给出顾客合理推荐及出游建议，和顾客沟通互动气氛愉悦；相关告知事项解说全面、清楚。

（二）网络销售

网络销售工作场景中，销售人员与顾客不是面对面地沟通，而是通过网络利用文字及图片媒介交流。

对话建立后，后台系统自动向顾客发出："您好，××× 为您服务～亲，有什么可以为您效劳的？" 建立对话联系后，销售人员开始与顾客沟通。

对话中，无法立即回复顾客时应向顾客发出："您好，请您稍等，正在帮您查询/核实相关问题，将在 ××× 给您回复。"

或："您好，非常抱歉，目前咨询量较大，回复速度较慢，请耐心等候或拨打400-***-****进行咨询。"

转接语，向顾客发出："您好，很抱歉，因 ××× 原因，为您转接相关工作人员处理，可以吗？" 得到客人允许后转接。如顾客不同意转接，需要客服电话回复时，客服需主动记录顾客的订单号、联系人信息、相关咨询问题，并告知顾客客服会在 ×× 时间节点前回复，请顾客电话保持畅通。

结束语，向顾客发出："请问还有什么可以帮您的吗？" 感谢您选择****，请对本次服务进行评价！祝您生活愉快，谢谢！（点击 "邀请顾客评价" 按钮，顾客评价后结束此次对话）。

（三）电话销售

要向顾客传递重要的第一声。接听电话以响铃三声之内接最适宜，当电话响第二声以后接电话是最合适的时间。销售人员的声音要饱含喜悦，清晰明朗。注意语速语调措辞，严禁以 "喂" 字开头，因为喂字表示希望先知道对方是谁，等着对方告诉你，而且如果说 "喂" 时语气不好，极容易让人反感。

正确的应对方式是，说出自己所在单位的名称，及时转入正题；须搁置电话时或让对方等待时，应给予说明并致歉。尽量避免将电话转给他人，如果超出自己的回答范围，在得到客人允许后转接。如顾客不同意转接，销售人员需主动记录顾客的订单号、联系人信息、相关咨询问题，并告知顾客会在 ×× 时间节点前回复，请电话保持畅通。

销售人员要复诵电话要点，确认是否理解顾客的表述。感谢对方来电，并礼貌地结束对话，挂电话要让顾客先挂。

（四）拜访顾客

穿戴整洁，注意修饰；保持直立姿势以体现出自信；把所有不需要的东西留在办公室外（外套、雨伞或报纸等）。如果可以的话，坐下来。如果顾客没有主动提供一把椅子，可以问："我可以坐在这里吗？"

在会面过程中，要表现得热情和积极。微笑，一直要保持微笑！（努力展现出真诚的笑容；这将有助于你热情和积极地对待顾客。）

如果顾客提议要握手，要坚定、积极地握住他的手，同时要看着对方。

当销售人员到达的时候，无论顾客情绪怎样，销售人员都必须像演员一样学会如何给顾客留下积极、自信和热情的第一印象。

在进入顾客办公室前，考虑以下因素，并确定它们的重要程度：

（1）你的销售访问目标；

（2）容易被顾客接受的接触方式；

（3）你的顾客利益计划。

这种接触方式选择过程可以很好地帮助你给人留下积极的第一印象。

拓展知识

五种方法帮助销售人员记住顾客的名字

在会面前要学会如何正确地说出顾客的名字,并在整个会面中多次使用。

(1) 确信听到了顾客的姓名,并说:"很高兴见到您,王总。"

(2) 在脑子里把姓名拼一下。

(3) 将顾客的姓名与你所熟悉的事物联系起来。

(4) 在对话中要视情况使用顾客姓名。

(5) 在对话结束时要重复姓名,如"再见,王总"。

二、语言和非言语交流

从销售的观点来看,沟通就是买卖双方之间进行语言和非言语信息交流并加以理解的行为。这一定义将沟通视为买方与卖方之间以某种所预期的反应形式发送和接收信息的交换过程。

销售展示中的沟通渠道有多种形式。媒体形式可以比语言形式更好地传递观点和态度。事实上,在日常的双人对话中,不到35%的社会文化意义是通过语言形式来表达的。换言之,大多数社会文化意义是通过非言语形式来表达的。有时,人们通过语言所表达的意思与实际真正想传达的并不一致。

案例2-2-1

在礼节性拜访中,主人一边说"热烈欢迎",一边不停地看看手表,客人便知道该起身告辞了。

分析　要想了解说话人更深层的心理,即无意识领域,单凭语言绝对是不可靠的。俗话说"打鼓听声,说话听音"便是这个道理。而通过非言语符号所传递的信息往往比语言更能够准确地传达"真正的意向"。

案例2-2-2

我国经典名著《三国演义》中有一个脍炙人口的故事"空城计",讲的是"武侯弹琴退仲达"。诸葛亮守着空城,在城楼上镇定自若,笑容可掬,焚香弹琴。司马懿的15万大军不战自退。

分析　诸葛亮妙用非言语沟通的技巧传递给司马懿一个信息,吓退了司马懿15万大军,而转危为安。由此可见,在非语言信息的传播领域里,可以说是"眉来眼去传情意,举手投足皆语言"。

(一) 非言语沟通

早在20世纪初,西格蒙德·弗洛伊德就注意到人们即使不说话也会泄露一些秘密。一个人的言行举止揭示了其对某种事物的潜在感觉。

人们可通过多种方式进行非言语沟通。四种主要的非语言沟通渠道是买卖双方的空间距离、外表穿着、握手和肢体语言。

1. 空间的概念

领域空间概念指的是一个人自身周围不准他人擅自进入的区域。销售人员必须对空间因素加以留意，以免贸然闯入顾客的领域空间，引起对方的提防，从而产生沟通障碍。顾客通常有四种需要加以考虑的交往距离：亲密距离（0.6米之内）、私人距离（0.6～1.2米）、社交距离（1.2～3.6米）和公共距离（3.6米以上）。

亲密空间是最为敏感的区域，最多为0.6米长或约一臂长，是留给亲密朋友或是所爱之人的。在买卖关系中想进入亲密的交往空间，对于一些顾客而言是无法接受的。进行销售展示时，销售人员应该仔细倾听并观察任何表现出顾客不适的迹象——有可能就是由于销售人员过于接近。对此，顾客可能会认为销售人员试图控制或者左右自己，这种感觉会导致顾客对销售人员的抵触。如果出现了这种情况，销售人员应该往后退一些，以使顾客放心。

私人空间是陌生人或商务伙伴通常所能靠近的最近领域。即使处于这个空间之中，潜在顾客也会感到不适。利用一些屏障，比如一张桌子，就可以减少无关人员进入该空间所带来的威胁感。

社交空间是通常情况下进行销售展示的领域。同样，顾客往往用一张桌子来使买卖双方之间保持1.2米以上的距离。一直站在一位坐着的潜在顾客面前，可能使顾客感到销售人员有点咄咄逼人。因此，销售人员通常应该坐下来，放松地进行信息传递。

销售人员可以考虑在社交空间的中间距离进行销售介绍，以避免潜在顾客产生消极的心理壁垒。尤其当销售人员尚未成为顾客朋友时更是如此。

公共空间可以用作销售人员向一群人进行销售展示的场合。比如在旅游交易博览会上做第一次产品推介。

在旅行社产品销售过程中，尤其是门店面对面销售，销售人员要与来访顾客保持社交空间距离，销售人员接待顾客时，中间隔着一张桌子，这种摆设会让顾客觉得不受威胁。

2. 通过外表和握手来进行沟通

其他常见的非言语沟通方式就是通过外表和握手来传递信息。一旦领域空间得到确立，那么总体外表形象就是销售人员向顾客传递信息的下一种媒介。外表不仅仅传递着年龄、性别、身高、体重和身体特征等信息，还提供了很多与个性相关的信息。

要注意的是：① 小心打理发型；② 穿职业装；③ 握手有力并正视对方。

握手要做到五到，身到、笑到、手到、眼到、问候到；握手时间3～5秒为宜，力度适中。遵循贵宾先、长者先、主人先、女士先的顺序。

3. 从肢体语言中发掘线索

销售展示时，销售人员可以从顾客扬起的眉毛、一个微笑、一个轻触、一丝怒容或者对视线接触的回避中发现很多东西。对信号的解释能力是影响销售成功的重要因素。结合对肢体语言的解释，销售人员可以娴熟运用身体动作、姿态甚至全身姿势来为销售服务。

顾客可以通过五种沟通模式来传递非言语信息，即身体角度、面部表情、手臂动作或位置、手部动作或位置以及腿部位置。这些模式一般传递了三种信息：接受、谨慎和不同意。

第一种：接受信号。接收信号表明顾客对你和你的展示很满意。一些常见的接受信号有如下几种情况。

（1）身体角度：倾听时身体前倾或直立。

（2）面部：微笑、表情愉悦、精神放松、看着可视辅助工具、视线直接接触、语气肯定。

（3）手：放松（一般摊开）、可能正在记录、握手坚定有力。

（4）手臂：放松（一般摊开）。

（5）腿：朝你的方向交叉或不交叉。

销售人员往往只是将面部表情作为判断接受与否的标准。这种做法有误导性，因为有的顾客会有意识地控制自己的面部表情。销售人员应根据五个关键身体部位的信号来证实对面部信号的解释。如果顾客增加视线接触，保持放松姿态并且呈现积极的面部表情，那就是给了对方一个很好的接受信号。

接受信号表明顾客意识到你的产品可以满足自己的需求。你已经吸引了他们的注意力和兴趣，并可继续进行原定的销售展示了。

第二种：谨慎信号。谨慎信号提醒销售人员，顾客对你的话持中立或怀疑态度。谨慎信号通过下列特征来体现。

（1）身体角度：身体向远离你的方向倾斜。

（2）面部：迷惑不解、没有或几乎没有表情、回避视线或很少有视线接触、中立或疑问的语气、一言不发、很少询问。

（3）手臂：交叉、紧张。

（4）手：不断摆动、摆弄东西、相互交叉、握手无力。

（5）腿：晃动、向远离你的方向交叉。

谨慎信号对销售人员识别和调整自己很重要。首先，谨慎信号意味着沟通受阻。顾客对产品展示的感知、态度和信念会引起他们对产品产生怀疑、批判或冷漠的情绪。他们或许没有意识到对你的产品有需求或产品所能带来的利益。即使销售人员吸引了顾客的注意，他们还是不想买你的产品。其次，如果不能适当地处理谨慎信号，那么谨慎信号就可能进一步发展成为不同意信号，导致沟通的破裂，使销售难度增加。

对谨慎信号的正确处理要求：根据具体情况，减慢展示进度或偏离一下既定的展示。

比如有位女顾客表示想给父母挑选一款旅游产品，让你推荐一下。你在推介产品的过程中察觉到顾客发出了谨慎的信号，这个时候你可以就线路中银发市场关注的一些内容进行详细介绍或转换话题，待顾客发出接收信号后再继续之前的销售计划。

“提问题”也是应对谨慎信号的有效方法，开放式的问题是需要顾客表达自己的意见和看法，而对于封闭式的问题顾客只需要回答“是或否”。当销售人员提问后，一种结果是顾客回复了销售人员提的问题，那么销售人员可以了解顾客的想法并及时调整销售策略。

当顾客回答销售人员问题的时候，一定要仔细去听顾客的讲话，而且要分析并及时做出回应。在这个过程中，销售人员要始终发出接受信号，这是非常关键的，即使顾客发出拒绝信号，销售人员也应该回应接受信号。

非言语的沟通信号是双向的，销售人员传递给顾客，顾客传递给销售人员。顾客传递给销售人员，销售人员可判断顾客当时的想法，进而帮助销售人员调整销售策略。同时，销售人员也会给顾客传递一些非言语的信号，顾客也能感受到销售人员的一些想法。

另一种结果是对于销售人员的问题，顾客不理睬，这个时候建议销售人员转移话题。

运用这些技巧的目标是将黄色的谨慎信号转变成绿色的前进信号。如果销售人员还是继续遇到谨慎信号，就要小心开展销售展示了。可能表明顾客察觉到你的产品没有用处并开始发送不同意或红灯信号。

第三种：不同意信号。不同意信号要求销售人员立即停止原定的展示，根据当时情形，迅速加以调整。不同意，或红灯信号，表明顾客对你的产品毫无兴趣。如果继续展示，那就可能招致愤怒或敌对情绪。如果一意孤行，就可能使顾客感受到难以忍受的推销压力，导致沟通的完全破裂。不同意信号可能表现为以下迹象。

（1）身体角度：双肩收拢、身体向远处倾斜、整个身体远离你或者想离开。

（2）面部：紧张、表现出愤怒的情绪、皱眉、几乎没有视线接触、语气消极或突然保持沉默。

（3）手臂：紧张，交叉于胸前。

（4）手：做出反对或不同意的手势、紧张并相互交叉、握手无力。

（5）腿：交叉并远离你。

作为一个销售人员，如果说顾客已经给你传递了不同意的信号，那么之前的展示是比较失败的。销售人员一定要善于观察，尽量在最糟糕的情况出现之前解决掉。销售人员有几种方法。

第一，停止，立刻停止展示。转移话题。有时，销售人员还会让客人冷静一下，去帮顾客加点茶，或者倒杯咖啡。

第二，反思，销售人员的表达方式，包括语调、语速，是不是给客人一种非常不舒服的感觉。在销售的过程中，如果顾客传递不同意的信号，可能是产品本身不符合心意。绝大多数的因素是来自销售人员，所以要去反思。

第三，要让顾客知道销售人员已经察觉到了他的这种不愉快并在积极进行关系修补。

总之，对于接受、谨慎和不同意这三种非言语的信号，销售人员应当：能识别非言语信号；能正确解释非言语信号；时刻准备通过放缓、改变或终止原定展示等方法来调整销售策略；对于顾客的非言语信号，要同时做出语言的和非言语回应。

（二）沟通的障碍

在销售时，引起沟通破裂的主要原因有以下几种。

（1）感知上存在差异。如果买卖双方对销售展示所涉及的信息的理解不同，那么沟通就容易破裂。买卖双方之间的感知、态度和信念越接近，他们之间的沟通就越强。此外，文化差异也会引起买卖双方的误解。

（2）顾客没有意识到对产品的需求。如果销售人员无法引导顾客意识到对产品的需求，就会产生沟通障碍。销售人员电话呼出，会遇上没有意识产品需求的顾客。在这种情况下，销售人员跟顾客沟通很容易引起沟通破裂。

（3）销售压力。强迫性的、傲慢的推销方式很容易与潜在顾客产生沟通障碍。

（4）信息超载。提供给顾客过多的信息，会使顾客产生混乱，甚至导致冒犯，顾客会停止倾听。

（5）销售展示紊乱。紊乱的销售展示常常会引起顾客的失望或愤怒。顾客通常期望销售人员能理解他们的需求和问题，并使销售展示与顾客的具体情况相适应。如果做不到，那么销售就会失败。

（6）干扰。干扰是来自外界的因素，如来电、噪声等。销售人员正在接待一位顾客，顾客也非常乐于听销售人员介绍，这时候一个电话打过来，顾客接完电话情绪来了一个180度大转弯，脸沉下来了。销售人员要读懂顾客传递的非言语信号,可以基于之前非常愉快的沟通,进行试探性成交。销售人员可以说:"您看我们接下来是不是可以看一下旅游合同?"

(7) 没有认真倾听。有时,顾客可能没有听你讲话。如果谈话中销售人员占据了全部或大部分,并且不让顾客参与其中,没有互动。销售人员没有注意到顾客的谨慎信号或不同意信号,一些顾客会不再认真倾听。

(8) 说话的方式和内容。人们所说的话往往会比任何其他行为对更多的人产生影响。以下是四种常见的讲话模式,我们应该遵循前两种,而尽力避免后两种。第一种,控制型讲话,采用这种讲话模式的人会先想后说,知道什么时候保持沉默并能给出明智的建议。第二种,关心型讲话,采用这种讲话模式的人话语真诚,以求鼓舞人心。第三种,默许型讲话,采用这种讲话模式的人的谈话往往充斥着错误的动机、闲话、诽谤以及对事实的歪曲。第四种,鲁莽型讲话,采用这种讲话模式的人的谈话充斥着谎言、污言秽语以及火药味十足的词语,销售时,往往很轻易导致自我毁灭。

(9) 没有迎合顾客的类型。某位推销高价工业设备的年轻销售人员去进行销售拜访,结果双方没有进行沟通。这位销售人员喜欢讲述而不喜欢展示,就一直在谈论产品。但是,视觉导向的顾客更想看一下产品的图片。最后,拜访变成了展示与讲述的碰撞。这就是典型的销售沟通失败。让人奇怪的是,产品手册就在销售人员的手提箱里。他之所以不把产品手册拿出来,是因为他完全受到了自己的沟通方式的束缚。成功的销售人员都要学会适应各种沟通类型。

沟通障碍远不止上述9种。顾客可能真的需要产品,销售人员也有良好的产品知识,并且确信自己的产品展示是成功的,但是由于沟通障碍的存在,顾客还是拒绝了销售人员和他的产品。销售人员应不断寻求各种方法来确定和克服沟通障碍,并通过说服性沟通手段来确定并满足购买者的需求。

(三) 控制局面的说服性沟通技能

良好的沟通必须考虑两个要素。首先,要尽力完善销售展示中的信息和传递质量。销售人员必须是一个称职的编码者。其次,要增强把握顾客所传递的沟通内容的能力。为此,销售人员必须成为一个好的倾听者和解码者。优秀的销售人员应知道如何对产品展示中的信息进行有效的编码和解码。

1. 反馈指导展示

要学会取得反馈信息,并据此确定你的顾客是否收到了你想要传递的信息。所谓反馈并非指任何一种具体的顾客倾听行为,而是指一种可识别的反应。

摇头、皱眉或是欲言又止,对于销售人员来说都是信号。如果销售人员没有注意到这些信号或者没有做出反应,那就会收集不到任何反馈,也就意味着错误的或不完整的沟通。

通常情况下,销售人员必须主动搜集反馈信息,因为顾客并不总会自愿地对销售人员进行信息反馈。通过在展示中穿插一些需要顾客做出具体回应的问题,就可以刺激反馈。询问,有时被称为试探,销售人员借此可以确定顾客对销售展示的态度。

2. 设身处地:从顾客的角度想问题

所谓设身处地或移情就是识别并理解别人的感觉、想法和处境的能力。作为一名销售人员,你需要对顾客谈及的话题感兴趣,不能仅仅对销售展示感兴趣。前面所提到的大多数沟通障碍都可以通过设身处地、为顾客着想而加以克服。设身处地就是对潜在顾客说:"我是来帮您的”或者“告诉我你有什么需要和问题，让我来帮你”。设身处地也体现在销售人员对顾客处境的真诚关心上。

设身处地可能意味着你得意识到顾客有时并不需要你的产品。例如，一家纸业公司的销售人员发现顾客3个月前购买的纸巾还剩下90%。这样就没有什么理由再向顾客推销纸巾了。现在的首要问题是帮顾客把纸巾销售出去。为此，你可以提一些有关产品陈设、价格减让以及报纸广告版式等方面的建议。从顾客的角度看问题，是满足顾客需要的一种明智做法。

3. 保持简洁明了

有这样一个故事，一位矮小的老妇人走进五金商店，店员上前迎候她，并问她是否可以帮上什么忙。她回答说想买一台加热器。店员说：“啊，你真走运！我们正在进行加热器大展销，有各种款式的加热器。我来带您看看。”然后，花了大概30～40分钟时间讨论双道加热控制、热感应以及所有和加热器运行有关的因素，还包括对12种型号加热器的特性和优势的介绍。最后，他转身对老太太说：“您有什么问题吗？”

她回答：“是的，只有一个，孩子。这些东西中哪个可以让老太太我暖和些？”

从以上故事中可以看出：销售人员应尽量避免进行不必要的、过于复杂的、技术化的介绍。要使用顾客容易理解的措辞和资料，保持简洁明了。

4. 建立互信以发展友谊

能与顾客建立起相互信任关系的销售人员是不可能不成功的。相互信任的关系最终带来的是极高的信誉度甚至是友谊。如果顾客意识到以前购买的产品都是符合期望的，物有所值，并且销售人员说话算数，那么将来顾客也会信任销售人员。要想有效地进行长期沟通，有必要建立相互信任关系。

5. 倾听带给你暗示

“听”指的是能探测到声音，而“倾听”指从听到的声音中推出含义。对于销售人员而言，学会倾听是迈向成功所必备的沟通技巧之一。销售人员经常会误以为自己的工作是说而不是听。由于人听的速度（每分钟400词左右）大概是说话速度的两倍，因此就很容易理解为什么在听销售人员介绍时有人会走神，或者销售人员与潜在顾客想得不一致。为了让顾客能听进去，就得提问题，让顾客参与到对话中，并使用视觉辅助。一旦提了问题，销售人员就要仔细听对方的回答。

倾听有三个层次，不管什么时候，人们的倾听总是属于三种倾听层次之一。这些层次要求倾听者投入不同程度的注意力。随着倾听者从第一层次进入第三层次，理解和清晰沟通的程度也在增加。

第一层次：边际倾听即最低层次的倾听，对注意力集中程度的要求最低，倾听者一般很容易受自己思维的干扰。在边际倾听阶段，倾听者茫然的眼神、焦虑的仪态都会让潜在顾客生气，从而引起沟通障碍。销售人员听见了信息，但是没有听进去。如果销售人员注意力不集中，就很可能造成误解。此外，顾客如果发觉销售人员的注意力不集中，难免会感到不被尊重。

第二层次：评价性倾听，要求增加对说话人话语的关注。在这一层次，倾听者想方设法要听到说话人所说的每句话，对内容则不求理解。评价性倾听者会对陈述加以分类并打算做出回应，但又不愿费力去接受和理解顾客的信息。

评价性倾听现象是由于人们可以以极快的速度进行倾听和思考而产生的。因此，评价性倾听是最为常用的倾听方式。遗憾的是，这种倾听习惯很难打破，但仍然可以通过练习加以改正。在评价性倾听中，很容易被情绪性话语分散注意力。在那时，你就没有在倾听潜在顾客的话了。为了避免边际倾听和评价性倾听所带来的这些问题，要学着进行积极倾听。

第三层次：积极倾听，也是最有效的倾听。积极倾听者避免对信息做出评价，试图从对方的角度来看问题。他们所注意的不仅仅是具体的言语，也会注意信息所传达的想法、感觉和含义。积极倾听意味着倾听者设身处地地为对方考虑，要求倾听者对对方做出语言的和非言语回应。

三、接触技巧

在多数情况下，销售接触由两个阶段构成。第一阶段通常是进行“闲聊”或寒暄。销售人员可以谈天气、运动或其他任何事情。如果访问的顾客属于知觉型、直觉型或感觉型个性特征，那么情况尤其如此。其中，知觉型的人更希望直接进入正题。

接触的第二阶段是将计划好的正式销售方法引入接下来对产品的讨论中。接触技巧大致可以分为三类：以陈述开场；以演示开场；以询问开场。具体方法请详见表2-2-1，运用哪种方法应视具体情景而定。

表2-2-1 开始展示使用的接触方法

陈述开场	演示开场	询问开场
介绍 称赞 推荐 奖赏	产品 表演	顾客利益 好奇心 意见 冲突 多询问（SPIN询问策略）

陈述和演示接触技巧有三个基本目标：抓住顾客的注意力；激发顾客的兴趣；过渡到销售展示阶段。

在接触时，很多销售人员会有夸大其产品利益的倾向。为什么？正如你所读到的那样。如果销售人员不能迅速吸引顾客的注意和兴趣，那么对方可能就不允许销售人员进行展示。所以，出于个人利益的目的，销售人员有夸大产品利益的企图。销售人员的承诺太多，就会失去销售、毁掉关系，损人不利己。接下来看一则案例。

案例2-2-3

一天，有一名制药厂的销售员在与一家医院主管药品采购的医生进行推销时说：“实不相瞒，我们厂研制出来的这种药，在所有治疗肝病的药中是最好的，并且对所有肝病患者可以说是药到病除。”

这位医生听了销售员的一席话后，便生气地说：“在医生面前你也真敢自吹自擂，并且吹得也太离谱了。告诉你吧，这种药我们曾经也试用过，其实效果并不是很好。”于是，他拒绝了销售员的推销。

大家来分析一下这名销售员失败之处，希望所有销售员能够从中有所启发。其实，这名销售员最大的失败之处就是夸大了此种药品的功效，进而引起了医生的反感，让原本可以成功的交易不能顺利进行，并最终导致失败。随着市场竞争的日趋激烈，很多销售员为了达到推销产品、增加业绩的目的，通常会对一些产品进行有效的宣传，这么做是无可厚非的，但大家不能忽视一个问题，即任何一种宣传都要做到诚实，要实话实说，要对顾客负责，不能为了一时的销售业绩，就随意夸大产品的性能和价值。

因此把他人利益放在你的个人利益之前，要用诚信打动顾客。怎样用吸引注意力的方法来开始销售展示。接下来将具体介绍三种接触类型的方法。

（一）陈述开场

介绍接触是最普遍但力度最小的方法，因为它很难抓住顾客的注意力和兴趣。介绍接触用销售人员的姓名和公司来开场，例如："您好，方总，我是中旅会展部的陶安琪，非常荣幸能拜访您。"

在第一次与顾客会面时，必须采用介绍接触。不过，在大多数情况下，介绍接触应该与其他一种接触方法结合使用。这种附加的方法可能就是称赞接触。

每个人都喜欢被称赞。如果称赞接触是发自内心的，那么这就是进行销售会面的有效开场方法。

例2-2-1 张先生，你的餐饮生意一定很兴旺。我喜欢在那里用午餐而且去过多次。每次用餐时，我总会想到有些产品可能会让你的生意变得更好，让你和你的员工做事更轻松。

例2-2-2 李先生，我刚拜访了你的老板，他表扬了你，说你工作很出色，使公司的印刷成本降低了。我有几个办法，能更好地帮助你降低成本！

有时，适当的称赞可能不合适或不能采用。另一种获得购买者注意力的方法是提到共同的熟人作为推荐者。

提到某个人的名字，即推荐接触，如果潜在顾客尊敬他，这就是有效的；但是要记住的是，如果顾客不喜欢你提到的那个人，推荐接触就会起到消极的作用。

课堂思考 如果销售人员想拉近与顾客的距离并获得顾客的注意力，销售人员说："我想你一定知道李小璐和贾乃亮吧，他们拍摄婚纱照的地方就在三亚。"你认为销售人员的推荐接触是否合适？

陈述开场中的奖赏接触很有效，因为每个人喜欢得到免费的东西。在合适的时候，可以在奖赏接触中使用免费的样品和新颖的东西。

案例2-2-4 运用陈述技巧销售旅游产品浙江宁波半自助游

销售人员：先生，您好，欢迎光临SIT旅行社，我是销售专员小李，请问您有什么需要帮助的吗？（介绍接触）

顾客：恩，那个……我就随便看看。

销售人员：先生，请问您贵姓？

顾客：龚。

销售人员：龚先生，您好，一看您就属于事业有成、家庭幸福的好男人，这里有一款亲子游产品特别适合您，您有兴趣了解一下吗？（称赞接触）

顾客：哦，那你说说。

销售人员：好的，龚先生，我向您推荐的是浙江宁波2日1晚半自助游，主要特色是南塘老街+恒元温泉+宿喜来登。您想在一个周末，带上您的妻子和孩子去宁波享受一下亲近山水的感觉，同时泡泡温泉，这是多么幸福的一件事情啊。您现在领券预订，立减100元/人；多人出行，满4人减40/单，满8人减100！所以我们和酒店做了协议，住酒店还赠送儿童"亲子礼包"哦！看您身材这么好，平时一定非常注意锻炼吧，在住宿喜来登可以免费使用健身房、游泳池，保证不会耽误您平时的健身计划的。同时酒店离市区特别近，您可以晚上和您的太太一起逛宁波夜景！（奖赏接触）

顾客：听起来还不错，你能详细给我介绍一下线路吗？

案例分析　销售人员运用了介绍接触、称赞接触和奖赏接触。当销售人员开始夸奖顾客，同时提出一些产品附带的优惠活动之后，顾客对线路产生了兴趣。

（二）演示开场

心理研究表明：人们所接受的来自外界的信息中有87%是通过眼睛获取的，只有13%是通过另外四种感官的。这就告诉销售人员要让产品能够被看得到。同时也要让潜在顾客能感觉、看见、听到、闻到和使用产品。动态演示通过讲解、陈列、创造买卖双方的互动来调动人的感官。

演示是戏剧化展示的一部分，也是展示的乐趣所在。无论演示看起来多么简单，也千万不要低估它们助力成功销售的能力。例如，一家玻璃公司设计了一种防震玻璃。当时这种产品还没有像如今这样普遍安装。公司派销售人员在全国范围内努力推销这种防震玻璃。其中一名销售人员比其他销售人员卖出的要多很多。他们在开会的时候，有人就问他："乔，你是怎么卖掉这么多玻璃的？"乔回答："我所做的是在销售访问时，带上几块小的防震玻璃和一个圆头锤子。然后拿出锤子敲玻璃，表明玻璃是防震的。玻璃裂了，但并没有碎落满地。这种做法已经帮我卖掉很多玻璃了。"

在做演示准备时，要记住七点事项，判断演示是否合适。并不是每笔销售都需要演示，也不是所有的产品都得通过演示才能卖出去。

演示时需要记住的七点事项。

（1）演示是必要的吗？是合适的吗？

（2）已经形成了具体的演示目的了吗？

（3）已经准确地计划和组织了演示吗？

（4）已经预演并使演示达到自然流畅的程度了吗？

（5）演示能按计划进行的可能性有多大？

（6）演示效果适得其反的可能性有多大？

（7）展示是以合乎伦理的职业性方式介绍产品的吗？

确保演示顺利进行的唯一办法就是练习。然而，通常可能发生这种情况：不管演示多么简单，它不能按计划进行，甚至适得其反。要做好准备。有这么一个例子，从前有一个学生正在演示他销售的新款柯达幻灯机。当他向一家大型折扣连锁店的购买者演示产品时，同一排的两个灯泡灭了。他预料到可能发生此类事情，所以销售包里总是装有备用部件。当第一个灯泡灭时，他说换灯泡是很容易的，当第二个灯泡灭时，他脸带微笑地说："我想再次给你们演示一遍。"他以前常带两个备用灯泡，现在他带三个了。

最后，要确保按照合乎伦理的、职业化方式进行产品演示。不要错误地介绍产品和提错误的建议。

用演示和表演进行开场特别有效，因为它们的作用是迫使顾客参与到交谈中来。在这里讨论的两种方法中，产品接触更多的是单独使用，或与陈述和询问相结合使用。

在产品接触中，旅游产品是无形产品，不能展示给顾客。销售人员可以在推荐产品的过程中将旅游产品的一线一单或储存在平板电脑上的产品资料展示给顾客。

表演接触指做一些不寻常的事情来吸引顾客的注意力和兴趣；这个过程要做得很仔细，否则会适得其反。如果演示没有起到作用或是过于华丽而不符合当时的情形就会发生这种情况。表演接触要注意时间的控制，牢记表演的目的，切勿喧宾夺主。

旅行社体验门店中，销售人员在向顾客推荐泰国旅游线路之前，可以先让顾客欣赏一段优美的舞蹈，瑜伽体验课后再开始印度瑜伽主题产品推介，等等。

让潜在顾客参与演示，有助于潜在顾客想象拥有并使用产品时的情景。成功的演示减少了购买的不确定性和抵触心理。让潜在顾客参与成功演示的方式有：

(1)让潜在顾客做一些简单的事；

(2)让潜在顾客演示一个重要的性能；

(3)让潜在顾客做例行的或经常重复的事。

最后，在演示过程中，通过提问或停顿来接收潜在顾客的反馈信息。这尤其重要，因为它能够：

(1)确定潜在顾客对产品的态度；

(2)使你的展示得以向前推进、等待回答问题或处理任何异议；

(3)有助于让潜在顾客进入肯定的心理状态；

(4)为达成交易做好准备。

课堂思考 你要去见一位新的重要潜在顾客。驱车两小时后，你在一家当地的咖啡馆停下来吃点东西。在专心看展示图表时，你把咖啡弄洒了，有半打图被溅上了咖啡。你随身没带替代的展示图。这时，你该怎么办？

(1) 打电话给潜在顾客说你想另做约定。说发生了一些意外。

(2) 仍然赴约。在开始展示时，把图表被咖啡弄脏的事告诉对方并进行道歉。

(3) 进行继续展示，不找任何借口。如果不仔细看，咖啡污点几乎看不出来。

(三) 询问开场

询问是一种最常见的开场方式，通过询问，能让顾客更快地参与到销售会谈中，并使销售人员能更加高效地确定其需求。

与陈述开场一样，询问开场可以通过整合来适应大量的销售情形。下面介绍了几种基本的询问接触。

1. 顾客利益接触

采用这种接触方法时，销售人员询问的问题将暗示产品会让顾客受益。对于初次见面，销售人员可介绍他的姓名和公司的名称。

例2-2-3　您好，刘总，我公司最擅长跟电器制造业公司合作为企业量身定制奖励旅游方案及年会，去年大金空调的年会是由我社策划的。我公司策划和组织实施的年会既能准确把握您的需求，又能提供性价比最优的方案。(同时递上策划案)，您想了解一下吗?

顾客利益接触陈述应该根据对购买者反应的预测来精心构建。但是，也同样要对未预料到的事做好准备。

顾客利益接触还可以通过对产品利益的直接陈述来实现。虽然顾客利益接触是以问题开始，但也可以通过配合运用陈述来展示产品是如何使顾客受益的。

当销售人员了解顾客或顾客的关键需求，但只有很短的时间可供展示时，利益陈述就很有用了。不过，为了确保营造出积极的氛围，陈述完后，你可以问一个简短的问题:“你对此感兴趣吗? 这有助于明确利益对购买者的重要性。”

即使销售人员知道了顾客的兴趣所在，那么对你的问题的积极回答“是!”就是一种承诺。因为产品有可能带来利益，所以顾客就会倾听销售人员的展示。

此外，销售人员可以将购买者对问题的回答作为整个展示的参照点。下面继续利用前面的例子来说明如何运用参照点。

例2-2-4　刘总，之前您提到的是“定制方案要准确把握顾客需求”(根据顾客对问题的回答作为展示的参照点)，我们将竭力为贵公司举办一场不同寻常的年会，×××(在此可提到产品的特性、优势)。这款性价比高的方案将会提升公司员工的凝聚力。

2. 好奇心接触

销售人员可问一个问题或做某件事来引起顾客对产品或服务的好奇心。

例2-2-5　你知道为什么像您这样的叔叔阿姨会给这条普陀山二日游线路点赞吗?

例2-2-6　你知道为什么最近一期《新闻周刊》上的文章将我们新的计算机装配系统描述成一场革命吗?(销售人员简要地展示了《新闻周刊》杂志，然后在顾客想阅读之前把杂志放在一边。要求顾客看文章会分散他们对余下会谈的注意力，从而影响销售展示。)

3. 意见接触

当受邀就某一主题发表意见时，人们通常会有一种满意感。只要问得恰当，大多数顾客都愿意谈论他们的需求。这里有一些例子(见例2-2-7和例2-2-8)。

例2-2-7　我是第一次来到这家公司，所以我想请你帮个忙? 我们公司说我们的100型复印机是市场上同价位产品中最好销的。你觉得呢?

例2-2-8　陈经理，几个月以来我一直想让你使用我们的大理地接新线路。你对我们这条线路有哪些真实的想法?

4. 冲突接触

正如标题所暗示的那样，冲突接触是运用设计好的问题，让顾客仔细考虑与销售人员所销售产品相关的事项。

例2-2-9　你是否知道一年中你有20%的机会得心脏病?(人寿保险)

例2-2-10 想必您也能体验到，现在的城市节奏越来越快，家长可以陪伴孩子的时间越来越少，亲子间的关系也逐渐变得疏离，这样下去可能会导致孩子慢慢地远离家长甚至可能抵触家长的接触！（冲突接触）我们的亲子游产品就是希望可以维系起亲子间的亲情，让孩子与家长之间敞开心扉。

使用这种问题时一定要很小心，因为有些顾客可能会觉得销售人员只是想通过这些令人担忧的言论来强迫他们购买。

在销售旅游产品时，销售人员可以结合陈述和询问技巧来进行销售展示。具体看以下案例。

案例2-2-5 运用陈述技巧和询问技巧销售旅游线路上海+苏州+杭州+乌镇5日4晚跟团游（5钻）

销售人员：你好，我是国旅销售经理小罗（介绍接触），请问有什么可以帮助您的吗？

顾客：你好，我想为我爸爸妈妈报一个跟团的旅游线路，让他们出去玩一玩儿，享受享受生活。

销售人员：一看就是非常有孝心的姑娘（称赞接触）。

顾客：谢谢！

销售人员：看你的年纪跟我应该差不多大，像我也是平时工作忙，没什么时间陪父母，也会选择让他们报旅游团出去玩儿。那你爸爸妈妈以前有出去正式地旅游过吗？

顾客：就是没有，他们以前工作的时候很难有时间，就算偶尔出去也舍不得花钱让自己享受。现在退休了，除了在小区跳跳广场舞下下象棋也就没什么别的娱乐了。我这次就是想趁着元旦前让他们先出去玩儿一圈。现在应该也不是旅游高峰期，去哪儿玩儿都不会太挤的吧！

销售人员：对的，你选择现在出游也是很明智的（称赞接触）。那你对目的地和旅游时间有什么要求吗？

顾客：因为他们年纪也大了，不想要去得太远，时间也不要太长吧，因为毕竟是第一次出去怕他们不习惯。有没有江浙沪这边的线路，特别是包括杭州的，因为我妈老是说想去杭州看看西湖。

销售人员：那我真心地建议你可以考虑一下这条我们旅行社爸妈游首选的五天四晚“印象江南”的线路。同样是江浙沪这边的线路，你知道为什么单单这条线路会成为我们当下的爆款吗？（好奇心接触）首先，这条线路舒适度非常高，它四天的酒店住宿里有三天都是精品五星级的酒店，还有一天是住在乌镇景区内的特色民宿，非常适合爸妈出游。还有你说的西湖，我们安排的VIP包船游览西湖的美景，这样无论是视觉上还是舒适度上面我相信一定会更加令人满意，晚上我们是安排了杭州的本帮特色菜，之后还特别安排了印象西湖《最忆是杭州》的演出，里面包含了很多杭州特色的歌舞剧。你觉得你的父母会喜欢吗？（意见接触）

顾客：听起来还不错，能大概说一下这五天的行程内容吗？

案例分析 销售人员运用了陈述技巧中的介绍接触和称赞接触，夸顾客很有孝心、选择明智来引起顾客的好感。运用询问技巧的“好奇心接触”激起顾客想要寻找答案的求知欲，“意见接触”让顾客获得满足感。

案例2-2-6 运用陈述技巧和询问技巧销售旅游产品呼伦贝尔3日游

销售情景：电信行业的一位业务经理李先生走进了旅行社的门店，想要了解我们旅行社的国内游产品。(电信行业工作者每日要与客户沟通，客户的态度、情绪、言行、专业询问以及压力转嫁都会影响到他们的情绪，从业人员心理压力很大。)

销售人员：尊敬的李先生，你好！我是××国际旅行社的销售人员小时(介绍接触)。首先，非常感谢您在诸多的旅游公司中选择了我们公司，相信我们的产品一定不会让您失望。今天，我要向您介绍的是我们旅行社最新推出的"呼伦贝尔3日游"，呼伦贝尔是造化神奇编织的一方净土，是幻想中的天上人间，那里有最纯洁的蓝天白云，您可以想象得到，当您远离城市的喧嚣，置身于辽阔的大草原，呼吸着甜美的空气，那时您忘记了一切烦恼，是多么惬意。

您那么年轻就当上了电信公司的业务经理，那么您的管理能力一定很强。(称赞接触)如果说您为您的员工也购买了我们的这款产品，可以提高您部门的工作效率您会不会有兴趣呢？(顾客利益接触)您也知道您的员工工作压力都是很大的，他们不仅要面对工作压力，还要承受顾客带来的压力。您知道吗，一个人如果压力过大而得不到及时的缓解，不但会降低工作效率，还极有可能患上抑郁症？(冲突接触)您可以为他们也购买我们旅行社的这款产品作为对他们的奖励，给他们一个全面的放松，相信您的员工今后会更加努力地为您工作。我们的这款产品是纯玩的，入住的是蒙古包，满10人报团还可以享受户外垂钓、草原射箭、篝火晚会和下马酒、祭敖包、献哈达等少数民族礼遇，满16人还可以赠送烤全羊(奖赏接触)……相信这些活动一定能提高团队的凝聚力，您也会成为一个更加优秀的管理者。

案例分析 案例中，销售对象是一位电信经理，他要为团队购买一个旅游产品，通过旅游增进团队成员的感情，提升凝聚力。销售人员在与顾客接触中运用到介绍接触、称赞接触、奖赏接触、顾客利益接触和冲突接触。

课堂思考 你认为下面哪种接触方法是最好的？为什么？

(1)"张小姐，由于冬天耐用家用清洁剂卖得慢，你总是在冬季减少此类产品的货架空间。"

(2)"李先生，您上次电话表达出对您商店的劳动支出高于本行业平均额(为销售额的8%)的关注。"

(3)"你好，我是宝洁公司的史密斯。我想和你谈谈Cheer牌洗涤剂的情况。它销售得如何？"

5. 多询问接触(SPIN询问策略)

在很多情况下，运用提问来确定顾客的需求，提出一系列的问题对销售的开场很有帮助。多询问接触迫使顾客参与到销售会谈中，仔细倾听顾客的需求有助于确定在产品展示中突出什么特性、优势和利益。

提多个具体的比较新的方法就是多询问接触SPIN，即按照具体的顺序，运用四种系列的问题。SPIN代表情景性问题、难题性问题、隐喻性问题、需求—补偿性问题。因为SPIN询问策略

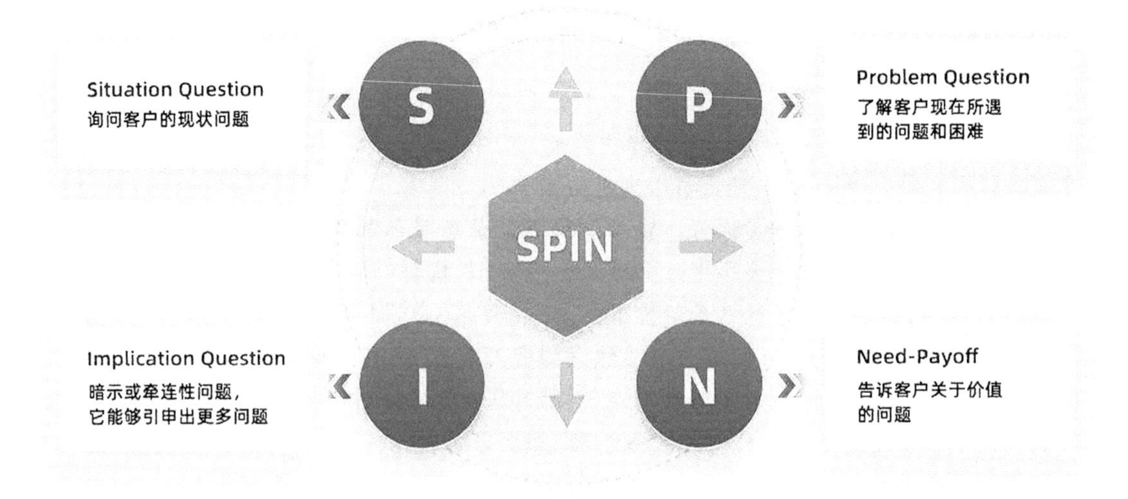

图2-2-1 SPIN询问策略

需要按适当顺序提出问题,所以下面分四步对各个部分进行详细描述。

情景性问题,向顾客询问一些与产品有关的总体情况。正如问题的名称所暗示的一样,销售人员首先要问一个关于情景的问题以对购买者需求有一个大概了解。对情景进行询问可以使销售人员平稳地转入具体的难题性问题。同样,用明确的问题来开始接触会让顾客感到不舒服,会不愿意与你讨论问题——顾客甚至会拒绝谈论问题。这些问题可以起到热身作用,能使你对顾客的事情有更好的了解。

难题性问题,询问顾客感觉与你所问的情景性问题相关的具体难题、不满之处或是困难。在展示开始的时候询问一些难题性问题可用来揭示顾客的需求或难题。销售人员的目标是让顾客承认:"是的,我是遇到了难题。"

为了最大限度地实现成交,要确定顾客的哪些需求和难题是重要的(明确的需求),哪些又是不重要的。销售人员发现更多的明确需求,你就能更清晰地将产品利益与顾客的真正兴趣联系起来,从而产生更高的成交可能性。

在这一步中,顾客要认识到这个重要的或明确的需求或难题,并要有实现需求或解决问题的欲望。询问难题性问题对于形成明确的需求很有用。销售人员进行了情景性问题和难题性问题的询问后,即使顾客阐明了明确的需求,也不要直接进行销售展示。继续采用下面两步可以增加成交的机会,一步是询问隐喻性问题。另一步是需求-补偿性问题。

隐喻性问题,询问顾客难题的含义或是询问这一难题是如何影响到家庭、生活和公司的各个相关方面活动的。

询问隐喻性问题的目的是帮助顾客了解难题的各个方面。为了能让顾客讨论问题或弄清需要改进的范围,并在顾客头脑中留下印象,询问的措辞就很重要。询问隐喻性问题可激发顾客去实现需求或解决问题。

SPIN问题不需要按顺序询问。对某种类型可多问一些问题。一般来说,先询问情景性问题,接着再询问难题性问题。也可以先问一个情景性问题,再问一个难题性问题,然后又问一个情景性问题。需求-补偿性问题的询问总是在最后进行。需求-补偿性问题是询问顾客是否存在一个重要且明确的需求。

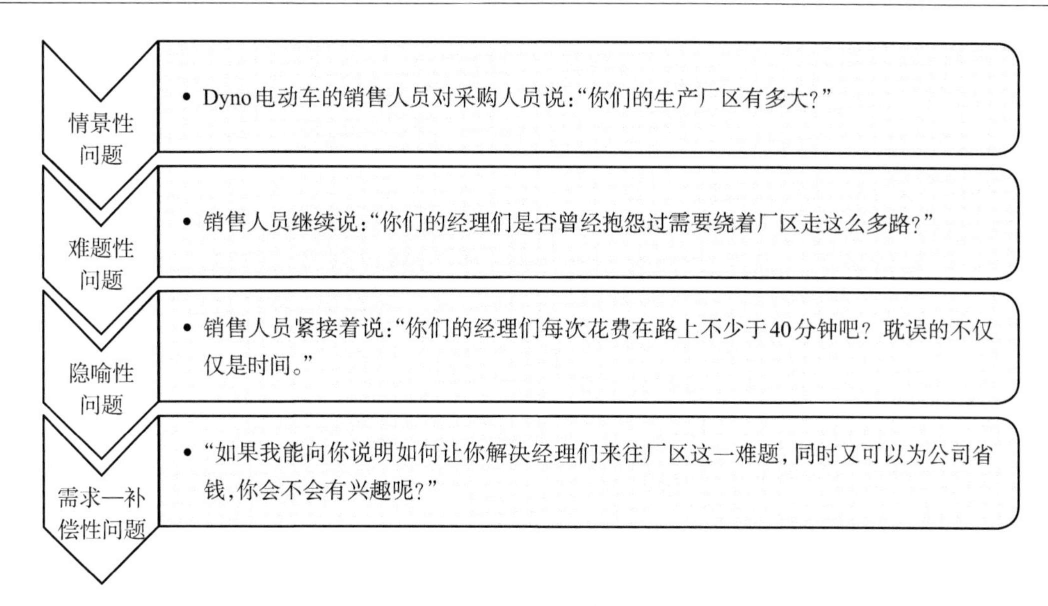

图2-2-2 SPIN多询问策略

接下来,具体看几个运用SPIN多询问策略进行旅游产品销售接触的案例。

案例2-2-7 销售出境游线路

销售人员:您好!欢迎光临,我是××旅行社门店销售人员李晓,您可以叫我小李,请问您有什么可以帮助到您的呢?

顾客:我们家很喜欢旅行,这次小年假也准备一起出去玩,我来随便看看。

销售人员:那您来我们携程旅游就真的是来对了,我猜国内的大部分风景名胜你们应该都去过了吧?(情景性问题)

顾客:不瞒你说我们家特别喜欢旅游,可以说国内但凡有名气的景点我们都去过了。

销售人员:你们是否喜欢体验异域风情呢?(情景性问题)

顾客:我们很喜欢体验不同的风土人情。

销售人员:那你们对中国之外的世界感到好奇吗?(情景性问题)

顾客:挺想了解中国之外的世界是什么样子的,一直还没有机会出国。

销售人员:现在大多数人都喜欢小年假一家人出去旅游,国内许多景区都是客流量爆满的情况对吧?(难题性问题)

顾客:对啊,到哪里都是人挤人。

销售人员:大多数游客反映小年假在国内旅游,不但物价飞涨,而且体验度极差,您是否遇到过这种情况呢?(隐喻性问题)

顾客:根据我们家多年旅游的经验来说的确是这样的,吃的、住的、玩的都特别贵,人又特别多,我们带着小孩特别不方便。可是我们一家人由于工作的原因又只有过年才有时间一起出去旅行,平时根本没时间。

销售人员:没关系,我建议你们这次可以来一个出国旅游,可以很好地避开在国内旅游人特别多、特别拥挤的现象。

顾客：我正有这样想的打算呢！

销售人员：请问你们平时出去旅游是自己做攻略还是找旅行社呢？（情景性问题）

顾客：都是自己做的。

销售人员：您是否感觉到出去旅游做攻略是一项非常让你们头疼的事情呢？（难题性问题）

顾客：对啊，在国内，订机票、订门票、订酒店每次都觉得特别麻烦。

销售人员：每次做攻略都花费了您不少精力和时间吧？甚至有的时候您投入了大量的时间和精力最后也没有达到自己想要的效果吧？（隐喻性问题）

顾客：对啊，做国外的攻略我简直就不敢想象了。

销售人员：如果说我们旅行社可以为您和您的家人提供有质量保障并且种类多样的国外旅游线路，让您和您的家人既能够体验到世界各地的风俗文化，同时又能帮您解决国内游面临的人多拥挤、物价飞涨、体验度差等问题，您是否感兴趣呢？（需求-补偿性问题）

顾客：当然感兴趣了。

销售人员：嗯，接下来我重点给您介绍两条线路。

案例2-2-8 运用SPIN多询问策略销售巴厘岛6日4晚自由行

销售人员：您好，女士。请问怎么称呼？

顾客：免贵姓周。

销售人员：周女士，您是最近想去旅游吗？（情景性问题）

顾客：嗯，想出国放松一下。

销售人员：那您是和家里人出去还是朋友呢？（情景性问题）

顾客：家里人吧。

销售人员：那请问您家里几口人呢？（情景性问题）

顾客：就我和我爸妈还有我老公四个人。

销售人员：真是孝顺的女儿！看您和我差不多年纪，您的父母亲年龄应该也在五十岁左右吧？（情景性问题）

顾客：嗯，差不多吧。希望行程能轻松一点，毕竟他们年纪也不轻了。

销售人员：那您的父母是不是觉得冬天这里挺冷的，想去热带的地方旅游呢？（难题性问题）

顾客：他们还没跟我商量过，但我们就想出去开开心心度个假。

销售人员：您看您父母年纪也不轻了，去冷的地方难免会缩手缩脚的，放不开，那这样肯定没有一个很好的度假体验，您觉得呢？（隐喻性问题）

顾客：那倒也是。

销售人员：我推荐您去巴厘岛6日4晚自由行，在外面旅游还是天气暖和一点人才有精神，才会玩得开心，您说对吗？这条线路现在是挺热门的。报价只要3 800/人。往返航班是直飞的，省时省力，有各种特色主题的度假酒店您可以选择，欣赏欣赏海景，吃吃海鲜，晒晒太阳，游游泳，体验印度尼西亚的文化，我觉得这是一个很好的度假选择地。您有兴趣吗？（需求-补偿性问题）

案例2-2-9　销售马尔代夫翡诺岛6日4晚自助游

销售人员：您好，请问有什么能够帮得到您的吗？

顾客：哦，没事，我就是随便看看。

销售人员：好的，这位小姐，方便告诉我一下您贵姓吗？

顾客：我姓陈。

销售人员：陈小姐，既然您来到了我们旅行社那一定是有出游的打算吧。我们不妨先坐下来，您可以随意看看我们最新的几款旅游产品。看您这笑容满面的是不是最近有什么开心的事呀？

顾客：我最近就要结婚了，哈哈。最近在想去哪儿蜜月比较好。

销售人员：首先要恭喜陈小姐新婚快乐！蜜月对女生来说可是非常重要的一件事。我想问一下您心中的蜜月是什么样子的？（情景性问题）

顾客：我觉得既然是蜜月，那肯定是想要自由、浪漫一点的，最好都是两个人独处。我不太喜欢那种很麻烦、行程安排得很紧，坐飞机还要转来转去，累都累死了。

销售人员：听您这么说您是不喜欢转机和紧凑的行程安排是吗？（难题性问题）

顾客：对。

销售人员：那之前旅行中在行程和航班上遇到过什么不满意的事吗？（隐喻性问题）

顾客：恩，像之前去韩国5天，3天都是购物，去完这个地方接着就去另一个地方，一天下来整个人都不好了，想去玩的地方时间又不够，根本没有任何自由。还有转机，累就不说了还浪费时间！

销售人员：您的想法我也大致了解了。如果有一款旅游产品它能够提供直飞、一价全包，还能让您自行安排行程，全天自由，完全享受浪漫而又刺激的二人蜜月世界，您会不会有兴趣呢？（需求-补偿性问题）

顾客：让我看看吧。

四、问题询问形式

询问问题有时被称为探究，可用于获得顾客的信息、展开双向交流以及增加顾客的参与度。

在销售中采用询问方法时，销售人员需要知道或是预料到问题的答案。一旦知道了想要的答案，销售人员就可以设计如何进行询问。询问可以用来寻求销售人员没有了解的信息并对已经知道的信息进行确认。

一个理想的询问问题应是顾客愿意并能够回答的问题。应该只询问那些有助于销售的问题。因此，进行询问时一定要慎重和明智。在展示中的任何地方可以运用以下四类基本的询问形式，分别是指示式询问、非指示式询问、改述式询问、转向式询问。

（一）指示式询问

指示式询问，即封闭式询问，可以用很少的几个字来回答。绝大多数指示式询问可用简单的“是”或“否”来回答。指示式询问对于将顾客引向明确的话题特别有效。

永远不要将指示式询问表述成用“不”回答的否定指示式询问。用“不”回答的否定指示式询问是一种其回答可以彻底中断你的谈话的任何询问。零售员说：“我能帮你吗？”回答通常是：“不，我只是随便看看。”

其他类型的指示式询问会问“哪一种”或“要多少”。同样,顾客对这种询问的回答通常受到限制而变得很简短。SPIN询问策略中所运用的隐喻性问题和需求-补偿性问题就是用指示式询问进行接触的例子。

但是,指示式询问的答案不会给销售人员带来很多信息。因为它带来的反馈很少。销售人员需要有更多的信息来确定购买者的需求和问题,非指示式询问能获得信息。

(二)非指示式询问

为了进行双向交流,销售人员可以运用可自由回答的询问或非指示式询问。非指示式询问可用下面6个词中的一个来开始询问:谁、什么、什么地方、什么时候、怎样或为什么。例如:

(1)谁会使用该产品?

(2)你希望产品有什么特性?

(3)你会在什么地方使用该产品?

(4)你什么时候需要该产品?

(5)你使用该产品的频率怎样?

(6)你为什么需要或购买这种产品?

在某些情况下,单个词的询问,比如“哦?”或者“真的?”同样是有用的。应用单个词的询问时,语气上应该加以强调,这相当于提醒顾客继续进行交谈。

(三)改述式询问

第三类询问形式是改述式询问。有时,顾客的意思没能表达清楚,此时,如果合适的话,销售人员可以这样说。

例2-2-11 你是说你最关注的是价格吗?(要讲得真诚但不要有挑衅性。)

例2-2-12 那么,你是说,如果我能预订海景房,你有意购买吗?

改述式询问让销售人员清楚顾客的意思,并确定顾客的需求。如果顾客对第二个问题回答“是”,那么销售人员得想办法预订海景房。如果问题的回答为“不是”,那么就知道房型不是顾客重要的购买动机;还要继续对真正的问题进行探究。

(四)转向式询问

第四类询问形式是转向式询问。这种方式可以把顾客引导到双方都认可的销售要点上。即使顾客反对购买产品,但在购买者和销售人员之间总会存在一定范围的共识。转向式询问是一种很有用的开场方式或后备用开场方式。下面的例子有助于阐明转向式询问的概念。

假设你走进顾客的办公室,进行自我介绍,并得到了这样的回答:“对不起,即使我们谈了也没有用。我们对目前的供应商很满意。谢谢你的来访。”这时,要用转向式询问代替你原先计划好的开场白。你可以这样说。

例2-2-13 我们是否同意,找一家能降低贵公司的成本的供应商是很重要的呢?

使用转向式询问可以使对话从被对方拒绝的境地转到积极的或是中立的状态,同时又能重新建立起双方的沟通。运用考虑周全的询问来使表面上要终止的对话得以转向的能力,将给顾客留下深刻印象,从而表现出销售人员不是一个普通的订单执行者,而是一个忠实于产品利益品质的职业销售人员。

课堂练习

讨论四种询问类型。对于下面的每个例子，确定它采用的是指示式询问、非指示式询问、改述式询问还是转向式询问。

（1）“现在让我们看看我说得对不对；你正在寻找一种高质量的产品，而价格不是主要的问题。”

（2）“你需要什么类型的衣服？”

（3）“你是对101型还是921型感兴趣？”

（4）“好的，我很感谢你的信任，不过你会承认在购买复印机时价格不是唯一的考虑因素，不是吗？”

（5）“你什么时候想安装新的施乐9000?”

（6）“你是不是在说，去旅行的地点比去那里的成本更为重要？”

（7）“你会同意这种说法，节省时间对于像你一样忙碌的经理们来说，是很重要的，对不对?”

实训活动设计

设计题 2-2-1

思 考 题

销售场景：一天，一位50多岁的李阿姨走进SIT旅行社，这时销售人员张晓走向李阿姨，面无表情地说道：“您好！欢迎光临SIT旅行社，请问您要去哪里旅游？”李阿姨说：“最近有什么活动吗？”张晓一脸严肃，身体略向后倾：“我们的旅游线路已经很优惠了，现在是旅游旺季，市场需求旺盛，一般旅行社没有活动。”李阿姨拿出宣传单：“你看，这是我刚去的A旅行社，他们提供了很多促销线路呢？”还没等李阿姨说完，张晓不麻烦地打断：“阿姨，这没有可比性，A旅行社产品不如我们的……”

请问：销售人员张晓与客沟通过程中出现了哪些问题？请两位同学模拟销售人员及顾客。

设计题 2-2-2

运用陈述及询问开场的至少四种技巧模拟销售国内旅游线路。

设计题 2-2-3

运用SPIN多询问策略模拟销售旅游产品，旅游产品包括机票、酒店、门票、旅游线路等。

任务掌握评价

1. 学生自评

要求在已完成和可以胜任的选项后打勾。

（1）在完成实训作业的过程中能自如运用思维导图软件。（　　）

（2）在完成实训作业的过程中查阅了其他资料。（　　）

（3）能复述门店接待、网络销售、门店销售及拜访客户的注意事项。（　　）

（4）能列举四种主要的非语言沟通渠道。（　　）

（5）能模拟身体角度、面部表情、手臂动作或位置、手部动作或位置以及腿部位置并表达传递接受、谨慎和不同意三种信息。（　　）

（6）能说出陈述开场、演示开场、询问开场的具体方法。（　　）

（7）能运用陈述开场、演示开场、询问开场的具体方法模拟销售旅游产品。（　　）

（8）能辨析指示式询问、非指示式询问、改述式询问、转向式询问。（　　）

2. 老师评语

任务三　推荐旅游产品

通过旅行社门店、旅游网站、旅游呼叫中心销售的旅游产品具体包括机票、酒店、餐厅、门票、签证以及旅游线路等，产品涉及的区域包括境外、国内及周边，旅游线路包括自由行和团队游线路。销售人员在接触顾客之后将开始进行旅游产品推荐。

通过本节的学习达成以下目标。

知识目标：能够理解产品的特性、优势和利益，并能条理清晰地为顾客做介绍；理解试探性成交的适用场合及具体表达。能说出几种说服性沟通技巧，能说出不同销售展示方法的特点。

技能目标：能根据旅游产品分析出产品的特性、优势及利益，利用证明材料运用合适的语言表述方法进行产品销售展示，并选择时机进行试探性成交；能运用说服性沟通技巧向顾客推荐旅游产品，结合具体的销售场景能对比判断出合适的销售方法。

素质目标：通过本节的教学，培养学生勤于思考、勇于批判、善于反思的学习能力。

一、FABE销售方法

FABE销售方法是指运用产品的特性（Feature）、产品的优势（Advantage）、产品的利益（Benefit）以及事实证明（Evidence）来进行产品销售的方法。

（一）产品的特性

产品的特性主要指产品的任何物理特征，一切产品都具有如下的特性或物理特征。比如大小、条款、包装、颜色、服务、交货、成分技术等等。接下来就机票、酒店、餐厅、门票以及旅游线路这五种旅游产品的特性逐一进行分析。

表2-3-1　旅游产品特性一览表

产品类型	机票	酒店	餐厅	门票	旅游线路
产品特性	准点率 机型 舱位 时刻 价格	房型 设备 价格 服务 位置 品牌	菜品 味道 价格 服务 品牌	景区资源（自然、人文） 设施设备 价格 吸引物	航班 酒店 餐厅 景点安排 时间 价格 服务

1. 机票

机票的产品特性包括航班准点率、机型、舱位、时刻和价格，销售人员在与顾客推介机票时，这五个产品特性会不同程度影响顾客的购买决定，下面主要介绍航班准点率、机型、舱位、时刻。

(1) 航班准点率。航班准点率又称正点率。是指航空旅客运输部门在执行运输计划时，航班实际出发时间与计划出发时间较为一致的航班数量(即正常航班)与全部航班数量的比率。部分顾客群体是非常关注准点率的，如商务客人。准点率是销售人员可以获取的，销售人员可以从两个维度跟顾客介绍航班准点率：某一家航空公司整体的准点率和通过历史的数据平均得到的具体某一航班的准点率。

(2) 机型。机型是指将重于空气的航空器(主要指飞机和直升机)按照设计制造的机型不同而分出的类别。通常由一种设计定型生产的飞机或直升机称为一种机型，以设计部门或使用部门给定的编号表示，这个编号称为"型号"。一种机型可以生产10年以上。例如，波音737、波音747、空中客车340等。中型飞机载客在100人以上，200人以下的单通道飞机有麦道82、麦道90、波音737系列和空中客车320。

(3) 舱位。一般情况下，宽体双通道飞机都是三级客舱结构，分为头等舱、公务舱和普通舱(即经济舱)。窄体单通道飞机一般情况下都是两级客舱结构，分为头等舱(或公务舱)、普通舱(即经济舱)。头等舱的价格通常为经济舱全价的150%，公务舱的价格通常为经济舱全价的130%。有的航线经济舱划分为Y、M、L、K、T五种代号，代表不同的票价，分别拥有不同的座位数量，世界上各个航空公司一般均自行定义使用哪些字母作为舱位代号，在舱位代号上无统一的规定。顾客只要预订上了规定的舱位，就可使用规定的价格。对应的是不一样的退改签的规则。所以在销售的过程中，不需要告知顾客是Y还是M，只需要说清楚退改签规则。

课堂讨论 有一位商务顾客要去武汉出差，出差的时间未定，但现在就要买张机票。对这位顾客，销售人员就不能给他推荐太过便宜的机票。为什么？

(4) 时刻。航班时刻指航班起飞和到达的时刻，航班的班期和时刻，要在综合考虑具体航线上的空运需求的时间分布特征、飞机的充分利用、航班之间的衔接，以及机场和航路的合理使用等因素的基础上进行安排。比如上海飞海口这条航线，从早到晚有很多航班，客人会根据自己的时间要求来选择，航班时刻也跟机票的价格有关联，如早航班和晚航班的机票价格会比当日其他时刻的航班便宜。

(5) 价格。指机票的售价，不同机型、航班时刻都会影响票价。

2. 酒店

酒店的产品特性有房型、设备、服务、位置、品牌以及价格。

(1) 房型。酒店基本房型按设施及规格划分为单人间、双人间、大床间、标准间、标准间单人住、别墅、三人间、四人间、套间、公寓。按级别划分为经济间、普通间、高级间、豪华间、商务标间、行政标间。按朝向分为朝街房、背街房、城景房、园景房、海景房、湖景房。视酒店而定还有特色房型。比如：顾客去马尔代夫度假，建议销售人员推荐露台房，面朝大海，顾客很舒适地躺在露台的藤椅上，享受着阳光，享受海风，带给游客的体验是不一样的。

(2) 设备。主要指酒店的设施设备，不同类型的酒店在设备配置上会有些差异。比如：商务型酒店的顾客对商务设备有要求，需要上网设备、复印机、打印机、传真机、国际长途服务等设施设备。

（3）服务。如果说设备是酒店的硬件，那么服务就是酒店的软件。比如：针对蜜月游的顾客，酒店在他们的房间精心布置，放上有爱心的巧克力，在床单上洒摆上玫瑰花瓣铺成的爱心，无疑体现了酒店的服务。

（4）位置。不同出行目的的顾客对酒店位置的要求也是有差异的。比如：香港购物顾客首选地铁站旁边的酒店，因为出行方便。

（5）品牌。品牌也是顾客考虑的重要特性之一。国内外有许多知名的酒店品牌，如：希尔顿、万豪、洲际、雅高等等。

（6）价格。酒店的星级、房型、位置、服务等都会影响价格，价格是顾客选择酒店的重要特性。

3. 餐厅

餐厅的产品特性包括菜品、味道、价格、服务以及品牌。

（1）菜品。菜品是指一道菜，餐厅都有不同的菜品供客户选择。餐厅菜品会因菜式风格而不同。按照菜式风格划分，餐饮有中餐和西餐之别。中餐的特点是餐厅提供中式菜点，采用中式家具、餐具、茶具和提供中国式服务。西餐是欧美各国菜肴的总称。西餐的特点是提供西式菜点，采用西式家具、餐具和提供西式服务，用西方人习惯的方式进餐。西式菜点包括法国菜、俄国菜、意大利菜等。

（2）味道。味道是餐厅最重要的产品特性。销售人员在向顾客推介餐厅时，会结合“用户点评”“权威数据”说明菜品的味道而吸引顾客。

（3）价格。餐厅的味道、服务及品牌等都会影响价格。

（4）服务。服务会与餐厅的菜式风格、餐厅定位相关联。比如：顾客等候期间，海底捞餐厅会提供棋具、美甲等服务。

（5）品牌。餐厅品牌与价格、服务等相关联。

4. 门票

门票包括以下几个产品特性：景区资源（自然、人文）、设施设备、价格、吸引物。接下来主要介绍景区资源（自然、人文）、设施设备、吸引物。

第一，景区资源。按旅游资源类型细分为：自然景观类景区，以自然资源为依托的观赏景区；人文景观类景区，由各种社会环境、人民生活、历史文物、文化艺术、民族风情和物质生产构成的人文景观。

表2-3-2　自然及人文景观类景区举例

类　型	举　例
自然景观类景区	泰山，五台山，黄河，峨眉山，西湖，珠穆朗玛，昆明石林等
人文景观类景区	敦煌石窟，白马寺，圆明园，都江堰，西安鼓楼，茶马古道，秦始皇兵马俑等

按自然资源细分又可以分为以下四种：地文景观类景区，主要是在自然环境的影响下，地球内力作用和外力作用共同作用形成的，直接受地层和岩石、地质构造、地质动力等因素的影响而产生的景观；水域风光类景区，属于自然景观但重点突出江河、湖海、飞瀑流泉等水域景观；生物景观类景区，指由各类动植物为主体所组成的景观；天象与气候类景区，主要指千变万化的气象景观、天气现象以及不同地区的气候资源所构成的丰富多彩的气候天象景观。

表2-3-3 四种自然资源类景区举例

类　型	范　例
地文景观类景区	五台山，华山，广东肇庆七星岩，云南路南石林风景区，贵州织金洞，黔灵山麒麟洞，鄱阳湖口石钟山景区
水域风光类景区	西湖，洞庭湖，黄果树瀑布，长江三峡，黄河，新疆天山天池，青海湖
生物景观类景区	新疆巴音布鲁克草原，东北长白山原始森林，云南西双版纳原始森林，四川九寨白河自然保护区，可可西里保护区
天象与气候类景区	在漠河和新疆阿尔泰看极光，沙漠上的海市蜃楼，峨眉山佛光，东北的雾凇

按人文资源细分则可以分为以下六种：历史遗址景区、建筑物景区、博物馆景区、民族民俗景区、关于宗教的景区以及关于节事节气的景区。

表2-3-4 六种人文资源类景区举例

类　型	举　例
历史遗址景区	敦煌石窟，都江堰水利工程，长城，颐和园，圆明园，紫禁城，秦始皇兵马俑，布达拉宫
建筑物景区	台北101大厦，东方明珠，广东电视塔，央视演播大厦，埃菲尔铁塔，天坛，迪拜帆船酒店
博物馆景区	首都博物馆，大英帝国博物馆，国家博物馆，上海博物馆，巴黎卢浮宫
民族民俗景区	云南丽江纳西族，西藏拉萨，新疆乌鲁木齐，内蒙古
关于宗教的景区	圣城麦加，耶路撒冷，峨眉山，少林寺，五台山
关于节事节气的景区	傣族泼水节，彝族火把节，巴西狂欢节

第二，设施设备。无论什么类型的景区都需要配置设施设备，有些类型景区的设施设备是销售景区门票产品的重要产品特性。比如：主题公园类景区对于设施设备的要求会很高，主题公园是根据某个特定的主题，采用现代科学技术和多层次活动设置方式，集诸多娱乐活动、休闲要素和服务接待设施于一体的现代旅游目的地。

第三是吸引物。旅游吸引物就是“具有吸引旅游者的独特的内在品质”的旅游点（tourist spots）；从本质上讲，旅游吸引物包括吸引旅游者离开家到“非家”的地方旅游的所有要素”。伦德伯格（Lundberg）则更为直接地指出：“旅游吸引物就是能够吸引旅游者的所有东西”，是景区最能够吸引顾客的地方。

旅游吸引物指一切具有旅游吸引力并可为旅游业利用的事物。这些事物可以分为两类：一类是原赋的，并非为旅游而打造但具有旅游吸引力的事物，这就是旅游资源；另一类是非原赋的，是专门为旅游而打造，从而具有旅游吸引力的事物，不妨称之为人造旅游吸引物。因此，旅游吸引物是旅游资源（原赋旅游吸引物）和人造旅游吸引物（非原赋旅游吸引物）的集合。非原赋的、专门为旅游业而打造的旅游吸引物有游乐设施、人造景观、动物园里的动物、植物园里的植物、旅游演艺、旅游节庆。

5. 旅游线路

旅游线路的特性集合了机票、酒店、餐厅、门票的一些特性。价格和服务则体现了整条旅游线路的规格与特点，比方说线路是上海市金牌旅游产品全程优质领队陪同，或者是高级导游全程陪同。

（二）产品的优势

产品优势（advantage）系描述产品如何使用或有益于购买者的性能特点。

向顾客介绍完产品的特性，销售人员通常都会开始讨论由产品的特征带来的优势。这比仅仅讨论它的特性要好。描述产品的优势，它有何用途或如何能帮助使用者，都可以增加达成交易的机会。

例2-3-1　产品优势（性能特点）

（1）本线路全程四晚五星酒店豪华住宿，VIP豪华1+2保姆车。

（2）报名冲绳自由行产品，赠送日本单次旅游签证，符合条件者，可免费升级日本三年多次往返旅游签证。

（3）这是市场上最畅销的澳新旅游线路。

（4）购买我们的旅游线路，可以为您提供最便捷的签证办理业务。

如果讨论到产品的特性和优势，成交机会随之增加。不过，在产品展示时，必须学着强调产品给潜在顾客带来的利益。一旦掌握了这一销售技巧，销售业绩就会得到提高。

（三）产品利益

产品利益（benefit）系由于产品具有能够满足顾客需求的特定优势，并由此能给顾客带来有益结果。人们感兴趣的是产品能为他们做些什么。通过回答“产品对我有什么好处？”这种问题，强调产品带来的利益，激起顾客的个人购买动机。在进行产品展示时，销售人员应该强调顾客将怎样从产品的购买中受益，而非强调产品的特性和优势。

人们购买的是产品利益，而不仅仅是产品的特性或优势。为了说明这一观点，考虑一下四种产品：钻石戒指、照相机、STP牌引擎机油、电影票。人们是出于这些产品或服务的特性或优势而购买它们的吗？不，人们购买的是这些产品的利益，比如：钻石戒产品利益是成功的象征，作为投资品或取悦爱人；照相机产品利益是对于地点、朋友和家人的记忆；电影票产品利益是娱乐，逃避现实或放松。人们购买的是产品所带来的利益，而非产品的特性或优势。这些利益可以是实用的，也可以是心理上的，如成功的象征。销售人员需要讨论利益，回答潜在顾客的问题——它对我有什么好处？

（四）产品证明

产品证明（evidence）即为顾客提供的证明产品好处的证据。此部分的说明大部分是有形的，即可见、可信的；其常用句式就是“您看……”。证据包括产品的权威报告、客户来信、照片等材料，通过销售人员现场演示、相关的产品证明、品牌效应等文件来印证前面的产品介绍。另外，销售人员应该注意，这部分的“证据”材料应该具有客观性、权威性，保证产品的可靠性，让客户充分感受到产品的优势和特点。

课堂练习

1. 为了说服顾客相信你的产品利益很重要，你需要展示出你的产品利益能够满足他们的需求。假设顾客说“我需要能在早上叫我起床的东西”。下列哪种陈述能最好地将你的产品特性，即GE牌闹钟收音机的睡眠闹铃，与顾客的需求相联系？

(1) 这种GE牌收音机有非常易于操作的睡眠闹铃。您所要做的就是按下按钮，它就开始工作了；

(2) 这种GE牌收音机是市场上最新型的收音机。它有一年的质量保证，如果用现在使用的收音机来交换，则可享受一个较大的价格折扣；

(3) 您说由于每天早上都不能按时起床，您想要能叫醒你的闹铃。现在，无论您把闹铃关掉多少次，这种GE牌收音机都能叫醒您。您看，闹铃每七分钟都会响一次，直到您把“早起鸟”旋钮关掉。

2. 一位销售人员说：“你想要一个使用寿命长些的削笔器。我们的削笔器用软钢轴承制作，经久耐用，从不卡住。”

(1) 在该例子中，钦钢轴承是(　　)。

A. 利益　B. 特性　C. 需求　D. 优势

(2)“从不卡住”是一种(　　)。

A. 利益　B. 特性　C. 需求　D. 优势

(3) 本例中，销售人员所说的“从不卡住”用来(　　)。

A. 把产品特性转化为产品利益

B. 把产品利益转化为产品特性

C. 把产品特性和顾客需求通过利益相联系

D. A和B是对的

E. A和C是对的

(4)“经久耐用”是(　　)。

A. 利益　B. 特性　C. 需求　D. 优势

(五) FABE销售方法的语言组织方式

FABE销售方法中，销售人员具体陈述的内容是产品的特性、优势和利益，产品证明主要是销售人员在进行产品介绍时有效地将证明材料展示给顾客，一般会对顾客说“您看，这是……”，非常自如地证明具体陈述的内容。销售新手往往不习惯运用有关特性、优势和利益的措词。为了在日常销售谈话中多加使用这些措词，不妨运用如下这种标准化的FAB顺序：

这种……(特性)……意味着你……(优势)将给你带来的真正利益是……(利益)

FAB顺序可使你轻易记住并能以自然的对话方式介绍产品的利益。例如：“这种使用了新型固体内核的Gunshot牌高尔夫球，意味着你每杆可以多打10～20码，带给你的真正利益是所用杆数的减少。”通过替换上述过渡词之间的产品特性、优势和利益，就可建立FAB顺序。有时，可以使用多个FAB顺序来强调产品的利益。

通过一种语言的组织方式，我们可以把产品的特性F、产品的优势A以及产品的利益B结合起来。也可以运用其他的语言组合方式，比如优势在前，仍以销售Gunshot牌高尔夫球为例，体育用品销售人员可对顾客说：“使用这种球，你每杆可以多打10～20码(优势)，由于它使用了新型固体内核（特性），可以有效减少所用的杆数（利益）。”

研究销售案例发现，成功的销售顾问在与顾客沟通、推荐产品时，大都是在按B-A-F的顺序进行，恰好和F-A-B相反！

销售人员可以采用的方式是，用中性的试探性的问话在不引起顾客反感的前提下迅速捕捉顾客的需求，然后再深入介绍能够满足这个需求的B，接着才是介绍这个产品之所以能够满足需求的B的不可替代性A，最后才是水到渠成地介绍这个产品的F。此时顾客对这个产品的F才会有兴趣听，才听得进去，才会深信不疑，产生进一步沟通的欲望。

销售人员在销售旅游产品时，会涉及不同内容的特性、优势及利益，以下介绍三种语言组织方法。

方法一

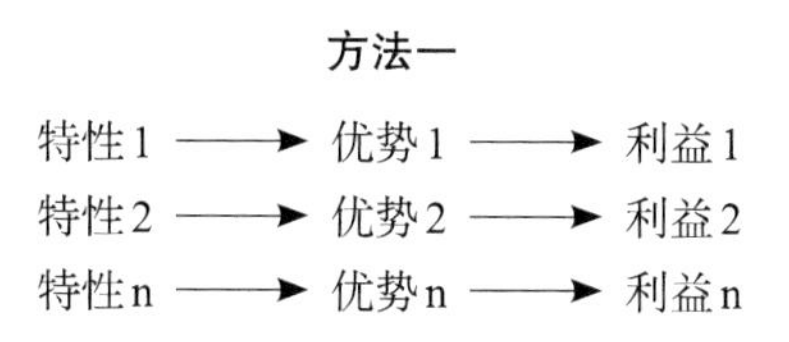

方法一是指销售人员介绍旅游产品的第一个特性、对应的优势及利益。然后是第二个特性、对应的优势及利益。以此类推。

方法二

特性1 → 优势1
特性2 → 优势2 → 利益1、利益2 … 利益n
特性n → 优势n

方法二是指销售人员介绍旅游产品的第一个特性及对应的优势，然后是第二个特性及对应的优势，介绍完所有的特性和优势后集中说利益。

方法三

特性1、特性2、特性n → 优势1、优势2…优势n → 利益

方法三是销售人员先将产品的特性依次介绍完，然后集中介绍优势，最后集中介绍利益。

二、试探性成交

试探性成交是销售展示中运用的最佳销售技巧之一。销售人员可通过试探性成交来核实潜在顾客对销售展示的倾向和态度。应在以下四个重要时机运用试探性成交。

（1）在销售展示中，介绍完一个突出卖点后。

（2）销售展示后。

（3）回答了顾客提出的一个异议后。

（4）在即将达成交易之前。

试探性成交可以使销售人员清楚：① 顾客是否喜欢推介的产品的特性、优势或利益；② 是否完满地回答了异议；③ 是否还存在异议；④ 顾客是否打算达成交易。这是一种强有力的技

巧,可以产生双向交流的效果(回馈)以及使潜在购买者参与其中。

在销售人员做销售展示的过程中,潜在顾客沉默寡言,或者在即将结束前你得到了否定的回答。为了避免这种情况,销售人员要运用试探性成交,以便确定潜在顾客对展示产品所持的态度。

试探性成交用来询问潜在顾客的意见,而非要求他们做出购买的决策。这是一个只言片语就可以回答的问题。

例2-3-2 试探性成交

(1)您觉得听上去怎么样?

(2)您怎么想?

(3)这太棒了,是不是?

(4)这对您很重要不是吗?

(5)这是否解答了您关心的问题?

(6)我猜测您喜欢这款产品性价比高,我没猜错吧?

(7)我的这项建议是否符合您的心思呢?

要记住潜在顾客的积极反应,并利用这些反应来回答异议或结束推销。同时也要记住潜在顾客的消极反应。在以后的展示中你可能需要以积极因素来抵消这些消极因素。然而,一般来说,不必再次提及这些消极因素。

以下就是一个运用顾客的积极反应来寻求订单的例子。假设在销售展示过程中,了解到潜在顾客对旅游产品的利润幅度、快速供货及信用政策很感兴趣。

例2-3-3 销售人员可以积极的方式将产品的利益概括

销售人员:孙女士,你说你对我们的利润幅度、快速供货及信用政策都满意,是吗?(概括并进行试探性成交。)

顾客:对,是这样的。

销售人员:根据贵店的客流量、按正常营业额计算得出的预计产品销售额以及我们的营销计划,建议你购买……(陈述具体产品和数量。)这样就足以满足接下来两个月里顾客的需求,并能获得你所期望的产品利润。我可以在下周早些时候把订货带给你。(现在等待对方反应。)

注意到该潜在顾客已经说了销售产品的三个方面。潜在顾客对试探性成交做出积极回应,那么买卖双方就达成了一致或者解决了一个异议。这样,对方可能就准备好购买了。然而,如果得到消极回应,也不要急于结束。这说明销售人员没有解决某些异议,或潜在顾客对介绍的产品的特性、优势和利益不感兴趣。这种反馈使得销售人员可以更好地发掘潜在顾客对产品的想法,即产品能否很好地满足顾客的需求。

三、SELL序列

SELL序列是一种必须牢记的可用来帮助销售人员把试探性成交融入销售展示的一种方法。SELL的各个字母代表为强调对于顾客而言重要的利益而应做的事或应说的话。S代表产品的特性show、E代表解释产品的优势explain、L代表引入产品的利益lead,而后借助于针对利益提出问题的方法(试探性成交法)来让顾客表达意见let。

SELL序列的运用请看以下案例。

案例2-3-1　销售云南6日5晚跟团游销售词

您好，我是携程的国内游客服，工号097小陈，很高兴为您服务，您真是好眼光，您看中的6日5晚（云南昆明+芒市+瑞丽+楚雄+腾冲）跟团游是时下云南最热门的旅游产品，既然是最热门，那就代表已经得到了许多游客的游玩反馈，这项旅游产品肯定是经过层层完善，才能让那么多游客满意，所以质量上您大可放心，安心游玩。您说是不是？那您可能会说我信赖携程的产品，怎么供应商是昆明康辉永尚旅行社呢？这一点要为您解释下，你知道吗？在云南，每10人就有8人会选择云南康辉旅行社，我们携程产品质量保障这是众所周知的，为了带给顾客良好的体验，我们选择了最有经验的地接社进行接待，一旦产生任何问题，售后完全由携程负责，这样您可以既最全面地了解云南，又没有一点后顾之忧。这真的是太棒了，是不是？您一定很好奇标题“土豪三飞”是什么，一般的线路都是昆明开旅游大巴前往保山，可是再舒适的旅游大巴，舟车劳顿，也难免坐得不舒服，所以本产品用飞机承接相对快一点，这大大缩短车程，可以早早到达，享受更充足的自由活动时间，您觉得听上去怎么样呢？当然，不仅交通，全程还为您精心挑选当地优质豪华五星住宿，让您睡眠舒适，特别是第一天晚上的中旺温泉酒店，考虑到您长途跋涉的劳累以及进入高原地区，为避免出现身体不适，第一天不为您安排任何行程，只静静体验温泉SPA，是不是很贴心呢？不仅如此，旅游六要素排名第一的就是“吃”，可见它的重要性，孔雀宴、簸箕宴、火瓢牛肉等民族特色风味餐让您舌尖旅行，有别于一般平淡无奇的团餐，让您体验不一样的饮食文化。这是不是也解答了您关心的问题呢？现在还特别赠送大型史诗绝唱《梦幻腾冲》，大气的场面，丰富的表演，卖力的演员，关键是通过表演把当地文化进行归纳，展现腾冲的魅力，能快速了解腾冲并增长不少知识。我猜测您对大型歌舞类演出很感兴趣，没猜错吧？这刚好符合了您的喜好。另外，近年来旅游强买强卖使得游客人心惶惶，携程向各位保证本产品全程无自费项目，不强制购物，游客可以放心游玩。这对您来说很重要吧！六天五晚总共13个景点，不会太紧凑的前提下，充足地游玩到各个经典景点，更重要的是价格低廉，只要2200！我注意到您的笑容，您应该觉得还不错吧！

表2-3-5　SELL序列销售分析

说明产品的特性show	解释产品的优势explain	引入产品的利益lead	试探性成交来让顾客表达意见let
时下云南最热门的旅游产品	得到众多游客的游玩反馈，经过层层完善	质量放心，可以安心游玩	您说是不是？
供应商是昆明康辉永尚旅行社，售后完全由携程负责	最有经验的地接社，产品质量保障	既最全面地了解云南，又没有一点后顾之忧	这真的是太棒了，是不是？
土豪三飞	一般行程中昆明开旅游大巴前往保山，所以本产品用飞机承接相对快一点	大大缩短车程，可以早早到达，享受更充足的自由活动时间	您觉得听上去怎么样呢？
全程为您精心挑选当地优质豪华五星住宿		让您睡眠舒适	是不是很贴心呢？

续 表

说明产品的特性show	解释产品的优势explain	引入产品的利益lead	试探性成交来让顾客表达意见let
孔雀宴、簸箕宴、火瓢牛肉等民族特色风味餐	有别于一般难以下咽的团餐	体验不一样的饮食文化	这是不是解答了您关心的问题呢?
特别赠送大型史诗绝唱《梦幻腾冲》	大气的场面,丰富的表演,卖力的演员	关键是通过表演把当地文化进行归纳,展现腾冲的魅力,能快速了解腾冲并增长不少知识	我猜测您对大型歌舞类演出很感兴趣,没猜错吧?
本产品全程无自费项目		游客可以放心游玩	这对您来说很重要吧!

分析 该销售人员销售思路非常清晰,将6日行程做了很好的提炼,整理出产品的特性,并对应产品优势,引出产品利益,随后进行试探性成交。

案例2-3-2 线路“雪白童话棉花堡+卡帕多奇亚热气球香槟之旅+皇家下午茶+卡帕多奇亚洞穴酒店+蓝色清真寺+专业向导讲解以弗所古城遗址+烹饪课程体验”销售词

您好!我是携程国旅的销售员小张,现在由我为您介绍我们旅行社推出的“全球最浪漫的旅行”土耳其热气球飞行之旅。

首先它是一款为期12天9晚的高端型旅游线路产品(特性),同时也是适合亲朋好友结伴出行、能够享受一系列专属个性化服务(独立成团,专车专导,行程可调)的私家团旅游产品。(优势)

其次我们选择了“欧洲最佳航空公司”——土耳其航空(特性),能够为您提供优质的旅行服务(优势),使您的旅途体验更加舒适(利益)。入住的也是极具历史感、配有来自土耳其各地的古董家具的卡帕多奇亚洞穴酒店,它的网红观景台,拍照打卡地也在网上因为一张照片而走红(特性),这家店的老板也经营着butterfly热气球等公司,可以预订热气球和大巴票,还提供免费接送服务(优势),不仅能让你饱览或者体验漫天的热气球,也能拍出这里奇幻地貌的有趣照片(利益)。

这条线路的看点一——世界最美温泉圣地棉花堡。这里的温泉不光有神奇疗效,泉水还可饮用(特性)。值得一提的是,棉花堡温泉是不收费的(优势),在这里您可以亲自体验大自然的鬼斧神工制造出的如此美妙的仙境。

看点二——伊斯坦布尔地标建筑梦幻蓝色清真寺,当地建筑的奇迹,感受东西方文化的交融。(利益)。

看点三——土耳其目前保留最完整最大的露天遗址——以佛所古城遗址(特性),专车专导的讲解服务,能够让你更准确快捷地领略到土耳其灿烂的历史文化。(利益)

当然了解一个国家最好的方法就是——美食。我们将为您推荐当地最佳餐厅,感受这个美食大国充满魅力的美食文化。并且为您安排烹饪课程体验(特性),让您也能做出土耳其正宗的

美味佳肴。(利益)

现在9—10月份正是土耳其最佳的旅游季节,没有夏季的闷热,也没有冬季的寒冷。所以快来一场古老又浪漫的旅行,体验多彩的欧亚风情。

请问你觉得如何?(试探性成交)

分析　案例中产品推荐从线路的航班、酒店、餐厅及景点的特性入手,引出优势及利益,最后试探性成交。

四、说服性沟通

(一)逻辑推理

在推理中应用逻辑是一种符合顾客常识的有效的说服技巧,它要求顾客考虑一下建议,比较各种问题的解决方法。当推广一种需要比较成本资料的复杂的产品时,当必须对价格和利益做出判断时,以及当产品基本上是一个新的概念时,逻辑推理尤其有用。

逻辑推理是指围绕大前提、小前提和结论这三个部分而设计的展示。

(1)大前提:所有的制造商都想降低成本、提高效率。

(2)小前提:我的设备能帮助你降低成本、提高效率。

(3)结论:因此,你应该购买我的设备。

如果完全按这种直来直去的方式进行展示的话,这个逻辑公式未免太唐突;顾客可能会产生抵触。销售人员可以构造一个展示框架或提纲,用以确定顾客是否对降低成本、提高制造效率感兴趣。如果感兴趣的话,向对方展示一下价值分析过程,表明产品所提供的利益优于其他产品。

(二)通过提出建议来说服

像逻辑推理一样,建议也能有效地用来说服顾客。熟练地使用建议能够引起顾客的注意力、兴趣、欲望、确信和行动。以下给出了展示中可以考虑使用的各种建议方法。

(1)提示性建议。暗示顾客现在应该采取行动。例如:"你不想在下个月价格上涨之前购买吗?"顾客往往喜欢推迟购买决定,因此提示性建议有助于解决这个问题。

(2)声望性建议。促使顾客想象使用那些名人、知名公司或他信任的人所使用的产品,比如说:"我们的设备获得了全国职业工程师协会的认可。那就是为什么'财富500强'中的几百家制造商正在使用我们的产品。这些精英制造商团体发现我们的设备有助于提高利润,扩大销售量和市场份额。你对此感兴趣吗?"

(3)自我暗示。试图让顾客想象自己使用产品的情景。电视广告常用这种建议方法。销售人员会让顾客对产品进行想象,说"想象一下此设备在你的商店里会是什么样子,将怎样发挥作用。你的雇员们将会干得更加出色,他们将会感谢你的。"

(4)直接建议。被各个行业的职业销售人员广泛采用,因为它不是"告诉"而是建议购买,这样就不会触犯购买者。直接建议可以这么说:"根据我对你们需求的调查,我建议你购买……"或"让我们考虑一下这个:我们运给你三车厢下列颜色和样式的惠尔普洗衣机和甩干机……"

(5)间接建议。对某些顾客会奏效,为了使顾客采取所推荐的行动,有时最好采取间接的方法来提出建议。间接建议有助于在顾客头脑中灌输这样的内容，如对你竞争对手产品的怀疑或者对自己产品的需求，于是让他们好像产生了这样的想法。

（6）反暗示。会诱发顾客产生反向的反应，"你真的想要这样高质量的产品吗？"通常购买者一开始就诉说需要高质量产品的原因。如果你已经确定顾客需要高质量的产品，那么在展示中采用这种方法是非常有效的。

案例2-3-3 销售马尔代夫瑞喜敦岛六天四晚专属2人浪漫之旅

情景：旅行社销售门店，顾客曾多次在销售处购买情侣主题游产品，双方已经熟识。

顾客：小白，在忙呢！

销售：哟，泽宇大哥，好长时间没见，看来最近工作很忙啊，跟女朋友相处得怎么样？

顾客：哈哈，上个月刚刚举行了婚礼，这不刚把婚后的一些事情忙完，搞得头都是大的。

销售：恭喜泽宇大哥了，年纪轻轻就爱情事业双丰收了，真是让弟弟羡慕，婚后的一些事情确实有些麻烦。现在处理完了这些事情，可以跟嫂子好好放松一下，出去旅游，度度蜜月了。（提示性建议）

顾客：嗯嗯，我也是这么想的。之前你给我推荐的那些情侣游产品，我跟你嫂子感觉挺好的，这次专门来找你，想让你给我介绍一些蜜月游的产品。

销售：嗯，好的，哥这事你交给我就放心吧，肯定让嫂子和你满意。你有想去的地方吗？

顾客：这个还没有什么想法。

销售：哥，我感觉国内的地方你们都去得差不多了，要不要考虑一下去海外，体验一下异域风情？（间接性建议）

顾客：这个也是不错的选择。

销售：我们公司刚刚推出了一款海外海岛蜜月游（马尔代夫瑞喜敦岛六天四晚专属2人浪漫之旅）。林志颖和黎明都在马尔代夫瑞喜敦岛拍过婚纱照和举办过婚礼。（声望性建议）我们这条线路客户好评率可是百分之百哦。我们安排的住宿也是非常有特色的独栋沙滩别墅和海上别墅，房间面积很大，设施齐全且服务贴心，在这里你还可以享受马尔代夫唯一一家法国高端品牌娇韵诗水上SPA，旁边还有无边泳池，这样的住宿也挺符合你之前对我们住宿的要求。我们全程管家式服务，岛屿自带无人小岛，私密性强，小拖尾A级沙滩。我们顺着别墅就可以直接走到无人小岛，那里还提供免费的浮潜设备，非常适合浮潜和深浅。你想象你和嫂子白天在无边的大海上冲浪，在清澈见底的海里潜泳嬉戏。晚上夕阳西下，手牵手在松软的海滩上一步一个脚印，影子斜长，爱情婚姻随着你们的步伐越走越远，越来越甜。晚上回到独栋的别墅，有专门的管家替你们准备好了一切，享受着水上SPA，除去白天的一身疲劳。（自我暗示）同时你也是我们的VIP用户，我们还将邀请华人专属摄影师及化妆师为您拍摄一天的爱情微电影，在这人间天堂的地方记录你们的美好爱情。这样的海岛蜜月度假您觉得如何？

顾客：哎呀，小白，还是你懂我。你嫂子是河南的，中原地区，没见过海，对海有一种向往。这次要去马尔代夫度蜜月，肯定能给她带来不小的惊喜。

销售：那行，泽宇大哥，这边请，我们来这边登记一下具体信息，商定一下出行具体事务。

点评　整个销售运用保罗·哈维式对话，让顾客感觉放松、愉悦，在销售过程中运用了四种建议进行说服，建议的内容紧紧围绕线路展开。

（三）把展示变成乐趣

销售是一种乐趣，不是顾客与销售人员之间的交战，因此要放松，享受展示的乐趣。只要相信自己，相信在销售的东西，这是很容易做到的——就是这样！有正确的思想态度，你就会成功。

（四）树立信任

增强销售人员对顾客的说服力的两个最好最容易的方法是保持诚实和说到做到。这样能建立起信任关系从而扩大销量。如果你能在售后遵守你在介绍建议时所做的承诺，那么你可以把这个特点当成你的优势。

诚实永远是最好的策略，也是树立信任的有效方法。销售人员永远不要对自己的产品做出不可能实现的承诺。如果产品不能达到预期所望，理应致歉，为了赢得信誉采取退货或换货措施。这种举动对赢得再销售是很重要的。它建立了信任；下一次如果顾客不愿买，你就说："我不是一直在关心你吗？请相信我，这个产品就是你需要的，我保证！"

信任是随着时间的推移而发展起来的，销售工作所需的品行的讨论。它们是：

- 关心顾客
- 对工作保持乐趣
- 关系融洽
- 在成交有耐心
- 对任何合约都保持善意。
- 有伦理道德
- 遵守承诺
- 公平
- 自律。

（五）使用身体语言——发出绿色信号

如同你在观察顾客发出购买信号一样，顾客也在注视你的面部表情和身体动作。销售人员的非言语沟通必须给顾客树立起一个积极的形象，表明你知道自己在说什么，同时理解购买者的需求。你的顾客就会想："我能够相信这个人。"

最好的非言语销售技巧就是微笑。一位销售经理曾这么说："通常关键的不是你说什么而是你怎么说，你几乎可以对任何人说任何事，只要你微笑着说。因此，练习你的面部表情，微笑，永远微笑。"

（六）控制展示局面

进行展示时要把握谈话方向，引导顾客听完展示和建议。销售人员经常面对这样的困惑；怎样保持控制权，如果顾客控制了谈话该如何去做。例如，如果顾客喜欢谈论爱好，攻击你的公司或产品，说你们劣质服务，或者好冷嘲热讽的人喜欢取笑你的产品，这时你该怎么办？

当发生这些情况的时候，销售人员应该尽可能坚持按原计划进行展示。如果出现抱怨，就先解决问题。如果顾客想谈其他的事，就简略地进行。如果实在吸引不住对方的注意力和兴趣，询问和用某种方式引导顾客参与展示，这是重新打开谈话渠道的两个最好的办法。

一定要控制住你用来展示的可视辅助工具。新的销售人员在展示几种产品时常犯这样的错误：把一线一单、产品宣传册一并递给顾客。顾客在浏览这些东西时，他们可能没听你在说什么。过多的信息会给他们带来烦躁感，可能会导致购买欲降低。因此，当顾客专注地听你讲解时，把产品材料保留在自己手中而去讨论那些想介绍的信息。

案例2-3-4

销售人员遇到这种情况，一位顾客在你社订了一张旅游订单，订单中有四位游客，旅游线路是11月10日出发的新马五日游，但这位顾客在11月5日提出要另外增加两位客人，扬言不同意的话之前已付费的4位顾客就要退团，如果你遇到此顾客怎样处理？

案例分析：作为销售，遇到这种情况，解决的重点在于签证、机票和酒店。首先，应询问客人，是否办有新签。若是客人有新签，那就直接跳过签证这道程序。若是客人没有新签或是只有马签，那就需要询问计调或是签证部是否来得及办理签证。

新加坡驻华大使馆的办公时间为周一到周五上午8：30—12：00，下午13：00—17：00，签证的处理时间是3个工作日。由于马来西亚允许在任何国家或地区前往第三国、在马来西亚指定口岸入境（吉隆坡国际机场和吉隆坡廉价航空机场）并停留不多于120小时的中国护照持有人办理过境签证，所以马来西亚的签证可以暂时不需要办理。

解决了签证问题之后，接着就要询问计调这个旅游团是否还有剩余的机位和酒店房间，若没有，是否可以临时加位、加房。若是还有剩余的机位和房间，就帮助客人办理入团手续、收取材料。

若是需要加位加房，需询问客人是否愿意接受因加位加房而产生的差价，若是客人愿意，就帮助客人办理入团手续、收取材料；若是没有剩余的机位和房间，或是客人不同意接受加位加房所产生的差价，那就询问客人是否愿意改期到日期比较靠后的同一行程的旅游团，并告知客人改期不退还已产生的费用；若客人既不愿接受差价，也不愿改期，坚持要退团，那就明确告知客人退团将按照合同收取损失费。

其次，设身处地的为其朋友着想，观察客人的态度，要尽量安抚客人的情绪，表示能理解客人的心情，在客人犹豫时，可以为另外两位想去旅游的顾客推荐类似的旅游产品。

（七）要有外交手段

销售人员都会遇到这样的情况：顾客觉得他们自己总是对的或者知道一切，而销售人员却有不同的观点。例如，销售人员以前卖给顾客公司的一台机器总出故障，其实是操作员的缘故而不是设备的原因，但是销售人员的公司却因此受到责难，怎么办？

在怒气上升的顾客明明是错的却认为自己对又不想改变观点的情况下，销售人员必须像个外交家。撤退可能是最好的选择；否则，你就会冒险毁掉与顾客的关系。如果你向顾客提出挑战，你也许能赢得这场战役但输掉的是整个战争。销售人员必须根据各种具体情况做出决定。

戴尔·卡内基曾说过不树敌的一种正确方式就是对别人的观点表示尊敬，决不要告诉别人他是错的。在跟顾客沟通中，令人愉悦的话就像蜂蜜，能甜蜜心灵。运用这些技巧，你的谈话就会变得有生气，听起来不再让人感到单调呆板，好似背书一般。

（八）明喻、暗喻和模拟

言语是沟通工具。明喻、暗喻、模拟、停顿、沉默以及说话频率、语调和音量的变化都是获得顾客注意力并引起他们对建议感兴趣的有效方法。

明喻：使用“像……一样”之类的词来进行直接对比。如：这草坪修剪得很拙劣，像被剪坏的头发；喝起来像巧克力牛奶冰淇淋混合饮料；这种纸板箱折叠起来像煎饼一样平整。

暗喻是用对比词语或词组产生生动的形象的一种暗示性比较。如：我们的动力割草机雕刻着你的草坪；我们的汽艇在海浪中平稳地耕耘着；计算机的记忆内存存着你的资料；这些组件被嵌入了两英寸厚的磁盘里。

模拟：对比的是具有共同点的两个不同事物。例如："我们把阳光屏安装在你家里就会在阳光照射到窗户之前阻断了光热。这就像在你窗前有树荫而又不遮挡视线一样。"记住要用会话的语调，使用熟悉的术语和行话与顾客交谈。

五、不同场景的销售方法

销售展示包括对商业建议进行口头上的说服和视觉上的说明。这里重点介绍可供选择的三种展示方法，分别是：记忆式、程序式、满足需求式。这三种方法的最根本区别在于，受销售人员控制的交谈的百分比各不相同。在结构性较强的记忆式和程序式销售方法里，销售人员通常对交谈具有垄断性。满足需求式则允许买卖双方有更多的交流，双方会平等地参与交谈。

（一）记忆式销售展示

记忆式销售展示基于以下两个假设：通过展示，与产品的直接接触可以激发顾客的需求；或者是由于顾客已经在努力寻找这种产品，这些需求已经被激发出来。无论是哪种情况，销售人员的任务就是将这种最初的刺激发展成对最终购买请求的肯定回应。

在记忆式销售展示中，销售人员的讲话占了80%～90%，仅偶尔让顾客对一些预设的问题做出回答。需要特别指出的是，在交谈时，销售人员并不试图去确定顾客的需求，而是对所有的顾客给予同样的销售介绍。既然不需要试图去了解顾客的想法，销售人员通常只是重点对产品本身和它的优势进行分析，并以一个购买请求作为结束。销售人员希望令人信服的产品利益展示会引起顾客的购买。

这种展示方法，主要应用于电话和门店的销售中。事实上，任何展示的组成部分都可以统一规划，不过，得用自由式的交谈进行连接。经过一段时间后，很多销售人员通过实践发展出一套销售用词、用语和介绍内容的顺序。他们往往在所有的展示中都使用这些东西。尽管少了些人情味，统一规划的销售展示或记忆式销售展示仍然具有显著的优点。

例2-3-4　销售展示或记忆式销售展示的显著优点

（1）记忆式销售展示能确保销售人员做出准备充分的展示，公司所有的销售人员介绍的都是同样的内容。

（2）记忆式销售展示能帮助毫无经验的销售人员，并给予他们信心。

（3）当销售时间很短时（如门店或电话销售），记忆式销售展示方法是很有效的。

显然，记忆式销售展示方法存在一些主要的缺点：

（1）记忆式方法所展示出的产品特性、优势和利益，对购买者来说可能不是很重要；

（2）记忆式销售展示方法不允许顾客的参与；

（3）从展示开始到结束的过程很快，需要销售人员结束展示或多次向对方要求订单，这会让顾客感觉到是在进行高压销售。

（二）程序式销售展示

程序式销售展示通常被称为劝说式销售展示。与记忆式销售展示相比较，程序式销售展示以这样的假设为基础，即在相似情形下，对相似的顾客可以采用相似的展示方法来与之进行接触。不过,在运用程序式销售展示时,销售人员必须首先了解潜在购买者的相关情况。进行销售展示时,销售人员采用结构性销弱的要点概括来进行展示。这种方法赋予销售人员更多的灵活性,而且指导性也不强。

通常,销售人员在销售交谈中,尤其是在刚开始的时候要控制住整个交谈过程。销售人员可能会有销售开场白(接触),介绍产品的特性、优势和利益,然后通过试探性成交、回答问题和消除异议等方式,让购买者对产品予以评价。在参与曲线的末端,销售人员要重新对讨论进行控制,并进入成交阶段。

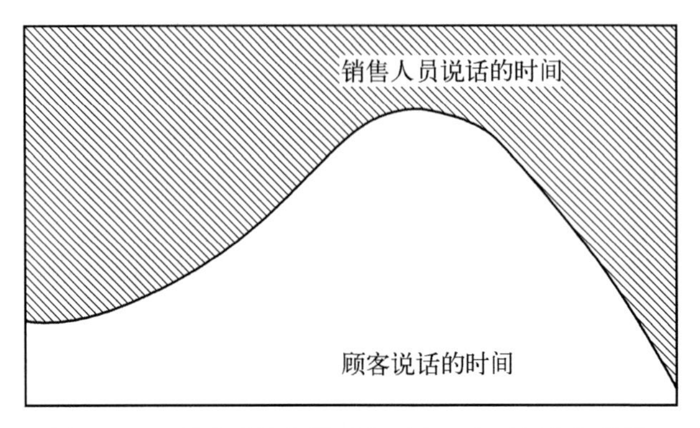

图2-3-1　程序式销售展示中买卖双方时间参与曲线

程序式销售展示方式这一名称的取得,是由于销售人员运用了注意力、兴趣、欲望和行动(AIDA)程序来制定和实施销售展示。程序式销售展示体现出很多优点:

(1) 能确保所有信息的展示具有逻辑性和条理性;

(2) 使得买卖双方能进行适当数量的互相交流;

(3) 能对预想到的问题和异议做出平稳的解决。

在采用平稳的交谈方式时,只要销售人员能正确确认出顾客的需求和欲望,程序式销售展示法就没有重大的缺陷。

(三) 满足需求式销售展示

满足需求式销售展示与记忆式销售展示和程序式销售展示都有所不同,它被认为是一种灵活的、互动的销售展示。满足需求式销售展示是最富有挑战性和创造性的销售展示形式。

销售人员通常通过提出一个探讨性问题来开始展示,对顾客的需求进行探讨,同时也给销售人员提供了一个机会确定哪种产品是有益的。当销售人员不明白顾客所说的内容时,可以通过询问或是复述购买者的话语等形式来阐述清楚。满足需求式销售展示特别适用于定制旅行产品销售。

通常一开始有50%～60%的交谈时间(特指需求开发阶段)用来讨论购买者的需求。一旦认识到了顾客的需求(需求认知阶段)后,销售人员开始通过重述对方的需求以阐明情况,来控制交谈过程。在展示的最后一个阶段,即需求满足阶段,销售人员要展示出产品将如何来满足相互需求。

(四) 销售展示方法的比较

表2-3-6阐明了三种不同销售展示方法的区别。

表2-3-6　各种销售访问类型的重要特征

特征	记忆式 （结构性）	程序式 （半结构性）	满足需求式 （非结构性）
使用场合	门店销售、电话销售	在线销售、顾客回购	定制产品销售
开场白	定式化	提及上次的情况	提出问题
面向的顾客	不做细分	相似需求的群体	散客
展示时间	数分钟	半小时	（几）天
双方互动	无	有一些	充分
需要多次沟通？	不要	偶尔	经常
展示的灵活性？	没有	适度	有
顾客是否有压力？	有	无	无

表2-3-7　每种销售展示方法的接触技巧

销售展示方法	接触技巧		
	陈述	演示	询问
记忆式（统一式）	√	√	√
程序式（说服型销售）	√	√	√
满足需求式			√

对接触技巧的选择依赖于销售人员所处的情况和销售展示计划所选择的三种销售展示方法之一。表2-3-7介绍了确定使用接触技巧的一种方式。在销售接触中，运用询问技巧对于三种展示方法都是可行的，而陈述技巧和演示技巧一般应用于记忆式或程序式销售展示中。因为满足需求式销售展示具有顾客主导的性质，所以总是在开场时就进行询问。

设计题2-3-1

设计顾客需求场景，模拟销售人员运用销售开场接触技巧和FABE法进行旅游产品销售，包括旅游线路、门票、机票和酒店。

要求　销售稿字数不得少于800字，具体的销售场景和销售形式不限。

设计题 2-3-2

运用SELL序列模拟销售旅游产品，并运用思维导图软件对销售词进行S、E、L、L内容的分析。

要求 销售稿字数不得少于800字，在销售稿后需要有SELL的具体分析内容。销售场景和销售形式不限。

设计题 2-3-3

运用说服性沟通技巧模拟销售旅游产品。

要求 销售稿字数不得少于800字，在销售稿后需要有运用技巧的说明，销售场景和销售形式不限。

任务掌握评价

1. 学生自评

要求在已完成和可以胜任的选项后打勾。

(1) 在完成实训作业的过程中使用了思维导图软件。 ( )

(2) 在完成实训作业的过程中查阅了其他资料。 ( )

(3) 能复述FABE、试探性成交的含义。 ( )

(4) 能从多个维度说出不同场景销售方法的特征。 ( )

(5) 能运用三种FABE语言组织方法销售旅游产品。 ( )

(6) 能运用SELL序列销售旅游产品。 ( )

(7) 能运用服务性沟通技巧销售旅游产品。 ( )

2. 老师评语

任务四　处理异议

对信息或销售人员的要求表示反对或进行抵触的行为被称为销售异议。销售异议暗示了潜在顾客的兴趣，同时有助于确定潜在顾客处于购买过程的哪一阶段——注意力、兴趣、欲望、确信或是准备成交。销售过程中异议会随时出现，本节主要学习如何识别顾客提出的异议并有策略性地解决异议。

通过学习达成以下目标。

知识目标：解释顾客异议的六种类型，并举例说明如何处理每种异议。

技能目标：能正确判断并处理顾客的异议。

素质目标：通过本节认识异议、分析异议和处理异议知识点的教学，培养学生遇到困难不退缩、坚持不懈的职业精神，提高学生判断问题、分析问题的能力。

确定潜在顾客对产品的态度，确认是否到了成交的时候，试探性成交会促使潜在顾客询问或者表示异议。销售人员应准备好采用下面四种方法的一种来进行回答。

(1) 如果在展示后对方立刻对试探性成交做出积极反应，这时可以进入成交阶段。

(2) 如果潜在顾客提出异议，要理解或弄清楚异议，然后做出反应，再用试探性成交法看一看你是否解决了异议。如果解决了，那就可以进入成交阶段。

(3) 如果对异议做出了反应并进行了试探性成交，仍没有消除异议，那就应回到你的展示，进一步讨论与异议相关的产品。

总之，销售人员需要有几种策略来处理异议。必须对具体情况进行具体分析。充分理解这些要点对于成功解决异议有极大的帮助作用。

一、主要异议

(一) 隐含类异议

隐含类异议是指潜在顾客问一些琐碎的不重要的问题或把自己的感情隐藏在沉默面纱后面。顾客不谈对某一产品的真实异议，他们可以与销售人员进行很好的交谈却不流露自己的真实想法。销售人员必须提出问题，并且仔细聆听，从中去了解问什么样的问题才能让潜在顾客暴露出他们对产品的真实异议。

在探查隐含类异议，与不愿谈论异议的顾客或自己也不清楚为什么不愿购买的潜在顾客打交道时，要准备好通过询问来探出异议。销售人员尽己所能把异议弄清楚。考虑如下这些问题。

（1）他想使你信服什么？

（2）什么使你那么说？

（3）让我们考虑一下这一点，假设我的产品能（具备潜在顾客需求的功能）……那么你将会考虑它，不是吗？

（4）请告诉我，你究竟有什么想法？

揭露隐含类异议并不总是一件容易的事。要仔细观察潜在顾客的语调、面部表情和举手投足，也要注意潜在顾客说的话。有时为了发现购买者的真正异议，销售人员必须领会顾客的言外之意。所有这些因素都有助于销售人员发现异议是真的还是仅仅是一种掩盖隐含类异议的借口。

潜在顾客可能自己也没意识到真正的异议是什么，有时他们声称产品的价格太高了。实际上，他们可能是不愿花钱购买任何东西。如果销售人员试图表明自己的价格很具竞争力，则真正的异议并没有得到处理，也就不可能有销售结果。记住，除非销售人员了解潜在顾客需要得到确信的东西，否则无法说服顾客去购买。

如果回答完所有表面问题之后，潜在顾客仍不购买，销售人员可以设法巧妙地发掘出隐含类异议，可以问潜在顾客真正的异议是什么。直接询问应该是万不得已时才能使用的手段，因为这可能间接等同于把潜在顾客当做说谎者。不过，如果谨慎地加以使用，可使销售人员发现潜在顾客的真正异议。探出隐含类异议是一门艺术，熟练的销售人员需要花很长时间才能掌握。它的成功运用能极大地提高销量。这种方法应该谨慎地运用，但如果它能让销售人员探出隐含类异议，那么也就达到了目的。

（二）拖延类异议

如果潜在顾客说“我会考虑考虑的”或者说“你下次来我再买吧”，这时销售人员必须断定这话的真假，是不是为了让销售人员走开而放的烟幕弹。

例2-4-1的内容摘录于一位经验丰富的消费品销售人员对不愿购买的零售购买者所进行的销售访问。开头是这样的，在展示一种新品牌牙膏时，购买者打断了销售人员的话。

例2-4-1　一位经验丰富的消费品销售人员对零售购买者进行销售访问

购买者：嗯，听起来不错，但我现在有了7个品牌的21种型号的牙膏。没地方放它们了。（假异议——烟幕。）

销售人员：假设有100个顾客从过道走过来，指明要买高露洁100型牙膏。你能腾出架子吗？

购买者：也许吧。但我要等到那个时候。（真实异议。）

销售人员：如果这是家理发店，而你没在外边摆放理发招牌，人们不会进来，因为不知道这是理发店，对吗？

购买者：可能是这样。

销售人员：这对高露洁100型是同样的道理。当人们看到它的时候，才会购买它。你也承认我们其他那些大做广告的产品为你赚得可观利润，对不对？（试探性成交。）

购买者：是的，是这样的。（肯定回答；重新进入销售序列。）

在例2-4-1中，销售人员通过逻辑类比消除了推延类异议。还有常见的拖延是托辞，即潜在顾客必须得到其他人的同意，比如老板、采购委员会、家人或总公司的批准。由于购买者对产品的态度影响着公司的购买决策，因此，有必要确定购买者对你的产品的态度。

如果购买者拖延说：“我必须征求老板的同意。”销售人员可以反问：“如果您有决策权，您就会前来购买，是吗？”如果回答是肯定的，那么购买者很有可能会对公司的购买决策产生积极的影响。如果不是这样，销售人员必须找出真正的异议。否则就不会达成交易。

应对“我得好好考虑”这种拖延的另一种回答是：“有哪些问题你必须考虑？”或直接针对潜在顾客的拖延说：“能把你确定不了的事告诉我吗？”

对“我得与老板谈谈”的另一种有效的回答是：“当然，你得那样做。你们要谈什么呢？”这使销售人员能与不情愿的潜在顾客取得一致意见。你现在站在购买者的一边了。这有助于鼓励购买者与你交谈并信任你。这种移情式的回答（“当然，你得那么做”）使你站在了对方的立场。

有时，潜在顾客并不回答问题。或者他们会回答：“呢，我只是需要了解一下。”销售人员可以紧接着问一个有多选答案的问题，比如：“你是想查明这个产品与竞争产品相比是否更好，或是要考虑融资问题？”这有助于显示对顾客真正关心的态度。

不管如何去回应异议，都要表现出积极乐观的态度。不要多问要求、处处设防或满怀敌意。否则，销售人员无声的语言会发出防御的信号，从而增强潜在顾客的防御心理。

处理拖延类异议的目标是帮助潜在顾客现实地考察现在是否购买的原因。关键要记住不要被假的异议或拖延所迷惑。对拖延要采取策略性方法，直到销售人员发现顾客对产品的真实感情。如果这不起作用，那么不妨：① 介绍现在使用你的产品的利益；② 如果有特价交易和附加服务，提出来。把任何一个销售利益或主要的销售利益都提出来，坚持推销！

拓展知识

如何应对推延类异议

（1）我得仔细想一想。

A. 趁这个问题在你头脑中刚形成，让我们现在仔细想一想。你还得了解哪些情况？

B. 我知道你需要更多时间去考虑。我很有兴趣想听一下你赞成购买或反对购买的原因。

C. 自从我们第一次见面后，你和我都在思考这个问题。你知道这是个绝好的机会，你喜欢这个产品，你又知道它能给你省钱。不是吗？（如果潜在顾客回答是）我们往下进行吧！

（2）我太忙。

我知道你很忙。什么时候我们可以拜访几分钟？（结束或添上一个会见你的好处。）

（3）我太忙。请与×××先谈一谈。

A. 他有权力批准购货吗？（如果潜在顾客说是）谢谢，我会告诉他是你让我来的。（如果潜在顾客说不是）那么，我为什么应该跟他谈呢？

B. 我们几乎从未与采购经理打过交道。这属于经理层的决定。我得与你谈谈。

（4）我计划等到明年秋天。

A. 为什么？

B. 一些我最要好的顾客曾那样说过。不过，他们购买后，就后悔当初的等待了。

C. 你答应今年秋天购买吗？（如果潜在顾客说是，那么）

a. 好，那我们今天订货吧，等到10月1日我把货送来。

b. 非常好！我会在9月或10月拜访你，到时我们再把这件事确定下来，好吧？

D. 那我现在安排把货送给你，等到秋天你再付款，怎么样？

（三）无需求类异议

无需求类异议就是潜在顾客对销售人员说不。无需求类异议应用得很广泛，因为它很有礼貌地把销售人员打发了。潜在顾客说："听起来不错。我确实对你所说的很喜欢，我也知道你的产品很好，可我现在不感兴趣。我们现有的产品（供货或商品）用得不错。我们要继续用它。"潜在顾客站起来表示结束这次会面，说："非常感谢你的来访。"这种异议会把一个没有防备的销售人员打得丢盔卸甲。无需求类异议强烈地暗示着销售访问该结束了。对于无需求类异议，销售人员要通过询问了解原因，尝试通过寻找顾客目前使用的产品和要销售产品的不同之处打动客户。

 **拓展知识**

如何应对无需求类异议

（1）我不感兴趣。

A. 可以告诉我原因吗？

B. 你是现在还是一直不感兴趣？

C. 如果我是你，我也不会感兴趣。但是，我知道当你听到了……你会感兴趣的。很令人激动，不是吗？（如果潜在顾客仍说不）那什么时间再谈更好呢？

D. 一些我最好的顾客刚开始也是那么说的，直到他们发现……（陈述利益。）

E. 你不感兴趣吗？不管我跟谁交谈，他都会对……很感兴趣的。（陈述利益。）

（2）我们现有的……仍很好。

A. 与什么相比很好呢？

B. 我理解你的感受。我的许多顾客在转买我的产品之前也是那么说的。但是，他们发现这个产品能够……（讨论现在产品或服务和你所推销的产品或服务的利益。）

C. 那正是你应该购买的原因——现在正是达成好交易的时候。

D. 什么使你不买了呢？

（3）我们很满意现在使用的产品。

A. 在哪些方面感到满意呢？

B. 你最喜欢现有产品的哪个方面呢？（然后与你的产品做一比较。）

C. 我理解你的感觉。我们通常因为没有机会（或者没有时间）与更好的东西相比较而满足于某物。我研究过你正在使用的产品。请允许我利用几分钟时间把它与我的产品比较一下，你看……（阐述利益。）

D. 我们的很多顾客在见到我的产品之前对他们已有产品都很满意。他们转变购买的原因有三……（阐述产品的三个好处。）

（四）价格类异议

价格类异议是顾客对产品价格提出的不满之处。包括几种经济方面的借口：我没钱、我没有那么多的钱、这太贵了或者产品价格太高了。

通常，潜在顾客在展示之前就想知道产品的价格，他们不想你去解释产品的利益如何胜过价格。价格确实是一个要考虑的因素而且也必须讨论，但是除非能把它与产品利益做比较，否则谈论产品价格是有风险的。即便成功推迟了对价格的讨论,你最终也还是要回到这个话题上,因为潜在顾客不会忘记价格。有些潜在顾客十分关心价格,甚至他们完全不去理会销售人员的展示直到再次涉及价格话题。另有一些潜在顾客会虚假地把价格作为对产品的主要异议提出来,从而隐藏了真实的异议。

当价钱问题被提出来时,通过观察非言语信号、询问、倾听以及积极回应,销售人员可以处理以价格为核心的异议。

许多销售人员认为提供最低价格能增加销售成功的机会。通常,情况并非如此。产品要考虑它的利益、优势和它的利益(顾客由此获得的满意度),当销售人员把这个观点告诉购买者时,价格就变成了通常能进行成功处理的次要因素。

不要害怕价格成为异议;要为之做好准备并挑战它。报上价格,坚持销售。通常情况下,正是那些没有经验的销售人员才常常把这种次要的异议夸张成主要异议。如果价格类异议成为主要的,潜在顾客可能会很激动,会对报价产生过度的反应。最终结果是失去这笔生意。如果潜在顾客反应过度,销售人员应该放慢谈话的进程,让潜在顾客把话说完,然后慢慢地介绍与价格相关的产品利益。

拓展知识

如何应对价格类异议

(1)你的价格太高。

A. 与什么相比?

B. 你觉得它应该花多少钱?

C. 我们可以马上降低价格,不过我们需要确定把一些选择从计划中砍掉。你真要那么做吗?

D. 我们的价格是比竞争产品高。可我们是物有所值(然后马上解释)。

E. 太高,有多高呢?

F. 如果能便宜些,你想要吗?

(2)我负担不起。

A. 为什么?

B. 如果我能提供一种让你能负担得起的办法,你会感兴趣吗?

C. 我真诚地感到如果不买这种产品你才会负担不起……的利益远远超过价格。对吗?

D. 如果不买这种产品,你才会负担不起!不买它的损失要比买它的代价更大。想想你可能失去的一切,你可能失去的生产力,由于没有最新的、最好的和最可靠的技术可能造成收入的损失,你会喜欢它的!你会想:要是没有它你该怎么办!让我们讨论一下你如何能买得起它,怎么样。

E. 你的意思是现在买不起还是永远买不起?

(3)给我10%的折扣,我今天就给你下订单。

A. 我一直报的是最优惠的价格。

B. 如果你给我一份订购10件产品的订单,我就给你10%的折扣。你想订购10件吗?

C.（潜在顾客的名字），我们给你生产的产品达到一定的质量和服务标准，而不是降一定的价格。我们可以生产价格低一些的产品，但我们的经验表明不值得那样做。这个经过验证的产品提供的是100%的满意——不是90%。

（4）你应该做得比那更好。

A. 为什么？

B. “更好”是什么意思？

C. 你指的是更长时间的服务担保吗？更低的价格？延期交货？请明确告诉我你想要什么？

（五）产品类异议

所有销售人员都会碰到与产品直接相关的产品类异议。并不是每个人都喜欢市场上的畅销货。有时，大多数购买者担心购买某种产品会带来风险——他们害怕产品不会像销售人员说的那样发挥作用，或者担心产品在使用时既不值得花时间也不值得花精力，或者担心它不值那个价钱。

拓展知识

如何处理产品类异议

（1）竞争者的产品更好。

A. 开玩笑！（表现出惊讶状。）

B. 哪方面更好呢？（让潜在顾客列举出他喜欢的那种产品的特性，然后指出你的产品具有相同的甚至更好的特性。）

C. 我很有兴趣听听你对这两种产品的公正的看法。

D. 你有机会看过他们的产品。你所看到的什么给你留下了较深的印象？

E. 你指的是质量、服务、特性还是使用5年后产品的价值？

（2）我们目前使用的机器仍然不错。

A. 我理解你的想法。许多我的顾客在转而购买我的产品之前也是那么说的。但是，他们发现新产品淘汰老产品的原因并不是旧产品很差，而是新产品更加有效率和生产能力。你想了解一下这些企业发现的情况吗？

B. 那就是你现在应该购买的原因。因为你现在的机器仍很不错，所以折价还很高。如果它出现了故障，折价也就下降了。卖掉还能工作的机器比等它慢慢丧失工作能力要实惠。

（3）我想买一个二手的。

A. 如果买个二手货，所冒的风险就很大。你买的可能是别人用过的，也有可能是被滥用的。你想为别人的错误付出代价吗？

B. 你可能每月节省几美元的付款费用，但你将必须支付大量的额外服务费、更多的修理费以及停工期的损失。你更愿意付哪个价钱呢？

C. 我的许多顾客在决定购买新产品之前也曾考虑过旧的产品。让我告诉你为什么他们会认为购买新设备是最好的决策。成本比较能说清这个问题。

D. 我知道你想要节省钱。我也喜欢节省钱。但是，在有些地方你必须划定最后界限。购买这方面的二手产品就像在自找麻烦。或许你应该考虑较小型号的起动器。至少，你不必担心它的可靠性。

（5）我不想冒险。

A. 你觉得这风险太大吗？我们很少听人那么说。你说的风险是什么意思？

B. 与什么相比"有风险"？

C. 我们怎么做才能让你感到更安全些呢？

D.（潜在顾客的名字），不买对你的风险更大。你要为你们工厂低下的生产能力付出多大的代价呢？

二、处理异议考虑的要点

不管潜在顾客提出哪种异议，在处理异议时通常必须考虑到几个要点，它们是：为异议做计划、预期并先发制人，立即处理所发生的异议，积极地应对异议，倾听并听完异议，理解异议。为了解决异议，销售人员应对每一要点做好计划。

（一）为异议做计划

计划好展示中可能出现的异议。不仅要考虑潜在顾客为什么购买，而且要考虑不买的原因。组织好展示使产品的劣势最小化，除非潜在顾客在谈话中提到不利因素，否则不要讨论这些事情。

完成每次销售访问后，回忆一下顾客提出的异议。把这些异议分为主要的和次要的。然后，制定消除这些异议的办法。事先对如何化解异议进行计划和预演，能够让销售人员以一种自然的和积极的方式做出反应。对销售访问进行计划和回顾能预测异议并对此预先采取行动。

（二）预期并先发制人

对异议先发制人就是指在潜在顾客提出异议之前销售人员就对它进行讨论。在异议出现之前就采取行动或是进行讨论是较好的方法。通过设计销售展示，可以直接对预期的异议进行处理。

以一名室外用漆制造商的销售人员为例。他得知一个无视职业道德的竞争者告诉零售商，说他的油漆6个月之后就开始碎裂剥落。意识到这种困境，这个销售人员就制作了一个展示，说："3家独立检测实验室的检测结果表明：这种油漆在使用了8年后既不会碎裂也不会剥落。"在异议出现之前，这位销售人员通过证据陈述就预先采取了行动或做出了回应。这种方法也可以避免带着消极的情绪开展买卖双方的谈话。

另一种对异议进行先发制人的方法就是在潜在顾客提出异议之前，先谈产品的不足之处。

另一方面，持有异议的顾客会认为有必要为自己的异议进行辩解。第三种对异议进行先发制人的方法就是先自夸一下，把它变成销售利益。销售人员可以这么说："在我们继续进行之前，我想提一些重要的事。我们报出的这一个高价格是因为我们的新型计算机化电子仪器提供的技术是其他设备不具备的。它将改进你的操作，并且消除你现在承担的昂贵的修理费用。过一会儿，我将详细讨论你们的投资情况。首先让我们谈一下我们所能提供的改进。看看这个。"

这样的处理就把价格异议中的刺拔了出去，因为你已经对它做了讨论。这样，购买者也就很难回头再说“太贵了”，有时你是可以预期异议并把它们化为优势的。

（三）立即处理所发生的异议

如果出现的异议销售人员要在后面的展示中涉及，或者要逐步涉及这一点，不妨暂时略过去。然而，最好是当异议出现时，立即给予解决，因为推迟回应可能会带来消极的影响或者导致如下反应：

（1）潜在顾客有可能不再倾听，除非你谈到异议。

（2）潜在顾客可能觉得你试图掩饰什么。

（3）你也感到这是个棘手的问题。

（4）你不回答是因为你不知道如何回答，或者不知道如何处理这个异议。

（5）也许会给人一种感觉：好像你对潜在顾客的观点不感兴趣。

异议是做成销售前的最后一关。因此，解决异议，确定是否已让潜在顾客满意，再通过试探性成交去发现其他异议，如果没有其他异议了，就可以进行销售成交了。

（四）积极地应对异议

在回应异议时，使用积极的肢体语言，比如微笑。尽量用让潜在顾客保持友好和积极情绪的方式来应对异议。不要把异议当成是针对你个人的。绝不要用敌视的态度对待异议。对待顾客的观点应抱以尊敬、真诚及感兴趣的态度，以从容的姿态来应对。潜在顾客可能会根据错误的信息提出异议，要有礼貌地否定错误的异议。

（五）倾听并听完异议

许多销售人员会在对方话还没说完时就抢过关于异议的话题。潜在顾客才说了几个字，销售人员就已经开始苦心解释，仿佛如果不把异议扼杀在摇篮里，它就会变得难以收拾。“我得证明他是错的，否则他不会买我的产品”，这是在出现异议迹象时所产生的最初的恐慌反应。

由于话题被打断，潜在顾客不仅会生气，也会有被压迫和不安的感觉。他会想：“他为什么如此迅速和如此卖力地转移到那个话题上？我觉得可疑。”假如顾客往北走，而你却往南跑，你回答的不是他提出的异议或者是他根本没想到的新异议，那会是什么样子？

（六）理解异议

当顾客提出异议时，他们会要求提供更多的信息，或设定条件，或者提出真正的异议。

很多情况下，当潜在顾客需要更多信息时，他们很可能提出异议，这就是要倾听的重要原因。如果潜在顾客要求得到更多的信息，很可能他们正处于确信阶段。你已经成功激起了顾客的购买欲望；他们想买产品，但不能确信你或你的产品是最合适的。如果你觉得情况可能就是这样，那么就应该间接地提供他所需要的信息。

有时，潜在顾客会提出异议并使异议成为一种销售条件。他们会说：“如果你能满足我的要求，我就购买。”或者“满足某些特定条件后，我将会购买你的产品。”如果你意识到异议是成交的条件，要迅速确定你是否能帮助潜在顾客满足条件。若不能，那就应当礼貌地结束。

潜在顾客提出的条件可以通过买卖双方之间的谈判来加以克服。谈判指的是买卖双方达成彼此满意的协议。如果你能确定这种说法是条件而不是异议，那么通过谈判、进一步的磋商以及双方的最终让步，是可以达成交易的。

通过分类进一步理解异议。异议可分为两大类。

一种叫做无望的异议。无望的异议是无法解决的或无法回答的异议。如果你的潜在顾客不购买，也没提出条件，异议也不是无望的，这时如果你还没促成交易，那么问题就在你了，因为你没能提供信息来表达你的产品是适合顾客需求的。

第二种异议是能够回应的，称为真实的异议，它又分为两种：主要的异议和次要的异议。一旦断定潜在顾客提出的是真实的异议，就要确定它的重要性。如果重要性程度不高或根本不重要，快速提及一下后，应马上回到销售展示中去。不要回答得太长，也不要把次要的异议当做主要的异议来处理。次要的异议通常是顾客并不重要的防御反应。要将重点放在与潜在顾客的重要购买动机直接相关的异议上。

异议有重要与次要之分，在实质上，异议可能是实际的异议（显性的）或是心理上的异议（隐形的）。

真正的异议是有形的，比如价格高。如果高价格是真正的异议，而且潜在顾客也这么说，那么你可以指出你的产品是优质的，是值这个价格的，或者你可以建议去掉一些可有可无的特性并降低价格。只要潜在顾客清楚地阐述了对购买你的产品的真正异议，那么你就应当做出解答。

然而，潜在顾客并不总是能很清楚地阐述他们的异议。相反，他们常常找一些托词来表示不准备购买，这些托词隐含的是真正的异议。通常，潜在顾客在隐含的异议被纠正之前是不可能购买产品的。你必须发掘潜在顾客的隐含异议并且消除这些异议。

三、处理异议的技巧

一旦完全理解了异议，销售人员就要准备应对潜在顾客了。如何应对取决于异议。每年，销售人员会听到数百个异议。潜在顾客会以不同的方式对不同的事物提出异议。

揭示了所有的异议之后，销售人员必须尽可能地给潜在顾客以满意的回应。自然地，在不同的情况下需要用不同的技巧，具体有：规避异议、封杀异议、以询问来重述异议、拖延回答异议、化异议为利益、就异议进行询问、直接否定异议、间接否定异议。

（一）规避异议

顾客说："我认为你的价格有点高。"销售人员回答："在你决定购买之前，让我告诉你这个产品固有的价值。"这种回答被称为规避异议，因为销售人员既没否认和回答，也没忽略异议，仅仅是暂时规避一下。

注意这个句子是如何用积极的方式进行组织的，"在你决定购买之前……"这种积极的沟通技巧现在能有效地使卖方平稳地过渡到对顾客做出恰当的回应。沉着自然地做到这一点是一种非常职业化的技巧。

规避作为处理异议的第一种技巧，既可以单独应用它，也可以与其他技巧结合使用，例如封杀异议、以询问来重述异议、拖延回答异议、化异议为利益或让第三方应对异议等方式。

（二）封杀异议

销售人员会碰到潜在顾客提出异议或说了一些无法应对的话。例如，做完自我介绍后，潜在顾客可能说："我的确对你这样的服务不感兴趣。"

销售人员上门拜访客户时，可以说："哦，如果你感兴趣，这儿有我的名片。请到时打电话给我。"在电话销售、直播销售和门店销售中，优秀销售人员使用封杀异议，说一些可以让销售人员进入产品展示的语句。例如，立刻运用顾客利益方法或简单地问"为什么"。

随着销售人员经验的不断积累，在何时应该封杀异议、何时应该停下来回应异议方面会信心倍增。如果封杀了某一异议而潜在顾客又再次提出，那么就要把异议当做重要的异议对待，需要运用询问技巧去发掘潜在顾客所关注的事情。

（三）以询问来重述异议

由于回答问题比消除异议要容易，销售人员可以用询问形式来重述异议。绝大多数的异议都能重新陈述。除了潜在顾客基于以前对产品的不愉快经历所提出的异议之外，每个过程的前三步都是相同的：承认潜在顾客的看法；以询问来重述异议；对问题达成一致意见。

例2-4-2 用询问形式来重述异议

购买者：你的价格比你的竞争者的价格高。

销售人员：我对此可以理解。你是想知道我们产品具有什么样的特殊利益使价格能够略高（或者，你想说的是花钱要买到最好的产品），对吗？

购买者：对。

接下来，就产品利益和价格进行讨论。讨论完之后，通过询问潜在顾客的意见，进行试探性成交以便确定你是否已经克服了异议。

销售人员：你明白该产品的利益是怎样让它值这么高的价格了吧？（试探性成交。）

以上对话是销售培训顾问布鲁斯·斯嘉盖尔（Bruce Scagel）的“感受—同感—发现”（Feel-Felt-Found）方法，即先承认潜在顾客的观点，说：“约翰，我知道你感觉如何。我们的客户比尔也曾有同感，但仔细研究我们的产品和服务的整体方案后，他发现能通过现在购买而获益。”

斯嘉盖尔把他的将异议重述成问题的做法称为“隔离—获得承诺”（Isolate and Gain Commitment）法。

他举了个例子：“根据我的理解，你对我们方案的唯一异议是……

如果我能够解决这个问题，我认为你会准备接受我们的方案。”

从例2-4-2中可以看出：销售人员知道自己能解决这个问题，否则就不会这么提问。如果顾客回答“是”，说明销售人员已经隔离了主要问题，他没在处理异议，而是在回答问题。他现在向购买者表明如何克服困难，然后继续销售。如果顾客回答“不是”，说明销售人员还没有隔离主要异议，必须重新开始找出购买者的异议。可能会说：“噢，我想我领会错了。这个问题究竟是什么呢？”现在，如果顾客回答了，这通常将会成为一个问题，“哦，问题是……”让顾客参与进来，弄清楚内心想的是什么。

（四）拖延回答异议

潜在顾客会提前问一些在后面的展示中销售人员将提到的内容。如果你判断用习惯方法处理异议能使潜在顾客满意，而且对方也愿意等到展示的后面部分，那么你可以礼貌地运用拖延回答异议法。这里给出了五个拖延回答异议的例子。

例2-4-3

潜在顾客：你的价格太高。

销售人员：等一会儿，通过计算对照现在的情况你将可以节省开支，我会向你说明为什么这个产品定价是合理的。你所感兴趣的就是尽可能压缩成本，对吗？（试探性成交。）

例2-4-4

销售人员：嗯，听起来总价有些高。待我们了解了你需要的型号后，再考虑最后的价格，好吗？（试探性成交。）

例2-4-5

销售人员：我们有几种帮您降低成本的方法。如果没什么问题，一会儿我们就进行讨论。（停顿。这与试探性成交具有相同作用。如果没有反应，就继续。）首先，我想向你介绍……

例2-4-6

销售人员：我很高兴你提出这个问题（或者也可以说：我希望你想了解这个问题。）因为过一会儿我们就要详细研究成本问题。好吗？（试探性成交。）

例2-4-7

销售人员：高？为什么？一会儿我就演示给你看为什么这是市场上最合算的产品。事实上，我敢打赌，你肯定会相信这对你们公司来说是一笔好生意。是这样吗？（试探性成交。）

如果运用得体，拖延方法能让销售人员控制展示。一般情况下，要马上回答异议。但有些时候，最好先不做出回答。如果尚未得到机会来讨论产品的利益，那么价格就成为需要被推迟回答的主要异议。若已经充分介绍了产品，那可以立刻回答价格类异议。

（五）化异议为利益

随时准备好将异议转变为购买的理由。通过让潜在顾客确信异议其实就是利益，就是化异议为利益的核心。

例2-4-8　药品批发销售人员正在向一个药剂师销售一新款的处方药药盒。潜在顾客边摆弄着药盒，边说：看起来很漂亮，可我不喜欢它们及其他药盒。看起来要打开盒盖会很费劲。

销售人员：是的，很难打开。我们这样设计是为了不让小孩很容易地接触到药。这难道不是个很好的安全措施吗？（试探性成交。）

另一个例子是一名工业产品销售人员在回答潜在顾客关于高价格的异议时说："那正是你要购买它的原因。"潜在顾客放松了戒备追问道："什么意思？""哦，"销售人员说："仅仅贵10%，你就可以买到实际上想要而且需要的那种设备。可靠、安全且操作简便。你的产量会增加，这样你很快就能收回价格差额。"于是潜在顾客说："嗯，我真没那样想过。我猜最终我会买的。"

化异议为利益的实施需要有适当的时机和灵敏的思维。在某一具体领域的经验，了解潜在顾客的需求，积极乐观及愿意承担异议的态度，这些都是成功地化异议为利益的必备条件。

（六）就异议进行询问

机智地询问能在多方面给潜在顾客留下印象。技术性询问向潜在顾客表明销售人员是内行。有关潜在顾客具体业务的询问表现出销售人员更关心潜在顾客的需求，而不只是促成交易。

最后，提机智问题的销售人员，不管他们对产品、潜在顾客的业务以及具体情况了解多少，总能赢得对方的敬重。那些能够在适当的时机提出恰当问题的销售专家会给购买者留下深刻的印象。

例2-4-9　询问的例子

潜在顾客：这套房子没有昨天我们看的另外一套好。

销售人员：能告诉我具体情况吗？

或

潜在顾客：这个产品没有(某个特性)。

销售人员：如果有(特性)，你会感兴趣吗？

例2-4-10使用了一种出色的询问技巧来查探异议是不是烟幕，是主要的异议还是次要的异议，是实际的异议还是心理的异议。如果潜在顾客说不，你就知道这个特性是不重要的。

例2-4-10 出色的询问技巧

潜在顾客：你的价格有些高了。

销售人员：你做决定是基于价格还是看重品质呢？

如果潜在顾客说"价格"，你要向他表明商品的品质如何比价格更重要。如果决定取决于产品，那么你就已经消除了价格类异议。

拓展知识

讨论价格时要用正面表达

所有顾客对报价都非常敏感。下边列出了在商业建议阶段处理价格问题时常常采用的正面表达和负面表达。

负面表达	正面表达
(1) 这个要价2 300	(1) 这个只要2 300
(2) 你应付的最低金额是……	(2) 你的首批投资……
(3) 你的月付款……	(3) 你的月投资……
(4) 你可以在几个月内付清货款。	(4) 我们很乐意把这批投资分成小额按月支付。
(5) 你想每个月支付多少？	(5) 你觉得月投资多少比较合适？
(6) 我们向你索要的是比最优利率多两个百分点的利率。	(6) 你付的利率只比最优利率高两个百分点。
(7) 我们出6 700，折价购买你的旧车。	(7) 我们出价6 700美元购买你现有的型号。

顾客会因各种原因提出异议。有时，销售人员都会感觉到顾客不想购买。随着销售经验的积累，销售人员容易从顾客的面部表情或是说话语调进行判断。一旦发生这种情况，应迅速弄清楚为什么顾客不想购买。

如果销售人员已经完成了展示想继续促成销售，却发现顾客不愿进行进一步的交谈了。遇到这种情形可考虑使用克服异议的五问序列。

首先，抛出问题1："一定有某种充分的理由使你目前犹豫不决。我想问一下是什么原因，可以吗？"

当对方说明了原因或者异议，马上要追加一个问题来二次核实这个异议，可提出问题2："除此以外，还有别的原因让你犹豫不决吗？"购买者也许会说出不想买的真正原因，也许他又说了开始的异议。不管顾客说什么，你已经创造了购买的条件。

接着，使用问题3——假设性的问题："假设你能使自己确信……那么你会购买吗？"如果回答是肯定的,讨论一下你如何做顾客所需要的事。

如果你得到的是否定的回答,接着使用问题4:“那么一定还有其他原因。我可以问一下是什么吗?”再次使用问题3提问。然后问:“假设你能使自己确信……那么你会购买吗?”

如果你得到的又是一个否定回答,则使用问题5:“什么才能让你信服呢?”

例2-4-11　怎样让消费者信服

销售人员:我们是这周还是下周将完善后的贵公司年会策划方案给您汇报下?

顾客:下次再来吧。我想应该好好考虑一下。

销售人员:您看,您现在犹豫不决一定是有原因的。可以问一下是什么原因吗?(问题1)

顾客:报价挺高的。

销售人员:哦,我明白您是想有效果地用钱。除了钱之外,还有别的原因让您犹豫不决吗?(问题2)

顾客:没了。

销售人员:如果您能让自己确信这场年会会超出您的预期,这样您会购买吗?(问题3)

顾客:是的,我会购买。

现在,再回到销售中对预期效果和费用包含等内容进行讨论。你已经从第一个异议过渡到了二次核实问题。(“除了钱之外,还有别的让您犹豫不决的原因吗?”)然后,你用了假设提问法。你找到了交易条件,即预期的效果。接着你使用确信提问。购买者做了肯定的回答,因此,你可以继续销售。现在,让我们来角色演练一下当顾客做否定回答时的情况。

(你还是销售人员。)

顾客:不,我还是不想购买!

销售人员:那么您现在还犹豫不决一定有其他的原因。可以问一下是什么原因吗?(问题4)

顾客:我想年会的这笔费用我可以用来培训员工。

销售人员:哦,还有其他原因吗?(问题2)

顾客:实际上没有了。

销售人员:假如你能确信举办一场年会既能鼓舞员工士气,也能让员工相互交流,达到培训的目的。那么您愿意拿出这笔钱吗?(问题3)

顾客:我不能肯定。(又一个潜在的否定回答。)

销售人员:费用和培训对您都很重要,对吗?

顾客:是的。

销售人员:我怎样做才能让您确信我们策划的年会既省钱又能达到培训的目的?(问题5)

作为销售人员应该控制住局势,当遇到异议时,它其实在告诉销售人员必须做哪些事才能促成销售。

(七)直接否定异议

有时,销售人员面对的是不正确的或者是不完整的异议。这种情况下应先了解潜在顾客的观点,然后提供完整正确的事实依据对问题做出回应。

潜在顾客:不,我不会为我们商店购买任何你的割草机。BW公司的销售人员说你们的割草机几个月后就会出现故障。

销售人员：我能够理解。没人会购买常出毛病的割草机。这是你不买的唯一理由吗？

潜在顾客：是的，那就足够了！

销售人员：恐怕BW的销售人员并不了解实际情况。我们生产的割草机是这个行业中最优质的。事实上，我们对自己产品的质量非常有把握，并对所有零部件和它的运行情况提供三年的担保。（停顿。）

潜在顾客：我不知道是那样的。（积极的购买信号。）

销售人员：你有兴趣把我们这样优质的割草机卖给顾客吗？（试探性成交。）

潜在顾客：是的。（你好像已经克服了异议。）

销售人员：我想卖给你100台。如果有一台出现了故障，请通知我，我会过来修理。（成交。）

通过这个例子可以看到，销售人员没有讲“哦，你怎么那样，怎么可以那么说呢？”。在运用直接否定异议时，讲策略是至关重要的。讽刺的或傲慢的回答会疏远潜在顾客。

直接否定顾客，顾客再考虑的可能性几乎没有。销售人员要表示出理解、赞同顾客的担忧，进一步解释来纠正顾客的看法。基于事实、逻辑和礼貌而进行的直接否定异议能够有效地克服异议。

课堂练习题

1. 当顾客不接受你的产品时，就会出现异议。在下列各种情况中，顾客都对产品有异议：

（1）顾客以为她必须购买整套书，而实际上零散购买也是允许的；

（2）顾客不喜欢这种颜色，而你的产品只有这种颜色；

（3）顾客不想投资买一套新书，因为她不愿损失她那套旧书的钱。你也没有告诉她你们在进行以旧换新的销售活动。

在上述情况中，哪些异议是因为顾客的误解或缺乏了解而发生的？在哪些情况下产品没能带来顾客认为重要的利益？

2. 当听到顾客回答“我想好好考虑一下”后，下面的反应中哪个是最好的？为什么？

（1）列出现在使用此产品的所有利益；

（2）如果延期购买会遭受损失，那么现在就提出来；

（3）如果有特价销售，那么现在就提出来；

（4）上边任何一个都不合适；

（5）根据情况，前三个合适。

3. 你的一位顾客玛丽把你介绍给她的一位朋友，此人需要你们公司的展架产品，用于存货仓库。玛丽最近买了你的重型L型展架很满意。

她说：“这笔交易对你是很容易的。我朋友确实需要展架，我把你的产品介绍给了他。”你给她朋友做的展示进展得也很顺利。这位顾客问了许多问题，看起来好像准备购买。就在你提出订货要求时，他说：“你的产品似乎正是我所需要的。我得详细考虑一下。你下周打电话给我好吗？”请判断异议是哪种类型？你将采取下边的哪种行动？为什么？

（1）听从建议下周打电话；

（2）继续展示并要求订货；

（3）询问推迟的原因。

4. 你对M建筑设备公司的第四次访问，目的是让该公司把你的居民建筑设备卖给当地的建筑商。购买者张先生的表现充分说明他喜欢你的产品。

在访问中，张先生再次表示对你产品的喜爱，同时想结束会面，他说："我们愿意两个月后与你做生意——正好在淡季结束时。你那时候再来，我们向你订货。"这时你将采取下面哪一步骤？为什么？

(1) 如提议的那样两个月后回访订货；

(2) 尽量现在得到肯定的承诺或订单；

(3) 半个月后给张打电话(而不做私人访问)，尽力得到订单。

实训活动设计

3～5位同学为一组，每位同学准备一条模拟销售的旅游线路，由其他同学对这条旅游线路提出异议。模拟销售人员的同学分析异议的类型并说明如何应对异议。

任务掌握评价

1. 学生自评

要求在已完成和可以胜任的选项后打勾。

(1) 在完成实训作业的过程中能快速记录异议。　(　　)

(2) 在完成实训作业的过程中能运用处理异议的技巧自如地回答异议。　(　　)

(3) 能复述异议的主要类型。　(　　)

(4) 能复述处理异议考虑的要点。　(　　)

2. 老师评语

任务五 成交订单

订单成交是销售展示最后一步，本节主要讲述成功成交的要点。
通过学习达成以下目标。

知识目标：可以准确识别购买信号，理解常用的几种成交技巧。
技能目标：能在销售旅游产品的过程中，识别沟通信号、运用成交技巧以加快订单成交。
素质目标：通过本节的教学，培养学生的观察能力与判断力。

一、识别购买信号

当潜在顾客通过购买心理过程的每一阶段并准备购买时，他们通常会向你发出信号。购买信号指的是潜在顾客所说的或所做的，暗示其打算购买的任何事情。购买信号暗示潜在顾客已处于购买心理过程的确信阶段。潜在顾客示意准备购买，会询问：

“多少钱？”“我最早在什么时候能收到？”“你们服务和产品退货政策是什么？”

如表2-5-1所示，有时销售人员可以用另一问题来回应购买信号问题。这有助于确定潜在顾客的想法和需求。如果得到肯定的回答，则说明潜在顾客正表现出较高的兴趣水平，快要接近成交了。

表2-5-1 用一个问题来回应潜在顾客购买信号问题

顾 客 提 问	销售人员回应
你的价格是多少？	要多少数量？
你能提供怎样的成交条件？	你想要怎样的成交条件？
你什么时候能够交货？	你想什么时候交货？
我该购买多大的复印机？	你需要多大的？
现在和下个月下订单都能获得这种优惠价格吗？	你想要分批装运吗？
你带来了8吋，12吋，36吋和54吋的管子吗？	这些型号是你们通常使用的吗？
我必须下多大的订单才可获得你最优惠的价格呢？	你想要订多大的呢？
6400型产品有现货吗？	那个是你最喜欢的吗？

顾客可能在进行销售展示之前或之中的任何时候发出口头的或非口头的购买信号。对购买信号的准确捕捉能促进销售人员做试探性成交。在开始试探性成交时，总结一下潜在顾客看中的卖点。如果接到对试探性成交的肯定回答，就可以进行成交，完成销售。如果回答是否定的，那必须返回到展示，或者重新来确定异议。在绝大多数情况下，成功的试探性成交会节约双方的时间，而受挫的试探性成交也能帮助销售人员对销售形势做一个评估。

二、成交技巧

销售人员需要花费时间，通过细致地观察、恰当地提问以及最为重要的——认真地倾听，以此来确定潜在顾客的需求。出色的销售人员不会在潜在顾客第一次说“不”时就停下来的。如果顾客说“不”，就要确定异议的性质，然后返回到展示中。在讨论完与克服异议相关的信息后，做一次试探性成交来确定是否已经克服了异议，以及是否还有其他异议。如果顾客还有抵触情绪，销售人员依然要保持积极乐观的态度，牢记每次试图成交时，都是在帮助潜在顾客做出决定。

在成交的过程中，销售人员有时保持适当的沉默也很重要。保持沉默的时间一般控制在30秒以内。在沉默的时间里，既不要说话，也不要做使人分心的动作；仅仅做些表示肯定的不出声的示意动作。否则，达成交易的可能性就会下降。在这段时间里，销售人员要在头脑中准备好如何应对潜在顾客的反应。这听起来很简单，但事实并非如此，这需要根据对方对成交信号的反应来做出回应。要不断地进行这样的练习：提请成交，保持沉默30秒，然后回答。如此这般可以培养提请成交的技巧和勇气。

成功的销售人员在一次销售展示过程中通常会发起至少3次成交提请，即使3—5次妥当的成交提请也很正常，并不会触怒潜在顾客。在一次销售访问中设法数次提请成交也是对销售人员创造性地发挥智慧、魅力和个性的挑战。

为了成功地达成更多的交易，销售人员必须确定潜在顾客的境况，了解潜在顾客对产品销售展示的态度，并要根据潜在顾客的情况从若干技巧中快速选出一种成交技巧。例如，假设你把潜在顾客视为一个自视甚高的人，那么你可以运用称赞式成交技巧。成功的销售人员能使一个计划好的展示适合于可能面对的潜在顾客和情况。

以下介绍几种常见的成交技巧。

（一）选择式成交技巧

选择式成交技巧是随着沃尔格林（Walgreen）医药公司以优惠价销售800打鸡蛋的故事的传播而在20世纪30年代流行起来的。当时，一位名叫埃尔默・惠勒的销售培训员建议沃尔格林公司的销售人员，当顾客在沃尔格林喷泉旁边购买麦乳精时，你可以问：“你要一个鸡蛋还是两个？”许多顾客甚至从未想过里还可以在麦乳精里添加鸡蛋来增加口感。现在，他们面临的选择是买多少个鸡蛋——而不是要不要购买鸡蛋。一个星期之内，800打鸡蛋都被卖出去了，商家获利颇丰。

例2-5-1　选择式成交技巧（一）

（1）你会选择一条还是两条领带来配你的西服？

（2）你是偏好施乐6200型还是6400型复印机？

（3）你是喜欢香港四日贵族之旅还是香港迪士尼四日游纯玩团？

正如你所看到的，选择式成交技巧不是让潜在顾客选择买还是不买，而是问想买哪个或是想买多少。选择式成交技巧所蕴含的意思是:“你准备购买,因此让我们就你要买的产品确定一下细节吧。”选择式成交技巧不包括“什么都不买”这样的选项。

例2-5-2 选择性成交技巧(二)

销售人员问:“你是喜欢香港四日贵族之旅还是香港迪士尼四日游纯玩团?”这个问题包含三层假设:假定顾客有购买其中一种旅游线路的欲望;假定顾客将会购买;假定顾客有偏好。如果顾客偏爱香港四日贵族之旅,你就知道潜在顾客正准备购买,这样,你就可以开始成交了。如果顾客说“我拿不准主意”,则表明他仍处于具有购买欲望阶段,因此你应该继续讨论每种产品的利益。不过,你有时会发现顾客两者都喜欢。如果潜在顾客显得犹豫不决,你可以问:“您还有什么拿不准的吗?”这样问的目的是要弄清楚潜在顾客无法选择的原因。

如果使用正确,选择式成交技巧是一种有效的成交方法。它提供的是两个事物中任选其一,而不是在“有”和“没有”中进行选择。通过提供一种选择,你可能得到一个“是”的决定,或者发现异议,如果能成功地处理好,就向成交又近了一步。

(二)假定式成交技巧

利用假定式成交技巧时,销售人员假定潜在顾客将会进行购买。销售人员可以这样说:“我今晚把你的订单送过去”或者“明天我把这批货运给你”。如果潜在顾客什么也没说,那么可以假定订货提议已经被接受了。

在很多时候,销售人员在对顾客做了长时间的销售访问后,可以填好表格并把它递给顾客,说“这是我将要发给你的货”或者“我认为这个月你需要这批货”。许多销售人员赢得了顾客的极大信任,以至于可以替他们订货。在这种情况下,假定式成交技巧尤其奏效。

(三)称赞式成交技巧

每个人都喜欢得到称赞。当与一个自誉为专家、自视甚高或脾气较坏的潜在顾客交谈时,称赞式成交技巧特别有效。那些准专家和自负的潜在顾客对自己的观点很看重。通过称赞他们,他们就会倾听并对你的展示表示赞同。自尊心不强或感到很难做决定的潜在顾客也会对称赞做出欣喜的反应。

所有的购买者都会感谢你认识到他们的优点。诚信的商人为自己凭良心做生意而感到骄傲;走进服装零售店的顾客以自己的仪表而自豪;考虑购买人寿保险的人为照顾自己家人而感到荣耀。因此,如果想达成交易,记得提一些能使潜在顾客感到开心的事来称赞他们。记住,一定要真诚地称赞。无论你认为人们多么信任你,几乎任何人都会觉察到赞美中的不真诚。

(四)利益概括式成交技巧

利益概括式成交技巧也是一种极其流行的方法,即在销售展示中,要记住让潜在顾客感兴趣的产品的主要特性、优势和利益,并在成交过程中运用它们。应从正面的角度来概括这些利益以使潜在顾客能同意你的说法;然后再提议成交。

例2-5-3 对潜在顾客采用利益概括式成交技巧

假定潜在顾客在你做销售展示时表示满意你的利润率、交货进度和付款条件。

销售人员:史蒂芬森小姐,听说您对我们提供的利润率、快速交货和信用政策还比较满意,是吗?(总结,然后做试探性成交。)

潜在顾客:是的,我觉得很不错。

销售人员：根据贵店铺的顾客数量、按正常营业额推算的我们产品的预期销量以及我们的销售计划，我建议你购买（说出产品和它们的数量）。这可以让你在未来两个月满足你的顾客的需求，同时也可以给你带来期望的产品利润。下个星期早些时候我就能把货给您送过去。（现在等待回答。）

销售人员可以很容易地在利益概括式成交技巧中采用FAB陈述和SELL序列。真空吸尘器销售人员可以这样说："正如我们已经讨论的那样，这种真空吸尘器的高速发动机（特性）能将工作速度提高一倍（优势）并且更加省力（优势），给你节省15—30分钟的清洁时间（利益），并减少推动沉重机器的麻烦（利益中的利益）。是吗？（试探性成交。若得到肯定回答，就说）12台够吗？"

空调销售人员可以这样说："这种空调具有高能效率（特性），会给你节省10%的能源费用，因为它耗电少（优势）。你觉得怎么样？（试探性成交。得到的回答若是肯定的，就说）你是想要我们这周送货还是下周送货呢？"

在要求订货时，利益概括式成交技巧可能是采用最普遍的技巧。利益概括式成交技巧的三个基本步骤组成：确定在展示中能使潜在顾客感兴趣的产品的主要利益；概括这些利益；提出建议。当需要一种简单且直接的成交技巧而不是针对个别潜在顾客的性格进行成交时，利益概括式成交技巧很有用。

（五）连连称是式成交技巧

连连称是式成交技巧与利益概括式成交技巧相仿。不过，销售人员提出的是一系列潜在顾客必须回答的有关利益的问题而不是对产品利益进行总结。

例2-5-4 "连连称是"的销售成交技巧

销售人员：史小姐，你说过你喜欢我们的优质产品，对吗？

潜在顾客：嗯，是的。

销售人员：你还喜欢我们的快速交货？

潜在顾客：是的，我很喜欢。

销售人员：你也喜欢我们提供的利润率和付款条件？

潜在顾客：是这样的。

销售人员：史小姐，我们的优质产品、快速交货、利润率和良好的付款条件都将给你带来相当丰厚的利润，而且来你商店的顾客数量如此之多（销售人员就像在利益概括式成交技巧中所做的那样来完成交易）。

在这个连连称是式成交技巧的例子中，销售人员识别出潜在顾客喜欢的四个产品利益：产品的质量、快速交货、利润率、优惠的付款条件。展示后，使用了三个问题，给潜在顾客以机会来承认她对每个产品的利益都留下了深刻的印象。通过列举这些肯定的问题，销售人员促使潜在顾客不断地说："是的，我喜欢那个利益。"潜在顾客已把自己置于积极的精神状态。她对产品的积极态度使她在被要求购买时有可能一直说"是"。

（六）次要点式成交技巧

比起要顾客做出"买"还是"不买"这样的重要决定，有时让他们对产品的几个次要点做出让步会更容易些。对一些购买者来说，做重大决定通常是很困难的。通过让潜在顾客对产品的次要点做出决定，就可以巧妙地引导他们做出购买决定。

次要点式成交技巧与选择式成交技巧相似。两种方法都包括让买主在两种选择中选择一种。选择式成交技巧让潜在顾客在两个产品中选一个,它对有些人来说意味着高风险,可能宁愿不做选择。然而,次要点式成交技巧是让潜在顾客通常就一种产品的次要点或低成本因素做出低风险的决定,如交货日期、最优特性、颜色、尺寸、付款条件或订货数量。

这种成交法广泛地应用于当潜在顾客做决定有困难或者他们没有心情购买的时候。把它作为辅助成交技巧也很有效。比如说,如果潜在顾客因为很难决定买还是不买而对第一次成交说了“不”,销售人员可以使用“次要点”再提请成交。

(七)概率式成交技巧

销售人员向顾客询问“做成这笔生意的可能性是多少?用百分比表示大约是百分之几?”潜在顾客的回答可能会属于下列三种之一。

(1)购买的可能性超过50%但少于85%。如果潜在顾客的回答在这个范围内,询问剩余百分比所代表的反对购买是怎么造成的,然后停下来,保持沉默。当能熟练使用这种技巧时,你能发现当潜在顾客集中精力考虑真正的异议时会眨眼睛。

很多时候,我们听到潜在顾客说他们要仔细考虑。这不是因为他们想推迟决定,而是因为他们没有完全了解烦扰他们的是什么。概率式成交技巧容许潜在顾客把重点放在真正的异议上。当你遇到真正的异议时,就用劝导性的销售论据来改变那个异议。

(2)购买的可能性超过85%但不到100%。如果潜在顾客的回答在这个范围内,那么要承认对你不利的可能性很小。你可以说:“既然我们今后的合作几乎是肯定的,那为什么要等到下周呢?让我们现在就开始吧。”

如果潜在顾客表示出很高的购买可能性,可将他们的话当成把他们推向顶端的杠杆。

(3)购买的可能性不超过50%。这意味着即便有可能达成这笔交易,可能性也非常小。恰当的策略就是彻底回到起点,重新开始销售的过程。有意思的是许多职业销售人员在达成交易时都希望潜在顾客说赞同成交的百分比为80∶20,而不是听到“80∶20的反对”。

概率式成交技巧容许潜在顾客把重点放在异议上,使得真正的或隐含的异议得以显露出来。潜在顾客越是反对你,就越不直言相告成交的可能性,他们购买的可能性也就会很小。

课堂练习

购买信号有许多种形式。收到购买信号时,应停止展示,直接进行成交。针对以下7种情况,对潜在顾客发出的购买信号选择直接进行成交的恰当回答。

(1)“有蓝色的吗?”你最好的回答是:

A. 是的;

B. 你想要蓝色的吗;

C. 一共有三种颜色,包括蓝色。

(2)“你的价格是多少?”你最好的回答是:

A. 购货量是多少;

B. 报一个具体的价格;

C. 什么等级;

(3)“你提供什么样的付款条件?”你最好的回答是:

A. 提供具体的付款条件；
B. 付款条件必须要经过安排；
C. 你想要什么样的付款条件?
(4)“我必须要下多大的订单才能得到你最优惠的价格?”你最好的回答是：
A. 数量价格一览表；
B. 具体规模的订单；
C. 你想下多大的订单?
(5)“你们什么时候能有新的式样?”你最好的回答是：
A. 具体的日期；
B. 你想要我们最新的式样吗；
C. 这就是我们最新的式样。
(6)“我最少可以试订多少?”你的最好回答是：
A. 具体的数量；
B. 你想要订多少；
C. 各种不同数量的订单。
(7)“你什么时候能交货?”你最好的回答是：
A. 那取决于你订货的多少,你想订多少；
B. 具体的交货日期；
C. 你希望什么时候交货?

实训活动设计

4位同学为一组,设计一个销售场景(场景内容包括：客户人物画像、拟销售产品等)。其中2位同学分别扮演销售人员和顾客,要求在销售线路的过程中运用适合销售场景的成交技巧,另外2位同学结合销售场景分析如何识别购买的合适信号以及运用此成交技巧的原因。

任务掌握评价

1. 学生自评
要求在已完成和可以胜任的选项后打勾。
(1) 在完成实训作业的过程中能理解识别购买的合适信号。　(　　)
(2) 能复述几种常见的成交技巧。　(　　)
2. 老师评语

附　综合实训练习

综合实训练习一　A公司年底销售商奖励旅游活动

A公司是国内一家总部在天津的供暖设备生产厂家，今年很好地完成了销售指标，其中20家销售商完成量占总销售量的70%。现A公司总经理决定年底要好好犒劳这集中在长三角地区的20家销售商，通过奖励旅游的方式来答谢并授权给上海办事处来具体操作此事。办事处现提前一个半月向各大旅行社公开询价。销售商的地区分布：江苏7位；安徽3位；浙江8位；上海2位。

1. A公司需求想法

（1）邀请这20家销售商负责人参加，成本控制在人均15 000元以内；

（2）目的地初步的想法是东南亚地区，时间控制在5天之内。出发日期控制在1月上旬；

（3）在旅游过程中举办一个主题晚会。主题晚会的目的是答谢销售商今年的辛苦努力，展望明年；

（4）A公司一同前往的有公司总经理、上海办事处负责人及另2位工作人员。

2. 操作要求

（1）学生3—4人组成小组，设计一场旅游销售展示活动。现场销售（分值：65分），必须包含以下知识点，并配有PPT销售演示辅助材料。

① 顾客的自我形象概念的运用；

② 询问或陈述技巧开场具体方法运用；

③ SELL序列的运用；

④ 说服性沟通技巧的运用；

⑤ 处理异议技巧的运用。

另，如果包含其他本门课程知识点将加分。（分值：5分）

（2）现场演示及非言语性沟通技巧的使用（分值：10分）

（3）PPT制作（分值：10分）

（4）对销售知识点的运用做一个总结。（分值：10分）

综合实训练习二　地接社旅游产品推介

1. 内容介绍

红日旅行社是国内一家地接旅行社，参加国内今年旅交会，在旅交会现场针对组团社进行了一场自己旅行社的产品推介。现要求各小组模拟A公司进行现场产品推介。

其他信息：

(1) 地接社所属范围是昆明、吉林、海口、桂林、珠海、成都，各小组选择一个即可；

(2) 推介的对象是上海、北京、广州，各小组任选一个即可；

(3) 推介产品的数量不限。

2. 操作要求

(1) 学生3—4人组成小组，设计一场旅游销售展示活动。现场销售(分值：65分)，必须包含以下知识点，并配有PPT销售演示辅助材料。

① 顾客的自我形象概念的运用；

② 询问或陈述技巧开场具体方法运用；

③ SELL序列的运用；

④ 说服性沟通技巧的运用；

⑤ 处理异议技巧的运用；

另，如果包含其他本门课程知识点将加分。(分值：5分)

(2) 现场演示及非言语性沟通技巧的使用。(分值：10分)

(3) PPT制作。(分值：10分)

(4) 对销售知识点的运用做一个总结。(分值：10分)

综合实训练习三　抖音平台旅游产品直播销售

1. 内容介绍

SIT旅行社近日打算利用抖音平台直播销售旅游产品，现要求各小组模拟SIT旅行社进行直播销售。

2. 操作要求

(1) 学生3—4人组成小组，设计一场旅游销售展示活动。现场直播销售(分值：50分)，必须包含以下知识点，并配有PPT销售演示辅助材料。

① 询问或陈述技巧开场具体方法运用；

② SELL序列的运用；

③ 说服性沟通技巧的运用；

另，如果包含其他本门课程知识点将加分。(分值：10分)

(2) 直播演示及非言语性沟通技巧的使用。(分值：20分)

(3) 旅游目的地或产品相关内容视频制作。(分值：20分)

学习情景三
售中服务

售中服务是销售过程中核心的一环，主要包括以顾客确认订单为起点到客人出行为终点所涉及的一系列步骤，具体包括收款、签订合同、开具发票、办理签证、行前说明五项任务，销售人员与顾客在此环节达成销售意向，完成各类销售环节的文件资料签署，办理各项手续并做好出发前的准备。

任务一　收　款

旅行社经营中的现金流动主要来自顾客缴纳的团款或同行客户的预付款，这些款项被用于支付企业的运营费用。作为销售人员，应当严格遵守公司的财务制度，及时进行收款。在有发生顾客拖欠账款的情况时，采用相应的技巧进行催款。

通过本节内容学习，达成以下目标。

知识目标：记忆并概述各类收款方式的基本术语和相关常识，列举旅行社销售收款的一般方法。

技能目标：能根据不同支付方式的结算要求，熟练准确地完成各类收款；掌握催款的各项技巧。

素质目标：通过本节的教学促使学生养成仔细、严谨的习惯，提升自身的判断力与沟通能力。

一、旅行社常见收款方式

（一）现金收款

（1）销售人员应避免接触顾客的现金，引导顾客至财务室，由出纳人员进行收款操作。

（2）款项当面点清，做到收款及找零唱票，并将收到的现金在验钞机上检验。

（3）向财务提交收款订单，收款总金额须与订单的收款额一致。

（二）POS机刷卡收款

（1）顾客持信用卡消费时，一定要检查卡背面是否已有持卡人签名，如果没有签名的，要求客人签名后再消费，并且保证与POS单上的签名一致。

（2）确保客人在POS单上的签名字迹清晰可辨认。

（3）向财务提交收款订单，收款总金额必须与订单的收款额一致。

（4）使用POS机信用卡收款，会产生一定的交易手续费，通常为刷卡金额的0.6%，一般由旅行社承担。

（三）扫码收款

（1）扫码收款即通过微信、支付宝、云闪付的扫码方式进行收款。分为商家使用固定二维码，由顾客扫码进行支付，或由顾客出示付款码，由商家用收款机具进行扫码两种方式。

（2）在使用固定二维码收款时，支付金额由顾客自行输入，销售人员须提醒顾客核对输入金额无误后，再确认支付；同时，销售人员需留意二维码是否有异常，谨防不法分子偷换商家收款二维码，客户支付的资金进入不法分子的账户，造成资金损失。

（3）使用二维码收款，会产生一定的交易手续费，通常为刷卡金额的0.38%。

（四）票据收款

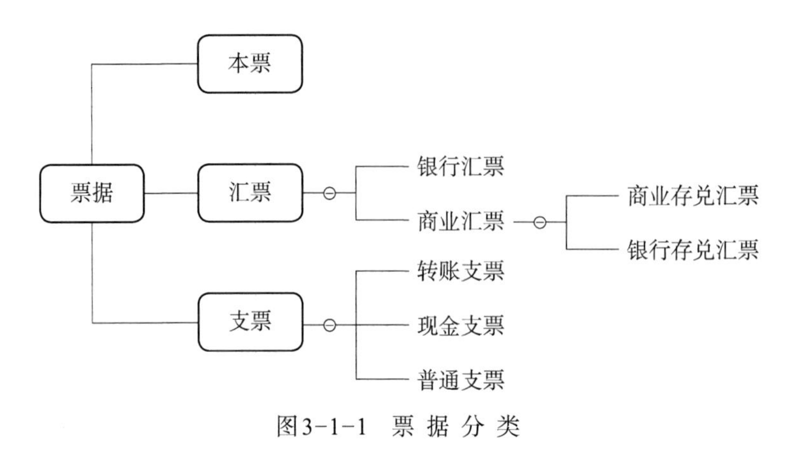

图3-1-1 票据分类

1. 本票

本票（promissory notes），是指发票人自己于到期日无条件支付一定金额给收款人的票据。这种票据只涉及出票人和收款人两方。出票人签发本票并自负付款义务。

按票面是否载明收款人姓名，本票可分为记名本票和不记名本票。按票面有无到期日期可分为定期本票和即期本票。本票不需经承兑，出票人出票后即负付款责任。

销售人员在拿到一张本票后，需初步判断这张本票是否生效，根据《中华人民共和国票据法》规定，这张本票要求具备以下的必要项目：

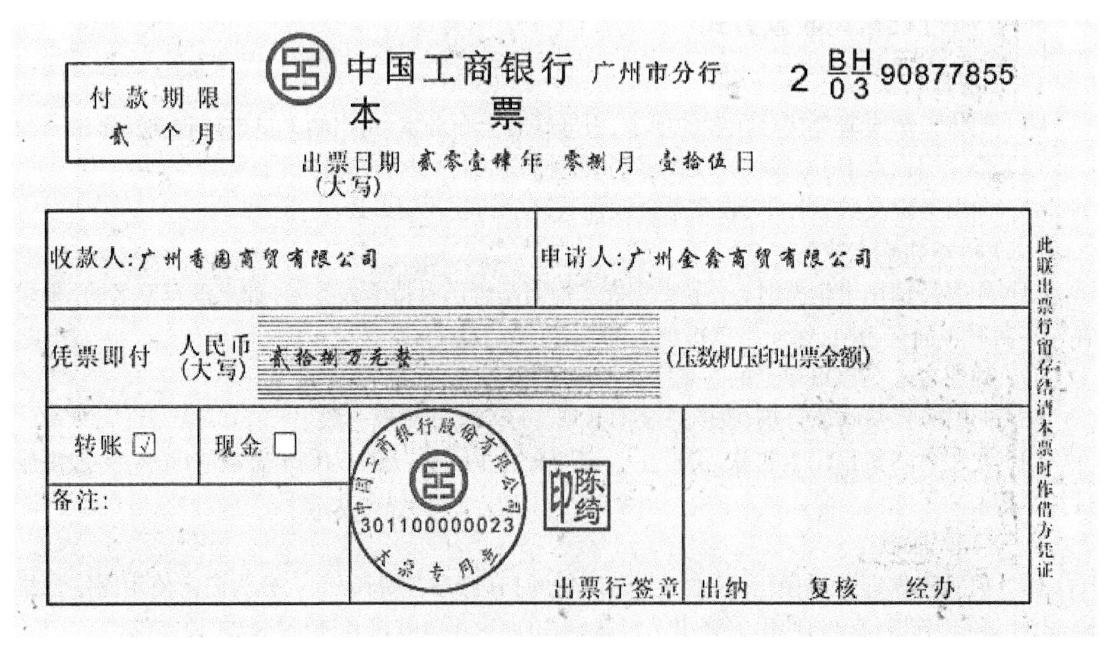

付款期限 贰个月

中国工商银行 广州市分行 2 BH 03 90877855

本票

出票日期（大写） 贰零壹肆年 零捌月 壹拾伍日

收款人：广州香圃商贸有限公司

申请人：广州金鑫商贸有限公司

凭票即付 人民币（大写） 贰拾捌万元整 （压数机压印出票金额）

转账 ☑ 现金 ☐

备注：

中国工商银行股份有限公司 301100000023 本票专用章

印 陈绮

出票行签章 出纳 复核 经办

此联出票行留存结清本票时作借方凭证

图3-1-2 本票（图例）

（1）标明其为“本票”字样。

（2）无条件支付承诺。

（3）出票人签字。

（4）出票日期和地点。

（5）确定的金额。

（6）收款人或其指定人姓名。

2. 汇票

汇票（money order）是出票人签发的，委托付款人在见票时，或者在指定日期无条件支付确定的金额给收款人或者持票人的票据。它是一种委付证券，基本的法律关系最少有三个人物：出票人、受票人和收款人。

1）汇票按付款人的不同可分为银行汇票、商业汇票。

银行汇票（banker’s draft）是签发人为银行、付款人为其他银行的汇票。

商业汇票（commercial draft）是签发人为商号或者个人，付款人为其他商号、个人或银行的汇票。

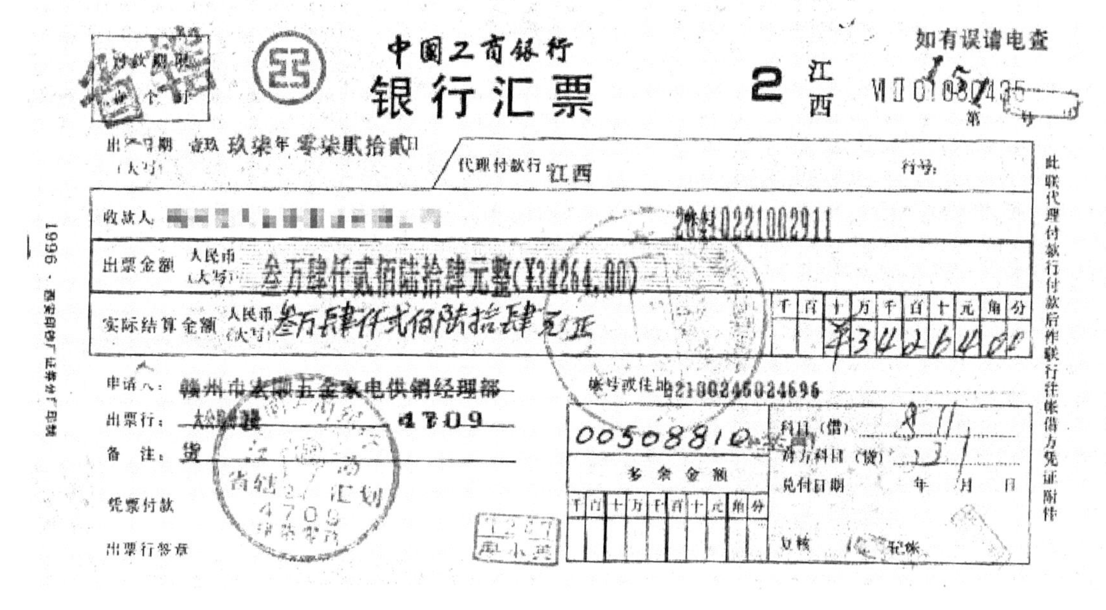

中国工商银行 银行汇票　2　江西　如有误请电查

出票日期（大写）　代理付款行：江西　行号：

收款人：

出票金额　人民币（大写）　叁万肆仟贰佰陆拾肆元整（¥34264.00）

实际结算金额　人民币（大写）　叁万肆仟贰佰陆拾肆元正

千	百	十	万	千	百	十	元	角	分
		¥	3	4	2	6	4	0	0

申请人：赣州市　五金家电供销经理部　账号或住址：

出票行：　4709

备注：货

凭票付款

出票行签章

多余金额　科目（借）　对方科目（贷）　兑付日期　年　月　日　复核　记账

此联代理付款行付款后作联行往帐借方凭证附件

图3-1-3　银行汇票（图例）

2）按付款时间的不同，可分为即期汇票、远期汇票。

即期汇票（sight bill, demand bill, sight draft）指持票人向付款人提示后对方立即付款的汇票，又称见票或即付汇票。

远期汇票（time bill, usance bill）是在出票一定期限后或特定日期付款的汇票。在远期汇票中，记载一定的日期为到期日，于到期日付款的，为定期汇票；记载于出票日后一定期间付款的，为计期汇票；记载于见票后一定期间付款的，为注期汇票；将票面金额划为几份，并分别指定到期日的，为分期付款汇票。

远期汇票按承兑人分为商业承兑汇票、银行承兑汇票。

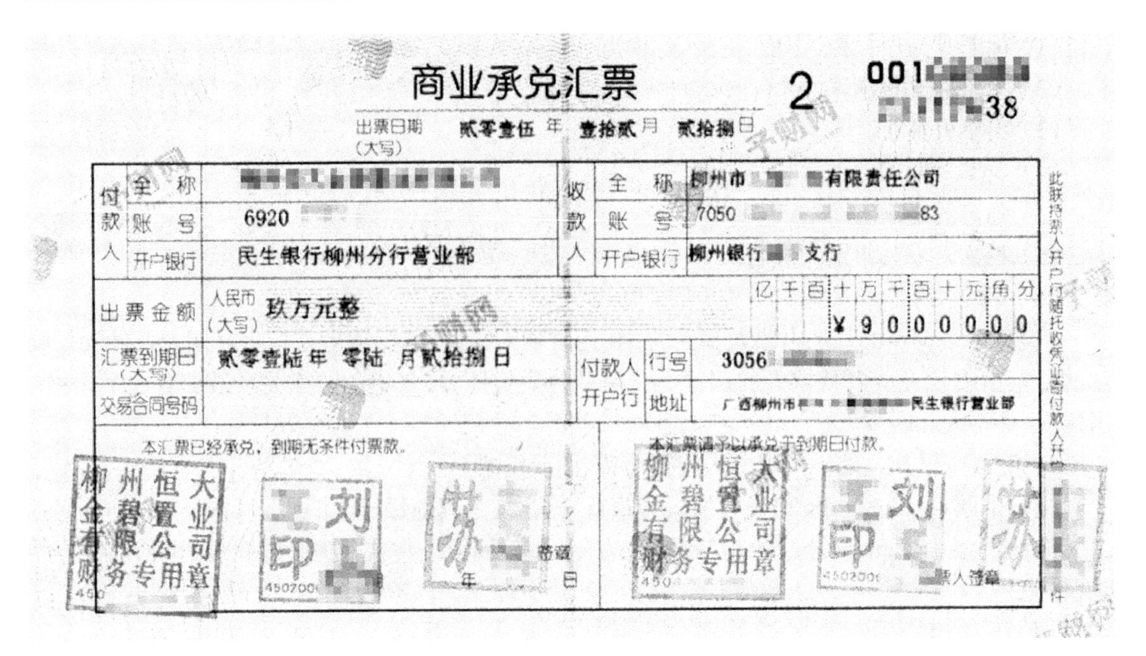
商业承兑汇票 2

出票日期（大写） 贰零壹伍 年 壹拾贰 月 贰拾捌 日

付款人	全称		收款人	全称	柳州市 有限责任公司
	账号	6920		账号	7050 83
	开户银行	民生银行柳州分行营业部		开户银行	柳州银行 支行
出票金额	人民币（大写）	玖万元整			¥9000000
汇票到期日（大写）	贰零壹陆年零陆月贰拾捌日		付款人开户行	行号	3056
交易合同号码				地址	广西柳州市 民生银行营业部

本汇票已经承兑，到期无条件付票款。

本汇票请予以承兑于到期日付款。

柳州恒大金碧置业有限公司财务专用章

图3-1-4 商业承兑汇票（图例）

商业承兑汇票（commercial acceptance bill）是以银行以外的任何商号或个人为承兑人的远期汇票。

银行承兑汇票（banker’s acceptance bill）承兑人是银行的远期汇票。银行承兑汇票按票面金额向承兑申请人收取万分之五的手续费，不足10元的按10元计。承兑期限最长不超过6个月。承兑申请人在银行承兑汇票到期未付款的，按规定计收逾期罚息。

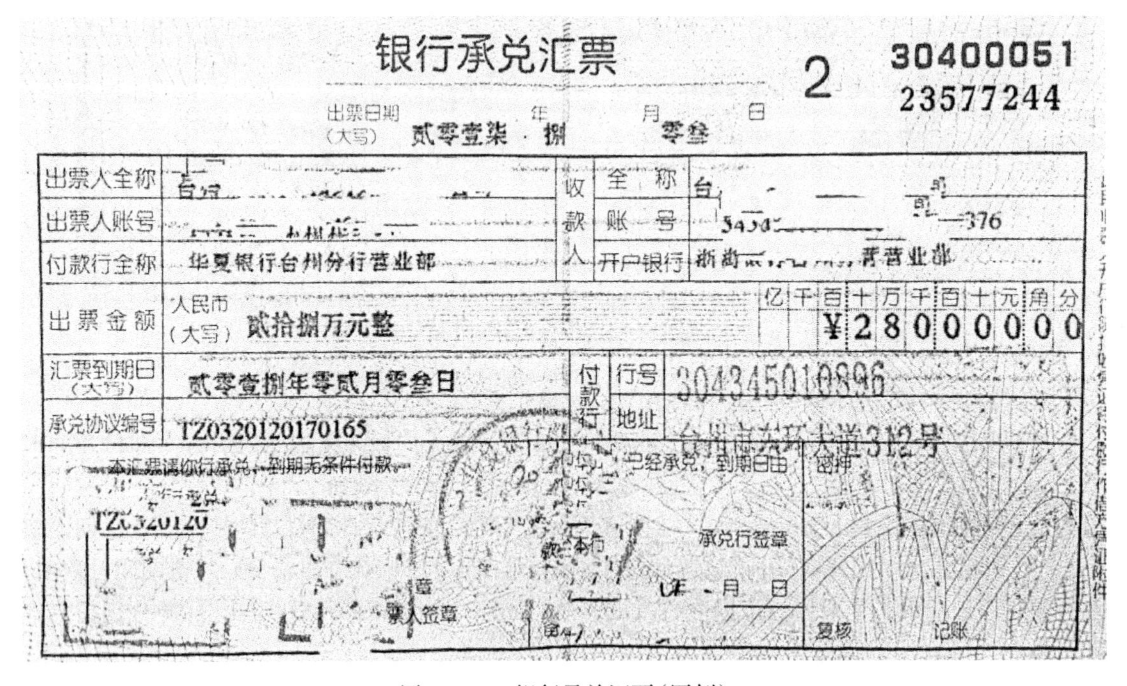
银行承兑汇票 2 30400051 23577244

出票日期（大写） 贰零壹柒 年 捌 月 零叁 日

出票人全称		收款人	全称	
出票人账号			账号	376
付款行全称	华夏银行台州分行营业部		开户银行	营业部
出票金额	人民币（大写）贰拾捌万元整			¥28000000
汇票到期日（大写）	贰零壹捌年零贰月零叁日	付款行	行号	304345010896
承兑协议编号	TZ0320120170165		地址	台州市 312号

本汇票请你行承兑，到期无条件付款。

已经承兑，到期日由本行付款。

承兑行签章

年 月 日

密押

复核 记账

图3-1-5 银行承兑汇票（图例）

3）辨别汇票，主要掌握以下五点。

一看用纸。银行汇票和银行承兑汇票第三联为打字纸。银行汇票第二联采用印有出票行行徽水印纸。银行承兑汇票第二联统一采用人民银行行徽水印纸。

二看颜色。银行汇票和银行承兑汇票的有色荧光行徽及标记在自然光下颜色鲜红纯正，在紫外线照射下显示鲜明。

三看暗记。银行汇票和银行承兑汇票的无色荧光暗记以目视看不见为准，紫外线光下图案清晰。

四看规格。银行汇票和银行承兑汇票的纸张大小标准，规格为100×175 mm。

五看填写。银行汇票和银行承兑汇票的小写金额必须是用压数机压的数；必须有签发行钢印，且钢印的行号与出票行行号相符；出票日期年月日必须是大写；必须有签发行经办人员名单；银行汇票在“多余金额”栏上方有密押数字；银行承兑汇票还须有付款单位的财务专用章及法人名章。

如果发现汇票可疑，应及时送当地银行进行鉴定，当通过鉴定确属假汇票时，应迅速报告当地人民银行及公安部门，以确保国家和个人财产的安全。

3. 支票

支票（cheque）是出票人签发的，委托办理支票存款业务的银行或者其他金融机构在见票时无条件支付确定的金额给收款人或者持票人的票据。

支票的出票人所签发的支票金额不得超过其付款时在付款人处实有的存款金额。超过其付款时在付款人处实有的存款金额的，为空头支票。

1）支票分类，见图3-1-6及图3-1-7至图3-1-9所示。

普通支票

- 普通支票可以用于支取现金，也可以用于转账。但在普通支票左上角划两条平行线的，为划线支票，只能用于转账，不能支取现金。

现金支票

- 支票中专门用于支取现金的，可以另行制作现金支票，现金支票只能用于支取现金。

转账支票

- 支票中专门用于转账的，可以另行制作转账支票，转账支票只能用于转账，不得支取现金。

图3-1-6　支票分类

中国工商银行 支票　BG/02 28490241

出票日期(大写)　年　月　日　付款行名称:

收款人:　出票人帐号: 20020209083000069003

本支票付款期限十天

人民币(大写)	亿	仟	百	十	万	千	百	十	元	角	分

用途

上列款项请从

我帐户内支付

出票人签章

科目(借)

对方科目(贷)

复核　记帐

图3-1-7　普通支票(图例)

中国银行 现金支票　10406422 00030602

出票日期(大写)　贰零壹肆 年　零陆月　叁拾日　付款行名称:

收款人　银川泰丰生物科技有限公司　出票人账号:

付款期限自出票之日起十天

人民币(大写)	亿	千	百	十	万	千	百	十	元	角	分
壹佰万元整		¥	1	0	0	0	0	0	0	0	0

用途　奖金

上列款项请从

我账户内支付

出票人签章

密码

行号

复核　记账

图3-1-8　现金支票(图例)

中国农业银行 转账支票　10304325

出票日期(大写)　贰零壹玖年　壹拾贰月　付款行名称:　长沙长虹支行

收款人:　出票人账号:

人民币(大写)	亿	千	百	十	万	千	百	十	元	角	分
肆佰捌拾叁万叁仟肆佰贰拾捌元捌角整	¥	4	8	3	3	4	2	8	8	0	

用途　兑奖

上列款项请从

我账户内支付

出票人签章

密码

行号

复核　记账

图3-1-9　转账支票(图例)

2）支票结算特点有如下几点。

简便：使用支票办理结算手续简便，只要付款人在银行有足够的存款，它就可以签发支票给收款人，银行凭支票就可以办理款项的划拨或现金的支付。

灵活：按照规定，支票可以由付款人向收款人签发以直接办理结算，也可以由付款人出票委托银行主动付款给收款人，另外转账支票在指定的城市中还可以背书转让。

迅速：使用支票办理结算，收款人将转账支票和进账单送交银行，一般当天或次日即可入账，而使用现金支票当时即可取得现金。

可靠：银行严禁签发空头支票，各单位必须在银行存款余额内才能签发支票，因而收款人凭支票就能取得款项，一般是不存在得不到正常支付的情况的。

3）票据背书，具有如下特点。

其一，背书是指在票据背面或者粘单上记载有关事项并签章的票据行为，持票人可以将票据权利转让给他人或者将一定的票据权利授予他人行使。

其二，出票人在票据上记载“不得转让”字样的，票据不得转让。

其三，现金支票不得背书转让。

其四，若收到背书转让的票据，应当检查背书是否连续；票据背书需连续；持票人以背书的连续，证明其汇票权利（背书连续，是指在票据转让中，转让汇票的背书人与受让汇票的被背书人在汇票上的签章依次前后衔接）。

图3-1-10　票据背书（图例）

被背书人B	被背书人C	被背书人D	被背书人E
背书人签章A 2013年5月6日	背书人签章B 2013年5月20日	背书人签章C 2013年6月6日	背书人签章D 2013年6月18日
第一次背书	第二次背书	第三次背书	第四次背书

图3-1-11　连续背书（图例）

4）票据收款注意事项有如下几点。

一是检查客户是否有写抬头，若客户没有书写，须与客户协商书写完整。

二是若客户已书写抬头，则检查收款人名称是否正确，如公司名称“上海春秋国际旅行社（集团）有限公司”是否漏写“（集团）”等。

三是收到支票需要检查日期是否过期、支票不要折叠，不得有缺角，有效期限10个自然日（从开出票日期内计算）。

四是支票的任何内容（日期、金额、收款人）不得更改，更改的票据无效。

五是写支票必须使用碳素墨水，不能使用圆珠笔，支票上的各要素填写齐全。

六是支票正面盖财务专用章和法人章，缺一不可，印泥为红色，印章必须清晰，不能有残缺，印章模糊只能将本张支票作废。

七是票面大写金额栏内漏写“元”字的支票，不可收受。

八是距离出团日3天内的订单不接受支票形式付款。

表3-1-1　票据收款总结1

票据	汇　票	本　票	支　票
必须记载事项	表明“汇票”字样 无条件支付的委托 确定的金额 付款人名称 收款人名称 出票日期 出票人签章	表明“本票”字样 无条件支付的承诺 确定的金额 — 收款人名称 出票日期 出票人签章	表明“支票”字样 无条件支付的委托 确定的金额 付款人名称 — 出票日期 出票人签章

*未记载规定事项之一的，该票据无效

表3-1-2　票据收款总结2

<table>
<tr><th rowspan="2">票　据</th><th rowspan="2">本票</th><th colspan="3">汇　票</th><th rowspan="2">支票</th></tr>
<tr><th>银行汇票</th><th>商业承兑汇票</th><th>银行承兑汇票</th></tr>
<tr><td>当事人</td><td>出票人
收款人</td><td colspan="3">出票人、付款人、收款人</td><td>出票人
付款人
收款人</td></tr>
<tr><td>付款日期</td><td>见票即付</td><td colspan="3">见票即付/定日付款
出票后定期付款/见票后定期付款</td><td>见票即付</td></tr>
<tr><td>付款期限</td><td>两个月</td><td>一个月</td><td>一个月</td><td>一个月</td><td>10天</td></tr>
<tr><td>特有事项</td><td>NA</td><td>NA</td><td>承兑</td><td>承兑</td><td>空头支票</td></tr>
<tr><td>重要形式要件</td><td colspan="5">1. 签章、名称、日期、金额、数字大小写等，确认无瑕疵无涂改
2. 连续背书</td></tr>
<tr><td>可否立即确认收款</td><td>可以</td><td>可以</td><td>不可以</td><td>可以</td><td>不可以</td></tr>
</table>

（五）银行转账收款

银行转账收款是如今使用较多的一种收款方式，指通过银行将款项从付款单位（或个人）的银行账户直接划转到收款单位（或个人）的银行账户的货币资金结算方式。

（1）柜台转账：优点是比较直观，可以直接咨询服务人员，比较适合老年人；缺点是需要排队，手续费较高。

（2）ATM转账：优点是不需要排队，24小时都可以操作，手续费较低；缺点是转账限额较低。

（3）网上银行转账：优点是方便，且很多银行跨行转账都免手续费；缺点是额度有限制。

（4）手机银行转账：优点是方便，免手续费，相对安全；缺点是需要安装相应银行的APP。

（5）第三方支付转账：优点是操作简便、快捷，多数可免费；缺点是有限额，而且到账较慢。

二、旅行社收款制度

不同的旅行社根据其自身定位、客户类型及业务类型不同，其财务收款制度都有略有差异。

表3-1-3　旅行社收款方式分类

旅行社分类	客户分类	业务类型	常用收款方式	收款账期
组团社	普通散客	单项服务、散拼跟团或定制	现金、POS刷卡、扫码支付	出团前收全款
	机关、企业	定制旅游	银行转账、支票	出团前支付团款80%左右，余款回团对账一周左右结清
	企业	会务	银行转账、银行承兑汇票	活动对账完成后3～6个月账期
地接社	大型同业旅行社	散拼跟团或定制	银行转账	月结
	中小型同业旅行社	散拼跟团或定制	银行转账	出团前支付团款80%左右，余款回团对账一周左右结清
	同业旅行社	单订机票业务	银行转账、支票	出票后第二天结算（T+1）

收款操作流程示例如下。

（一）发票的开具要求

（1）门店、客服中心人员收到团款后，应核对系统中发票号与实际打印的发票号码是否一致，并按收款记录打印发票。发票上必须填写客户名称、开票日期、订单号及团号，收取的保险费应与团款一起交账。

（2）同行和大客户等销售业务人员，要及时与客户确认已汇款金额及团款明细，在5个工作日内到财务出纳处确认款项并开具发票（销售应引导客户在汇款单上注明团号，则可由出纳直接按规定开具发票）。

（二）交账要求

（1）门市销售人员或负责交账人员必须在当天将所收款项及时存入银行或交财务（晚班收款的次日解款，销售管理部各门店需在三天内将解款单和发票等收款单据一并交财务），交账时应将全部发票交财务审核，财务审核无误后在存根联上签字确认。

（2）关于执行48小时收款制度（操作细则另行规定）。

（3）散客（除欧美、澳新线、日本线）严格执行48小时收款制度；欧美团可按照48小时内收取订金（根据产品收3 000元至6 000元），签证通过后再付清团款，但最迟应在出团前48小时付清全款。

（4）同行代理商和大客户等，如签有协议的按照协议执行（协议的签订审批流程另行规定）；未签协议的按散客的收款制度执行。销售对有协议的客户，应及时确认团款，并在月底前将客户确认的欠款明细报部门总经理审批后，交财务做应收账款处理，销售人员要按协议规定及时催收团款。

（三）预收款的收款和使用要求

（1）销售人员收取预收款（明确用于后期旅游但尚未确认具体产品的）时，如个人应留下本人的签名确认，如公司则留下经办人的签字确认及联系方式，然后正确开具发票并在系统中做预收款录入（必须录入客户名称）。

（2）个人预收款使用填写内部收据（必须注明原预收款的发票号），由原交款人签名确认，在系统中做预收款使用操作后交账。

（3）公司预收款使用由原单位出具使用证明（加盖公章或财务章）和经办人确认后方可使用。如公司付款合同约定由经办人确认款项使用的，则使用时只要原经办人签字确认即可。

（四）其他款项的操作要求

业务收取“其他款项”（包含但不限于供应商的赞助款、补贴款或广告宣传费等，非直接用于旅游消费的款项）时，请直接交财务并详细注明款项来源、性质和使用原则等相关内容，此类款项必须签有合同并交财务备案，因此类款项与产品的销售无关，不需在销售系统中录入。

（五）营收款的确认原则

（1）财务收入监控以及对付款申请的审核均以系统订单为依据，计调应对系统订单的正确性及时进行审核、确认，有调整金额的必须要求销售人员在备注中清晰标明调整内容。

（2）原则上销售人员不得给予优惠，如需要优惠的，必须提交有权人的书面审批。

（3）财务收入监控人员负责订单规范性的复核。

三、旅行社收款理念

按期付款，不恶意拖欠款项，是企业重信誉的表现，不能靠垫款的委曲求全来换取暂时的收益，这是旅行社经营的基本原则。无论是组团社还是接待社，都应坚守契约精神，按照事先约定的结算方式开展合作。作为组团社，通常是向顾客预收款项的，理应在出团前向接待社支付部分团款，而不应对接待社提出苛刻的账期要求。作为接待社，也应要求组团社按期付款。

在当前实际操作过程中，仍有不少旅行社面临着被客户以各种各样的理由拖欠账款的情况。许多企业为了收回团款，所付出的额外费用甚至比应得的利润还要多。可以设想，如长此以往，采取这种先垫团款的方式会导致赢利虚化，精力分散，资金沉淀，最终使企业陷入难以自拔的“沼泽地”。

放眼整个旅游行业，其中航空公司、酒店、景区等企业的应收账款管理相对较好，大部分款项均为预付或现结，很少出现坏账、呆账，但旅行社业拖欠账款的问题还是较为严重，经常会出现三角债的情况，一旦陷入这个怪圈，就进入了恶性循环，最终可能会酿成恶果。在新冠疫情发生之初，绝大多数旅行社的经营行为突然中断，也因此爆发出了不少由于要不回团款、资金周转不灵而导致旅行社破产的案例。作为旅行社工作人员应当树立以下理念：

（1）垫付团款是一种缺乏自信心的短期行为。

垫付团款只能是一种短期行为，并不能帮助一家旅行社发展壮大，成长为一家优秀的企业。要实现企业的利益，核心在于为用户创造更多的价值，在帮助用户获得利益的过程中，企业自然也会得到发展。

企业竞争的手段有很多种，有依靠营销与品牌的，有依托优势资源的，有依靠产品创新的，也有以规模经济、薄利多销取胜的。而垫付团款，乃是因为没有可竞争的手段而进行的短期行为，这是一种缺乏自信心的表现。

（2）不垫付团款有助于筛选真正优秀的合作伙伴。

优秀的企业经营理念应是与合作伙伴通力合作，互惠互利，共同为顾客提供优质的产品与服务，共同成长。因此企业在选择合作商时会选择长远而稳定的利益，而不会只关注眼前的既得利益，更看重的是企业的实力、信誉和文化，注重的是接待质量、产品开发、服务环节等方面。而好的企业不但能提供给合作商优质的产品，还能教给他们赚钱的本领。如果一味地压榨合作商，拖欠团款，很容易产生矛盾，不利于长期合作。

（3）不垫付团款有助于保证服务接待质量，使企业的发展建立在稳定可靠的基础之上。

如果接待量的上升不是建立在确保接待质量的基础之上，则接待量越大，企业的危险也就越大。而依靠垫付团款所增加的虚假销量背后有可能隐藏着大量的呆账、坏账。如果以这样的业绩来衡量一个总经理或销售部经理，就会使好大喜功、急功近利的人得到重用，而真诚实干的人则被埋没。这样就会在企业中形成一股浮夸之风、浮躁之气，表面红红火火，实际上问题多多，不利于企业持续健康地发展。

组团社拖欠地接社的团款，地接社就会在流动资金紧张时拖欠酒店、车队、景点的团款，形成“三角债”。一旦被“三角债”套住，企业自身的正常经营无法进行，还会给客人造成间接损失，信誉的损失更是不言自明。企业负责人将不得不为解决这些问题而疲于奔命，本来应该用于抓管理、抓市场的时间与精力被大量耗费，久而久之，就可能将企业拖垮。

四、销售人员的催款技巧

（1）催款应该直截了当。催款不是什么见不得人的事，也没有什么妙语，最有效的方式就是有话直说，千万别说对不起，或绕弯子。

（2）在采取行动前，先弄清造成拖欠的原因。是客户疏忽，还是对产品不满，是资金紧张，还是故意，应针对不同的情况采取不同的收账策略。

（3）直接找初始联系人。千万别让客户互相推诿牵着鼻子走。

（4）不要做出过激的行为。催款时受了气，再想办法出出气，甚至做出过激的行为，此法不可取。脸皮一旦撕破，客户可能就此赖下去，收款将会越来越难。

（5）不要怕催款而失去客户。到期付款，理所当然。害怕催款引起客户不快，或失去客户，只会使客户得寸进尺，助长这种不良的习惯。其实，只要技巧运用得当，完全可以将收款作为与客户沟通的机会。当然，如果客户坚持不付款，失去该客户又有大不了的？

（6）当机立断，及时中止供货。特别是针对客户“不供货就不再付款”的威胁，有时不及时采取措施会越陷越深。

（7）定期收款。收款时间至关重要，坚持“定期收款”的原则。时间拖得越久，就越难收回。国外专门负责收款的机构的研究表明，收款的难易程度取决于账龄而不是账款金额，2年以上的欠账只有20%能够收回,而2年以内的欠账80%能够收回。

(8) 采取竞争性的收款策略。只要客户还在营业,他总得向供货商付款。如果你没有收到钱,那他多半是付给了别人。获得优先付款机会的供应商通常是与客户保持长期良好业务关系和个人关系的企业,因为谁都不愿意跟朋友闹翻脸。

(9) 收款要有"钻劲",要有穷追不舍的精神。必要时可以实施对债务人(业务当事人、主管负责人、财务负责人)实行"三紧跟"的战略,即紧跟在办公室里,紧跟在吃饭上厕所的后面,紧跟在下班回家的途中。虽说有些过分,但也是不得已而为之啊!水滴石穿,绳锯木断,有时确也"功夫不负有心人"。

案例3-1-1 团款纠纷

某国际旅行社通过一个销售人员,得到某金融机构有计划到西安旅游的信息,便登门拜访。通过和客户的交谈,销售人员认为客户资金实力强,每年都有奖励旅游的计划,由此产生了将该客户发展成为长期客户的意念。由于旅行社方表现过于主动,客户提出了是否可以先旅游后付款的要求。销售人员为了拿到业务提成,积极促成这项业务,因此未向上级领导请示便擅自做主,同意让客户只预付大交通的费用,剩余团款待旅游结束后再支付。结果,出乎预料,旅游结束后销售人员前去收款,遭到了客户的拒付和投诉,说接待社的导游在旅途中讲了一些格调不高的"荤段子",引起该单位员工的极大不满。由于剩余团款数额巨大,远超过该项业务所产生的利润,导致了旅行社一段时间内的极大被动。后来,销售部经理请旅行社高层领导出面道歉,同时出示了接待社对该导游的处理意见,并答应减少部分旅游费用,如此这般,还经历了大半年的时间,客户才把团款支付给旅行社。

思考 通过本案例,旅行社销售人员应吸取哪些教训?该旅行社在管理上有何疏漏之处?

案例3-1-2 组织出游后未收到团款,旅行社起诉游客为何败诉?

案由 游客及家人共8人与某旅行社业务员商定,准备参加该社组织的泰国5晚6日游。游客将8人的相关材料及近2万元团款交与业务员,业务员出具了收条,但没有和游客签订包价旅游合同。旅游行程结束后,旅行社要求游客支付团款,因为一直没有收到这8位游客的团款。游客表示已经在出团前向该社业务员交纳了团款,旅行社应当向业务员收款。双方争执不下,最后,旅行社将游客告上法院,要求游客全额支付团款。法院经审理,驳回了旅行社的诉讼请求。

辨析 《合同法》第四十九条规定,行为人没有代理权、超越代理权或者代理权终止后以被代理人名义订立合同,相对人有理由相信行为人有代理权的,该代理行为有效。

《民法通则》第四十三条规定,企业法人对它的法定代表人和其他工作人员的经营活动,承担民事责任。

在案例3-1-2中涉及以下几个问题。

1. 包价旅游合同关系的建立

在旅行社服务中,旅行社和游客建立包价旅游合同大概有几种形式。

第一，游客向旅行社交纳了团款，旅行社和游客签订了书面的旅游合同。这种形式较为常见，散客参团也采取这种形式，这种形式也最合乎法律规定。

第二，旅行社和游客签订了书面的包价旅游合同，但约定暂不支付团款，或者约定仅支付部分团款，剩余团款在某个时间，比如行程结束后支付。这种形式适用于包团旅游。

第三，旅行社收取了团款，但没有和游客签订书面的旅游合同。这种操作模式，虽然不符合《旅游法》对于包价旅游合同形式的要求，但并不能因此就否定旅行社和游客之间合同关系的建立。以上三种，不论是何种形式，我们都应承认旅行社和游客之间的合同关系已经建立，并且已经生效。

2. 案例3-1-2是否存在包价旅游合同关系，旅行社和游客的关系与前述几种均有不同，但是否可以就此认定，案例3-1-2的旅行社和游客之间不存在包价旅游合同关系。回答是否定的。案例中旅行社和游客之间的合同关系，与前述的第三种相同。

虽然旅行社没有直接收到游客的团款，但游客向业务员交纳的团款，应当视为游客向旅行社支付的。因为业务员的行为是职务行为，是代表旅行社向游客收取的团款，而并非业务员的个人行为。道理很简单，如果业务员的行为为个人行为，游客就不会把团款交给业务员个人。既然业务员收了团款，那么虽然没有签订书面的包价旅游合同，但也不能因此否定旅行社和游客之间存在合同关系。

3. 旅行社状告游客的理由

在合同关系中有一对基本概念，就是权利和义务。在包价旅游合同中，合同当事人是旅行社和游客，旅行社的权利主要是向游客收取团款，旅行社的合同义务是向游客提供约定的服务，并履行安全保障义务。与之相对应，游客的权利是获得约定的旅游服务及人身财产安全保障，游客的义务是按照约定向旅行社支付团款。

从旅行社的角度看，旅行社已经提供了服务，游客应当支付相应的团款。游客不履行支付团款的合同义务，损害了旅行社的合同权利，且经过协商游客仍然拒绝支付，因而只能通过诉讼保障自己的合同权利。

4. 旅行社应当为业务员的行为负责

因为业务员是代表旅行社向游客收取团款，游客之所以愿意将团款交给业务员，也是认定业务员代表的就是旅行社。这里涉及表见代理。表见代理就是作为善意相对人的游客，从表面上就可以判断收取团款的人员就是旅行社的业务员，换句话说，业务员是旅行社法人派出的代理人。

在案例3-1-2中，游客向业务员支付了团款，提交了护照等出境游资料，旅游行程也顺利完成。在此情况下，旅行社就必须为业务员的行为负责，不论业务员是否如期全额上交团款，都应当认定游客已经履行了向旅行社支付团款的合同义务。因此，法院最终驳回了旅行社的诉讼请求。至于旅行社和业务员之间的团款支付纠纷，应当通过其他渠道解决，而不应与游客的合同义务混为一谈。

5. 旅行社应当强化从业人员的管理

当下，不少旅行社尤其是一些传统旅行社，普遍存在一个问题，就是对从业人员的管理过于松散。很多旅游纠纷都和业务员的行为直接相关，比如业务员将游客交给其他旅行社组团、挪用团款、扣押保证金、卷款失踪等。一旦出现上述问题，不管旅行社事先是否知情都必须承担相应的民事责任，即先替业务员赔偿游客的各种损失。因此，强化从业人员尤其是业务员的管理，就显得尤为重要。

（案例来源：中国旅游报 作者单位：浙江省旅游局）

实训活动设计

设计题

模拟收款

(1) 教师引入任务主题并设计给出情景资料，要求学生根据具体的业务场景模拟不同收款支付方式。

(2) 学生以3—5人为一个小组，集体回顾并互相提问所领任务的相关专业知识。

(3) 根据教师给出的情景资料与具体业务，学生按小组模拟角色扮演完成各种收款支方式的操作，具体要求包括：

① 能按照岗位仪容仪表的要求，规范举止，并按照接待用语规范礼貌地接待顾客；

② 能按照不同收款方式(包括现金、信用卡、各种支付卡)的要求，熟练准确地完成收款步骤模拟；

③ 能根据票据收款要求，准确识别所收票据的有效性。

(4) 每个小组按照模拟情况进行陈述，并在小组之间对陈述进行点评。

(5) 教师进行活动总结。

任务掌握评价

1. 学生自评

要求在已完成和可以胜任的选项后打勾。

(1) 在完成实训作业的过程中查阅了其他资料。 (　　)

(2) 能概述各类收款方式的基本术语与基本常识。 (　　)

(3) 能列举旅行社销售收款的一般方法。 (　　)

(4) 能根据不同支付方式的结算要求，熟练准确地完成各类收款。 (　　)

(5) 能列举催款的各项技巧。 (　　)

(6) 能体会到仔细、严谨在工作中的重要性。 (　　)

2. 老师评语

任务二　签订合同

《旅游法》第五章对“旅游服务合同”做了专门规定，目的在于保障旅游者和旅游经营者的合法权益，规范旅游市场秩序，保护和合理利用旅游资源，促进旅游业持续健康发展。旅游服务合同正式成为有名合同。作为旅行社的销售人员应当遵守法律法规，与达成交易的顾客正确签署旅游合同，这也是对买卖双方的权利的一种保护。

通过本节内容学习，达到以下目标：

知识目标：概述合同法及旅游法等相关法律规定及旅游合同相关管理知识、旅游合同签订中的基本规范和常识。

技能目标：能根据不同的业务类型及具体内容，正确开具旅游合同，并正确执行合同签订的流程及步骤。

素质目标：促使学生增强法律意识，懂得契约精神。

一、旅游合同的相关术语

（一）旅游合同示范文本

旅游合同示范文本是根据《旅游法》相关内容在历年各版本的旅游合同（示范文本）基础上修订而成，具有示范法的性质。所谓示范法，是指通常是在特定领域或某些特定的行业领域内，依照法律的强制规定或者行业习惯，由某一领域的学术机构或者专家学者制定的，而不是由立法机关制定的法律，但一旦这些规则被法律认可，也具有法律拘束力，当事人也可在经济交往中通过约定将其作为争端解决的规则。示范文本不具有强制约束力，但具有相当程度的示范和导向作用，经当事人约定可以作为双方争议解决的规则，对双方有法律约束力。

（二）包价旅游合同

包价旅游合同即package tour contract，指旅行社预先安排行程，提供或者通过履行辅助人提供交通、住宿、餐饮、游览、导游或者领队等两项以上旅游服务，旅游者以总价支付旅游费用的合同。

（三）单项服务合同

单项服务合同又称《代订代办委托合同》，旅行社在安排不超过2项服务时，可以签订单项服务协议，具体服务项目包括代订机票、酒店、用车、导游、代办签证及其他服务。

二、旅游合同的分类

目前旅游合同分为“上海市旅游示范合同”“全国旅游示范合同”“单项服务合同”三大类，

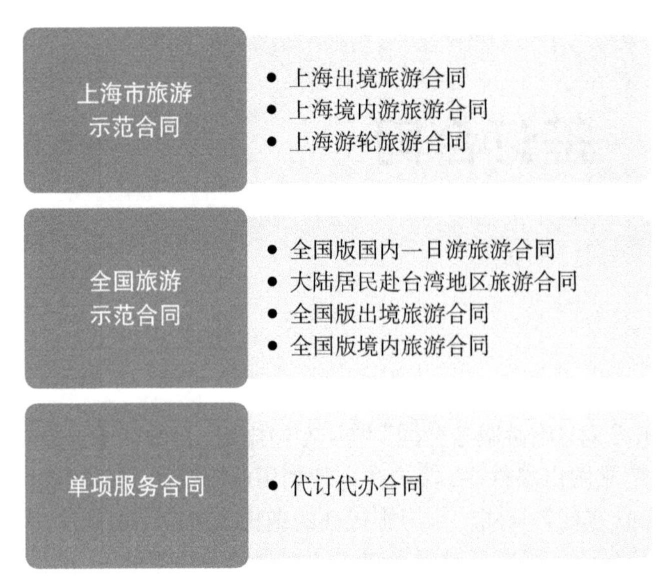

图3-2-1 合同分类

均由工商行政管理局及文旅局共同制定,旅行社根据所在地区及具体业务类型选择相应的模板合同填写即可。

在2018年7月之前,旅行社主要采用纸质合同,合同范本可向所在地文旅局购买。2018年7月1日,随着全国旅游监管服务平台在全国全面启用,旅游市场监管加快向信息化、智能化转变,旅游合同也迎来了全面电子化的时代。目前全国的旅行社均可通过"全国旅游监管服务平台"进行签订电子合同的操作。

旅游电子合同法律效力等同于纸质合同,但是签署却更方便快捷,用户足不出户就可以签订合同,可随时下载查看,也利于相关部门进行监管,还可以为旅行社节省大笔纸质费用。目前除了针对部分有特殊需求的企业客户之外,大部分旅行社已基本采用电子合同的方式了。

三、电子旅游合同的签署流程及注意事项

电子旅游合同的签署流程具体步骤如下。

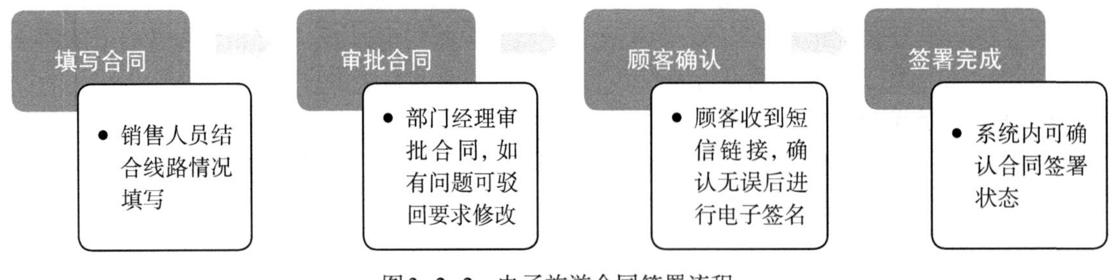

图3-2-2 电子旅游合同签署流程

1. 登录全国旅游监管服务平台

在浏览器打开网址https://lxs.mr.mct.gov.cn/进入全国旅游监管服务平台—旅行社管理系统,输入公司下发的用户名与账号(见图3-2-3)。

图3-2-3　全国旅游监管服务平台（https：//lxs.mr.mct.gov.cn/）

2. 合同模板

点击左侧“模板”，选择相应的合同模板，以下以“上海境内游合同”为例（见图3-2-4）。

图3-2-4　合 同 模 板

3. 根据模板要求，依次填写各项内容

（1）旅游产品名称。一般需体现出目的地、产品规格及天数。如：北京四日三晚纯玩团、三亚四日三晚豪华自由行等（见图3-2-5）

（2）团号。即公司内部团队编号，如没有可以留空。

（3）组团方式：

① 自行组团，即由本公司独立组团。定制团通常选这项较多。

* 旅游产品名称:
请输入线路名称 根据产品自拟
团号:
请输入团号 填写内部团号
* 组团方式:
◉ 自行组团 完全独立组团
○ 委托组团（委托社名称 请输入委托社名称 外包给其他旅行社安排
○ 拼团（其他社全称 请输入其他社全称 散拼团或联合组团
* 出发日期: 请选择出发日期
* 出发地点: 请输入出发地点
途径地点（经停地点）: 途径地点（经停地点）
* 目的地:
请输入目的地 填写所有旅行目的地城市名称

图3-2-5 合同填写参考(1)

② 委托组团，即委托国内其他旅行社进行组团。这项较少选择，委托其他旅行社组团会表现出自身的实力及能力不足。

③ 拼团，即由几家旅行社拼团，散客拼团线路通常选这项。

(4) 途经地点，如有经停地点需填写，如经停香港后前往普吉岛。

(5) 目的地，一般精确到城市即可，如果有多个目的地一并填写。

以下内容可填写“详见行程”，在行程中进行明确说明即可(见图3-2-6)。

* 结束日期: 请选择结束日期
* 返回地点: 请输入返回地点
* 景点名称和浏览时间:
景点名称和浏览时间 如行程较为复杂，可填写”详见附件“
往返交通: 请输入往返交通 ”飞机“、”高铁“等
标准: 请输入标准 ”经济舱“、”二等座“等
浏览交通: 请输入浏览交通 ”45座大巴“、”商务车“等
标准: 请输入标准 “专车”、“套车”等
旅游者自由活动时间: 请输入旅游者自由活动时间 如行程较为复杂，可填写”详见附件“
次数: 请输入次数
住宿安排（名称）及标准和住宿天数::
住宿安排（名称）及标准和住宿天数: 填写所有可能安排的酒店名称，注意规范，不得以“准五“、“准四”进行描述
用餐次数: 请输入用餐次数
标准: 请输入标准

图3-2-6 合同填写参考(2)

(6) 地接社名称。地接社相关信息必须如实填写，万一发生事故或投诉，此项信息是进行追责的重要依据。

(7) 导游服务。有无全陪须明确。

(8) 甲方应缴纳旅游费用。为顾客应缴纳的总的费用，而非人均费用。“领队、导游服务费用”按照团队人数均摊后填写。

（9）旅游费用缴纳期限。根据与顾客实际约定填写，通常散拼团要求在出团前全部付清，企业定制团可协商，一般出团前支付70%～90%，余款回团后7—10天内结清。

（10）行程信息。可以复制具体行程表内容（参见图3-2-7）。

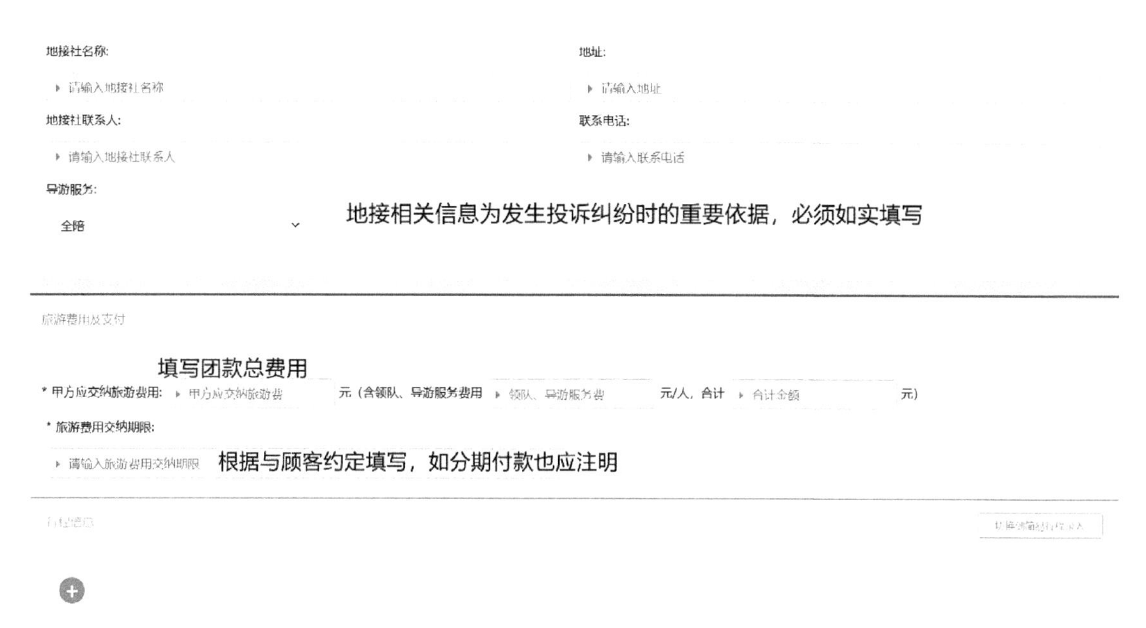

图3-2-7　合同填写参考（3）

（11）联系人/游客代表信息。根据实际情况填写即可，需要注意如果是与企业签订合同，需要上传企业授权书，即企业授权指定联系人，再由该联系人与旅行社签订电子合同（见图3-2-8）。

图3-2-8　合同填写参考（4）

（12）旅游者保险。销售人员须提醒顾客购买旅游意外险，明确是由顾客自行购买还是由旅行社代为办理。如由旅行社代办，则须按保单上的实际信息填写，切忌随意抬高售价及保额（见图3-2-9）。

旅游者保险

必须与游客明确是否代为投保旅游意外险

* 乙方提示甲方购买旅游意外险。经乙方推荐，甲方 同意 * 委托乙方办理个人投保的旅游意外保险。

保险公司名称: 产品名称:

保险公司名称 保险产品名称

保险费: 保险金额:

保险费 元 保险金额 元

代游客投保时，须确保实际购买保险的内容、保额及金额与合同一致

图3-2-9 合同填写参考(5)

（13）成团人数与不成团的约定：通常散拼团会设定最低成团人数，定制团则无此限制（见图3-2-10）。

成团人数与不成团的约定

成团人数与不成团的约定（二选一） 选择(1)

散拼团需明确成团人数

（1）最低成团人数 请输入据 人。低于此人数不能成团时，乙方应当提前7日通知甲方，本合同解除，向甲方退还已收取的全部费用。

（2）本团成团不受最低人数限制。 定制团发生人数减少时，可以采用收取消费的方式，分摊取消人员的“车费、导游费”。

图3-2-10 合同填写参考(6)

（14）甲方解除合同及承担必要费用：即“取消条款”，旅行社可根据结合机票、酒店等实际情况自行约定（选（一）），也可选择格式条款（选（二）），如图3-2-11所示。

甲方解除合同及承担必要费用

因甲方自身原因导致合同解除，乙方按下列标准扣除必要费用后，将余款退还甲方（二选一） 选择(一

(一)双方可以进行约定并从其约定:

解除合同可单独约定也可采用模板条款

1．在行程前解除合同的，必要的费用扣除标准为:

（1）行程前 日至 日，旅游费用 %;

（2）行程前 日至 日，旅游费用 %;

（3）行程开始当日，旅游费用 %

单独约定时，乙方违约的赔偿比例不得低于甲方违约的50%

甲方行程前逾期支付旅游费用超过

日的，或者甲方未按约定时间到达约定集合出发地点，也未能在中途加入旅游团队的，乙方可以视为甲方解除合同，乙方可以按本款规定扣除必要的费用后，将余款退还甲方。

(二)双方没有约定的，按照下列标准扣除必要的费用

1．在行程前解除合同的，机（车、船）票费用按实结算后，其余必要的费用扣除标准为:

（1）行程前7日至4日，旅游费用10%；

（2）行程前3日至1日，旅游费用20%；

（3）行程开始当日，旅游费用30%。

甲方行程前逾期支付旅游费用超过

日的，或者甲方未按约定时间到达约定集合出发地点，也未能在中途加入旅游团队的，乙方可以视为甲方解除合同，乙方可以按本款规定扣除必要的费用后，将余款退还甲方。

2．在行程中解除合同的，必要的费用扣除标准为:

（旅游费用-旅游费用×行程开始当日扣除比例）÷旅游天数×已经出游的天数+旅游费用×行程开始当日扣除比例。

如按上述1、2方式支付的必要费用低于实际发生的费用，按照实际发生的费用扣除，但最高额不应超过旅游费用总额。

行程前解除合同的，乙方扣除必要费用后，应当在合同解除之日起 个工作日内向甲方退还剩余旅游费用；

行程中解除合同的，乙方扣除必要费用后，应当在协助甲方返回出发地或者到达甲方指定的合理地点后 个工作日内向甲方退还剩余旅游费用。

图3-2-11 合同填写参考(7)

（15）违约责任。即旅行社违约，根据合同公平原则，一般要求乙方的违约金额不得低于相同条件下甲方违约的50%。例如：约定甲方提前14天内取消，需承担旅游费用20%的取消费，提前7天内取消，需承担30%的取消费，则应约定乙方提前14天提出解除合同，需支付旅游费用10%的违约金，提前7天内提出，需承担15%的违约金（见图3-2-12）。

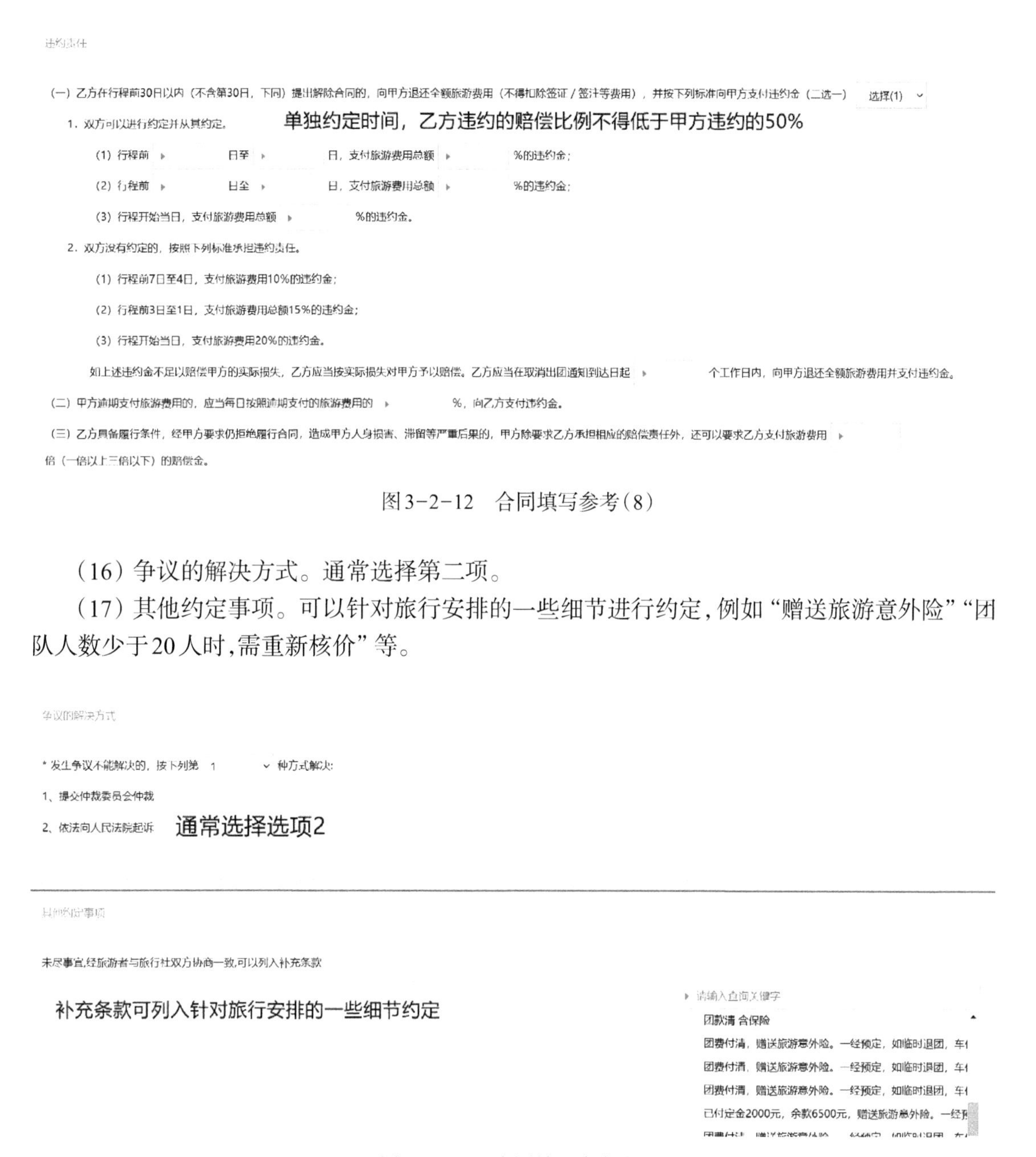

图3-2-12　合同填写参考（8）

（16）争议的解决方式。通常选择第二项。

（17）其他约定事项。可以针对旅行安排的一些细节进行约定，例如“赠送旅游意外险”“团队人数少于20人时，需重新核价”等。

图3-2-13　合同填写参考（9）

（18）自愿购物活动、自愿付费项目。这两项必须据实填写，如合同中未事先告知，但实际行程中却安排了购物、自费项目，则涉嫌违反旅游法，顾客是可以投诉的（见图3-2-14）。

图3-2-14　合同填写参考(10)

4. 合同签署完成步骤

完成合同全部内容填写后，提交等待合同内部审批(一般由经理级人员审批)，审批通过后，系统会自动发送合同签署链接给顾客，提示顾客点开链接确认签署。这样旅游合同的签署便完成了。

四、不可抗力等客观事件影响行程的处理

目前的示范文本细化了合同变更的规定，只有在双方协商一致的情况下才能变更合同；在行程中遇到不可抗力或者旅行社、履行辅助人已尽合理注意义务仍不能避免的事件，影响旅游行程的情况下，增加了危及旅游者人身、财产安全和造成旅游者滞留的情况下增加的费用的分担方法。此外，增加了惩罚性赔偿责任。针对旅行社具备履行条件，经旅游者要求仍拒绝履行合同义务，造成旅游者人身损害、滞留等严重后果的情形，示范文本约定旅游者还可以要求旅行社支付旅游费用一倍以上三倍以下的赔偿金。

《旅游法》第六十七条　因不可抗力或者旅行社、履行辅助人已尽合理注意义务仍不能避免的事件，影响旅游行程的，按照下列情形处理：

(1) 合同不能继续履行的，旅行社和旅游者均可以解除合同。合同不能完全履行的，旅行社经向旅游者做出说明，可以在合理范围内变更合同；旅游者不同意变更的，可以解除合同。

(2) 合同解除的，组团社应当在扣除已向地接社或者履行辅助人支付且不可退还的费用后，将余款退还旅游者；合同变更的，因此增加的费用由旅游者承担，减少的费用退还旅游者。

(3) 危及旅游者人身、财产安全的，旅行社应当采取相应的安全措施，因此支出的费用，由旅行社与旅游者分担。

(4) 造成旅游者滞留的，旅行社应当采取相应的安置措施。因此增加的食宿费用，由旅游者承担；增加的返程费用，由旅行社与旅游者分担。

案例3-2-1　成都市神州国际旅行社有限公司违规签订旅游合同案

2021年4月16日，何荣华、汪金霞代表12名游客到攀枝花市文化市场综合行政执法支队举

报梦之旅旅行社(经调查核实为成都市神州国际旅行社有限公司)组团旅游中的违法违规行为,被执法支队受理并查处。违规事实:成都市神州国际旅行社有限公司在签订旅游合同时,要求参加2021年4月8日至4月15日北海桂林8日游的旅游者另行付费300元,用于漓江、金水岩、葡萄山、訾洲游览项目的费用。违规条款:当事人其行为违反《旅行社条例实施细则》第三十九条第一款之规定。处罚依据及处罚决定:依据《旅行社条例实施细则》第六十一条之规定,2021年7月29日,攀枝花市文化广播电视和旅游局决定给予成都市神州国际旅行社有限公司罚款1 000元人民币的行政处罚。

(来源:攀枝花市文化广播电视和旅游局　　发布时间:2021-09-15)

思考　查阅相关法律法规,分析该旅行社被处罚的原因并思考如何整改。

案例3-2-2　旅游没签合同,中途退团闹纠纷

据知情人透露,陈女士(化名)报名佛山金马国旅的旅游团,第一次去旅行社门店咨询行程并缴纳定金时,陈女士自称赶飞机没有时间签旅游合同。第二次,客人来旅行社门店拿行程表并缴费时,由于旅行社的工作人员已换班,且无对接好合同签订事宜,业务员又没有与陈女士签订合同。

开始这一趟出境游旅程后,旅程只走了一半,陈女士的小孩就生病了,陈女士要求离团返国,并要求旅行社退还尚未产生的旅程费用。双方对退还金额产生了争议。此时,旅行社与游客才发现,双方并没有签订旅游合同。游客于是把佛山金马国旅投诉至市旅游局。市旅游局勒令金马国旅尽快与游客协商妥当,并予以2万元的处罚。

负责人:员工已辞退

对于此事,佛山金马国旅负责人刘总经理承认这是金马国旅个别员工的失误。他表示:"相关涉事员工已经辞退。这位客人是熟客,不是熟客也不会这样疏忽。此前我们企业已经多次强调,要求员工一定要跟客人签合同。"

刘总坦言,现在手机通信发达,部分旅行社熟客与业务员在微信上确认行程,微信上转账支付团费后,有可能直到出发前都没有签订合同。"有些客人与业务很熟悉,微信上联系,钱都交齐了,但是就没有签合同。以后一定避免这方面的错误操作。"

刘总表示公司很重视这一投诉,积极配合旅游局的调查,也积极与游客做好了退款工作。

旅游局:不签合同依法罚款

根据《新旅行社条例》第九十六条,如果旅行社未与旅游者订立符合法律、法规规定内容的书面包价旅游合同的,由旅游主管部门责令改正,没收违法所得,处五千元以上五万元以下罚款;情节严重的,并责令停业整顿,或者取消出境旅游业务许可、边境旅游业务许可,吊销旅行社业务经营许可证。对直接责任人员,处二千元以上二万元以下罚款。

(来源:佛山日报佛山旅游)

思考　分析金马国旅在销售管理上存在的问题并提出整改方案。

合同案例讨论

（1）教师引入各类合同案例并设计给出情景资料，要求各组学生根据具体的不同业务场景讨论相应的合同条款内容。

（2）学生以3—5人为一个小组，集体回顾并互相提问所领任务模块的相关专业知识。

（3）根据教师给出的情景资料与具体业务，学生按小组模拟角色扮演顾客和门店员工，设计完成各模块的合同说明内容，具体要求包括：

① 能按照岗位仪容仪表的要求，规范举止，并按照接待用语规范礼貌地接待顾客；

② 能按照不同合同标的要求，熟练地识别需要注意的合同事项；

③ 能根据所学的合同说明事项要求，拟定相关的行程标准、违约责任、费用、权利义务等条款。

（4）每个小组按照模拟情况进行陈述，并在小组之间对陈述进行点评。

（5）教师进行活动总结。

模拟合同签订

（1）教师事先打印空白的合同示范文本，要求学生根据不同的业务场景模拟填写，熟悉旅游合同签订流程。

（2）学生以3—5人为一个小组，集体回顾并互相提问所领任务的相关专业知识。

（3）根据给出的情景资料与具体旅游产品，学生按小组合作填写合同示范文本，具体要求包括：

① 能按照签订合同的规范，对需要填写的信息进行筛选列举，并完成所有的基本事项填写；

② 对照合同签订的相关总结知识，对所填写内容进行查漏补缺。

（4）不同小组交换交流合同示范文本，并对填写情况进行点评，每个小组按照自填和交流情况进行总结陈述。

（5）教师进行活动总结。

1. 学生自评

要求在已完成和可以胜任的选项后打勾。

（1）能说出旅游合同签订中的基本规范和常识。（　　）

（2）能正确地填写旅游合同中的相关内容。（　　）

（3）能模拟签署旅游合同的步骤。（　　）

（4）能简述因发生不可抗力等客观事件影响行程时的处理方法。（　　）

2. 老师评语

任务三　开具发票

通过本节内容学习，达到以下目标。

知识目标：了解旅行社发票相关知识，说出增值税普通发票和增值税专用发票的差异。

技能目标：能具备开具发票的基本技能，能够正确的开具发票。

素质目标：遵守国家有关发票管理政策法规，杜绝虚开发票，拒绝利用发票洗钱，维护企业正面形象。

一、发票的种类

根据国家工商税务规定，不同企业根据其规模、行业、经营范围不同，可开具的发票的种类及税率会有所差异。常见的发票种类有三种，即**增值税专用发票**和**增值税普通发票**，以及**专业发票**。

（一）增值税专用发票

增值税专用发票指专门用于结算销售货物和提供加工、修理修配劳务使用的一种发票。增值税专用发票只限于增值税一般纳税人领购使用，增值税小规模纳税人不得领购使用。一般纳税人如有法定情形的，不得领购使用增值税专用发票。

增值税专用发票基本联次为三联。第一联记账联，是销货方发票联，是销货方的记账凭证，即是销货方作为销售货物的原始凭证，在票面上的“税额”指的是“销项税额”，“金额”指的是销售货物的“不含税金额价格”。发票三联是具有复写功能的，一次开具，三联的内容一致。第二联是抵扣联（购货方用来扣税）。第三联是发票联（购货方用来记账）。

（二）增值税普通发票

普通发票主要由营业税纳税人和增值税小规模纳税人使用，增值税一般纳税人在不能开具专用发票的情况下也可使用普通发票。

（三）专业发票

专业发票是指国有金融、保险企业的存贷、汇兑、转账凭证、保险凭证；国有邮政、电信企业的邮票、邮单、话务、电报收据；国有铁路、国有航空企业和交通部门、国有公路、水上运输企业的客票、货票等。专业发票是一种特殊种类的发票，但不套印发票监制章。

旅行社在经营常规旅游相关业务时的纳税方式为差额征税，只可开具“普通发票”；只有在开展“会展会务”业务时才可开具“专用发票”，开具“专用发票”时须全额纳税，但可以用成本专用发票进行抵扣。

思考　你是一家旅行社的销售人员，一名客户在订购了2人的云南自由行后，表示想要你开“增值税专用发票”用于报账，并表示可以另外支付税费，可以答应他的要求吗？应该如何回复他呢？

（四）电子发票

为进一步适应经济社会发展和税收现代化建设需要，税务总局在增值税发票系统升级版基础上，组织开发了增值税电子发票系统，经过前期试点，系统运行平稳，具备了全国推行的条件，决定自2015年12月1日起在全国范围推行（见图3-3-1）。

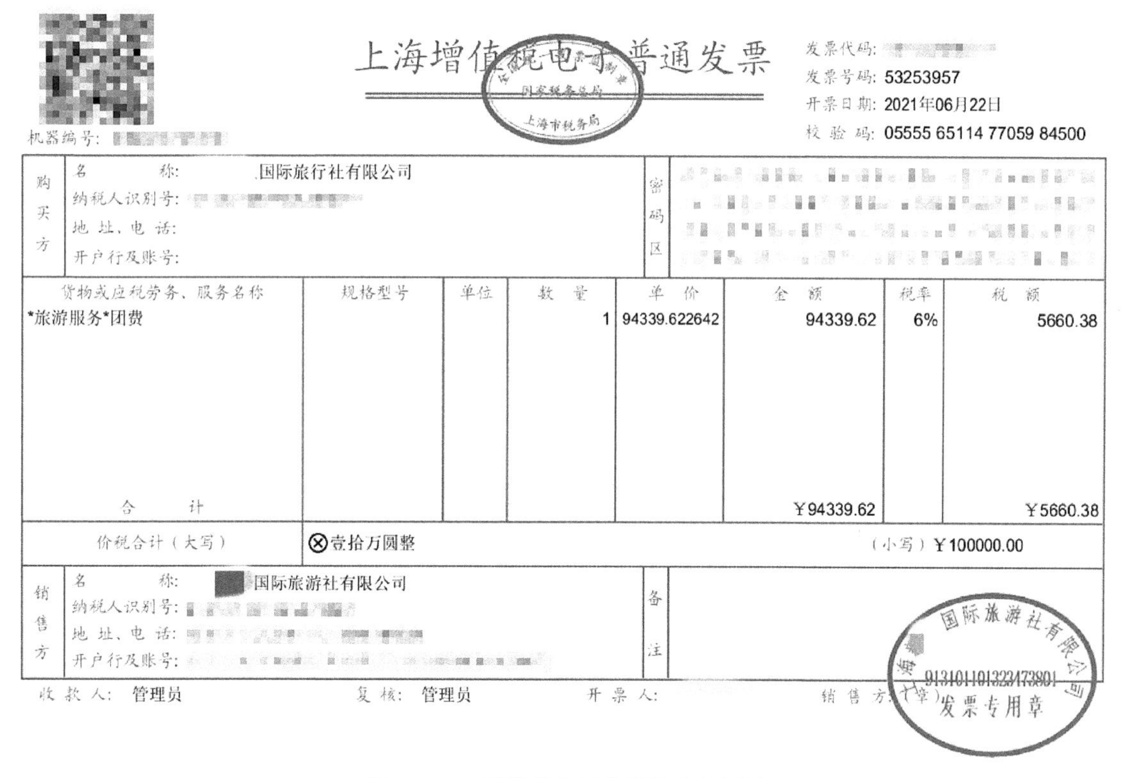

上海增值税电子普通发票

发票代码：
发票号码：53253957
开票日期：2021年06月22日
校验码：05555 65114 77059 84500

机器编号：

购买方　名称：国际旅行社有限公司
纳税人识别号：
地址、电话：
开户行及账号：

密码区

货物或应税劳务、服务名称	规格型号	单位	数量	单价	金额	税率	税额
*旅游服务*团费			1	94339.622642	94339.62	6%	5660.38
合计					¥94339.62		¥5660.38

价税合计（大写）⊗壹拾万圆整　（小写）¥100000.00

销售方　名称：国际旅游社有限公司
纳税人识别号：
地址、电话：
开户行及账号：

备注

收款人：管理员　复核：管理员　开票人：　销售方：（章）

国际旅游社有限公司　发票专用章

图3-3-1　增值税电子普通发票（样张）

国家税务总局公告2015年84号第三条规定：增值税电子普通发票的开票方和受票方需要纸质发票的，可以自行打印增值税电子普通发票的版式文件，其法律效力、基本用途、基本使用规定等与税务机关监制的增值税普通发票相同。

增值税电子普通发票的开具内容提示：发票内容必须与业务事实相符。

发生销货退回、销售折让、应税劳务取消，需开具红字电子发票的，应与蓝字发票一一对应，一次性全额红冲；如果原发票为电子发票，只需在增值税电子普通发票开票系统中直接找到原蓝字发票，全额红冲，并按实际收款额开出新的发票即可，不需要收回原发票。

二、发票的内容

（一）销售方发票内容

旅行社作为销售方，开具发票的内容必须与实际业务事实相符，常用的增值税普通发票内容有旅游费、团费、代订机票、代订住宿、代订车费、代办签证等。常用的增值税专用发票内容有会务费、会务服务费。

（二）购买方发票内容

旅行社为差额征税企业，旅游团队的成本发票大都可以用来报账。但旅行社有自己的经营范围，在本团队以外的费用是不能在本公司列支的，同时也只有本团队的旅游业务的发票才可以作为成本开支，除此之外的费用和开销是不能列入本团队成本的。旅行社常见的成本发票有机票行程单、酒店住宿发票、景点门票、餐饮发票、车队车费发票、地接社团费发票等，但像一些会奖旅游团的礼品费、讲课费、烟酒费及土特产商品等费用是不可作为团队成本的。

三、开具发票的注意事项

（1）“购买方”注意事项。① 开具发票时购买方单位名称不得漏字，不得有错字；② 纳税人识别号为统一社会信用代码；③ 地址、电话为注册地址（非经营地址）及在税务机关登记的电话；④ 开户行及账号为企业基本开户行及账号。上述四者缺一不可。

（2）“发票号”注意事项。税控系统发票号码应与纸质发票上的号码相对应。开票日期为开具发票当天。

（3）“密码区”注意事项。密码区不能压线或错格。如超出视为无效。

（4）“货物或应税劳务、服务名称”注意事项。货物或应税劳务、服务名称应按照实际情况填写，要与实际业务相符，与税率相符。不可以填写办公用品、日用品、食品等。

（5）“规格型号、单位、数量、单价”注意事项：① 货物等实物有规格型号、单位、数量、单价必填，且必须与实际相符；② 服务及劳务如视为无规格型号、单位、单价可不填。

（6）“销售方”注意事项：① 开具发票时销货方单位名称不得漏字，不得有错字；② 纳税人识别号为统一社会信用代码；③ 地址、电话为注册地址及在税务机关登记的电话；④ 开户行及账号为企业基本开户行及账号，四者缺一不可。名称、纳税人识别号、地址及电话、开户行及账号在该公司购买税控盘完成时，进行税控信息录入，录入时应确保信息的准确性，在后期开给购货方的信息需完整无误。

（7）“收款人、复核人、开票人”注意事项。发票底部的复核人和开票人为必填项，收款人为购买方的购货人，开票人不能是管理员（复核和开票人最好不要是同一个人）。

（8）“销售方（章）”注意事项。发票专用章不得加盖单位公章或财务章，必须加盖发票专用章，章上必须刻有销货方公司的名称和纳税人识别号才有效，注意盖的章不能压住发票上的金额也不能把章盖出发票纸外。如盖出视为无效，需作废。

（9）“打印发票”注意事项。打印纸质发票时应确定好发票与打印机的格式，一般为10—15厘米之间，如果不设置格式直接打印纸质发票，打印出来的发票就会出格，不能体现出该张发票的税金的发票，应当立即作废重新开具。

（10）增值税普通发票由基本联次或者基本联次附加其他联次构成，基本联次为两联：发票联和记账联。增值税专用发票由基本联次或者基本联次附加其他联次构成，基本联次为三联：

第一联记账联；第二联是抵扣联（购货方用来扣税）；第三联是发票联（购货方用来记账）；第四联为代开增值税专用发票。

案例3-3-1　葛兰素史克走账平台起底：小旅行社虚开发票

葛兰素史克（下称“GSK”）商业贿赂案，让一家名不见经传的旅行社——上海临江国际旅行社（下称“临江旅行社”）“一夜成名”。据新华社消息，临江旅行社被指成为GSK行贿案走账平台，截至2013年，报账金额共计约3 000万元。

GSK在昨日发表的声明中称，公司正重新审查与所有第三方代理的合作，并已立即停止使用本次调查所涉旅行社的服务，同时全面检查所有与旅行社相关的历史合作记录。

或许因GSK行贿案件过于敏感，《第一财经日报》记者昨日采访中旅系、国旅系、青旅系、锦江系时，这些大型旅游企业官方均表示并不清楚GSK的会务旅游业务。不过，记者从不少接近人士和知情者处获悉，GSK等大型医药企业与众多大型旅行社都打过交道，医药公司和直销公司是目前各大旅行社的“大客户”，正规做法是通过招投标进行商旅供应合作。

但是，上述知情人士还介绍，通过虚开发票、增加或转换名目、回扣等方式来配合企业的“走账需求”，在旅行社业内都是公开的秘密，不少企业会将专款“放置”于旅行社，在必要时进行相关操作，旅行社的“非正规走账”操作并非靠一己之力完成，其背后还涉及车队、景区、饭店等一系列利益链条的联动操作。

诱人的会务旅游

“从未听说过有临江旅行社，也从未见过临江旅行社的人。”这是本报记者昨日采访中旅系、国旅系、青旅系、锦江系等大型旅游公司后得到的一致回答。

但就是这家毫无名气的小旅行社，其营业额居然可高达数亿元。据新华社报道，2006年成立的临江旅行社几乎没做过任何旅游业务，而只和一些药企打交道，但年营业额却从成立之初的几百万元飙升到案发前的数亿元。临江旅行社法人代表翁剑雍向警方交代，2009年至今，临江旅行社承接GSK中国多个部门各项会议、培训项目后，通过各种方式返给GSK中国部分高管的金额达2 000余万元。

截至发稿时，记者一直未能联系上临江旅行社，公开资料显示，其日常主要业务是组织在上海的外资企业高端商务人员在中国及世界各地的会议、会务、会展和培训工作。

“但其实旅游业内人士都知道，GSK这个名字非常红，几乎所有大型旅行社都和GSK打过交道，即便没有正式进行过交易业务，但大多参加过GSK的会务旅游业务招投标会议。”上述知情者告诉本报记者，目前中旅系、国旅系、青旅系、锦江系、上航国旅等全都有商旅会务板块，该板块业务的重点客户大多集中在医药、直销公司、汽车等行业，因此GSK、辉瑞、通用等都是业内知名大客户，正规的操作应由这些公司做会务旅游招标，各大旅行社出计划书投标，经过删选和逐个面谈后，择优与旅行社合作。

知情人士还介绍，与普通团队游不同，大公司会务旅游名目繁多，产品是定制的，如一般医药公司邀请的都是高层，这些人要坐头等舱，入住豪华酒店套房，用餐豪华，还需定制会务活动或培训等，并配合符合主题的旅游项目，甚至还要策划一些特别演出和娱乐项目。“正规操作方式是，旅行社在每个项目上将利润明细列出，正常利润在5%～10%不等，且不应拿回扣。但实际上很难杜绝回扣，假如双方私下谈妥，有时报价提高后，利润率可达50%甚至更高，而正常旅游团利润率有时都不到5%。”

记者在采访中获悉，有些企业每年会有一笔用于客户关系维护的专款，一般都用于组织出游、饭局活动等。一位消费品行业业者哭笑不得地表示，这笔费用若没有花费完，只能说明客户关系维护不力，于是各类打着会务旗号的“维护活动”此起彼伏，旅行社成为“维护活动”的一大环节。

揭秘“走账”手法

“大公司需大量发票和名目报账，旅行社需获大客户和佣金，于是双方会在大公司会务活动上大做‘走账文章’，这在普通旅游团是无法操作的，因为普通旅游团账目清楚，且本身利润就很低，也没有空间获利。但由于大公司会务旅游名目繁多，给了不规范旅行社‘钻空子’机会。”在旅行社行业浸淫多年的一位人士如是介绍称。

虚报会务规模是第一大手段。新华社报道称，翁剑雍表示，其一般是虚增人数套现，比如说20人参加报40人。其跟GSK合作的项目里，虚开的大概有20%，他们这一行里还有虚构项目的，根本不存在的会议也开发票去报账。据悉，GSK中国最大的一个冷链项目，单笔贿金就提了200万元，也是靠虚报做的。

“虚报后需虚开发票，转换名目是简单手法，比如礼品发票要纳税，为避税会将发票开成旅游费用。这性质不太严重，起码真有这笔费用，更进一步的是，根本没有的项目完全虚开发票，这不仅是旅行社一个人的事情，而是要联动整个上下游。比如车队、景区、饭店等，假设实际2辆车费用是1万元，却虚报说用了4辆车而开具2万元发票，但这需车队配合，车队可通过油费发票等消化虚开发票的超出部分。饭店用餐更易虚开发票，饭店每年根据营业额有一定数量的定额发票，很多客人不会去要发票，定额发票通常会多出来，于是就给旅行社获更多发票的机会。”上述接近旅行社行业人士介绍，此外，景区门票就是发票，假如景区开机打发票则旅行社无机可乘，假如景区给手撕门票，那么报账时只要贴一张门票再手写乘以多少数字即可报销数倍，比如实际只买一张门票，但报账时贴一张门票再写乘以10，即可获得10倍报销。

“旅行社获得的虚开发票满足了企业客户需求，有些企业会直接放一笔款给旅行社，以备不时之需或让旅行社人员、企业采购人员私下分成。旅行社是一个薄利、无固定资产的行业，其最大利益来自‘转手’生意，比如预订酒店、机票，做旅游团等，都是抽佣金和获差价。虚开发票后，旅行社可根据发票账面数字获得一定比例的分成，一般业内比例在5%到10%。获得这笔‘见不得光’的佣金后，旅行社自然也要给企业客户回扣。”接近人士表示。

（来源：第一财经日报 作者：乐琰）

设计题

发 票 开 具

（1）教师引入任务主题并设计给出情景资料，要求学生根据具体的业务场景模拟不同发票开具方式。

（2）学生以3～5人为一个小组，集体回顾并互相提问所领任务的相关专业知识。

（3）根据教师给出的情景资料与具体业务，学生按小组模拟角色扮演完成不同发票的开具任务，具体要求包括：

① 能按照岗位仪容仪表的要求，规范举止，并按照接待用语规范礼貌地接待顾客；

② 能根据经济业务，正确判断涉及税项的种类；

③ 能依据不同旅游产品的收款信息，熟练准确地完成开具发票步骤模拟。

（4）每个小组按照模拟情况进行陈述，并在小组之间对陈述进行点评。

（5）教师进行活动总结。

任务掌握评价

1. 学生自评

要求在已完成和可以胜任的选项后打勾。

（1）能说出开具发票时应向顾客哪些信息。（　　）

（2）能说出增值税普通发票和增值税专用发票的差异。（　　）

（3）能列举旅行社开具的发票常见内容有哪些。（　　）

2. 老师评语

任务四 办理签证

办理护照和申请签证是出境游必不可少的步骤，掌握相关的知识并能够指导顾客办理签证是旅行社销售人员的必备技能。

通过本节内容学习，达到以下目标。

知识目标：掌握护照及签证的基础知识，了解出境旅游主要目的地国家的签证政策。

技能目标：能把控办理签证的一般流程，能指导顾客填写各国签证申请表及准备所需材料，能初步审核顾客所提交的签证材料正确与否。

素质目标：养成认真负责的工作态度和严谨务实的工作作风。

一、护照

（一）护照的含义

护照是一个国家的公民出入本国国境和到国外旅行或居留时，由本国发给的一种证明该公民国籍和身份的合法证件。护照（passport）一词在英文中是口岸通行证的意思。也就是说，护照是公民旅行通过各国国际口岸的一种通行证明。

（二）护照的种类

我国护照分为三类，外交护照、公务护照和普通护照（见图3-4-1）。

图3-4-1　中国不同种类的护照

1. 外交护照

主要发给副部长、副省长等以上的中国政府官员，党、政、军等重要代表团正、副团长以及外交官员、领事官员及其随行配偶、未成年子女等。

2. 公务护照

主要发给中国各级政府部门的工作人员、中国驻外国的外交代表机关、领事机构和驻联合国组织系统及有关专门机构的工作人员及其随行配偶、未成年子女等。

3. 普通护照

因公普通护照：主要发给中国国有企业、事业单位出国从事公务活动的人员。

因私普通护照：发给定居、探亲、访友、继承遗产、自费留学、就业、旅游和其他因私人事务出国和定居国外的中国公民（见图3-4-2）。

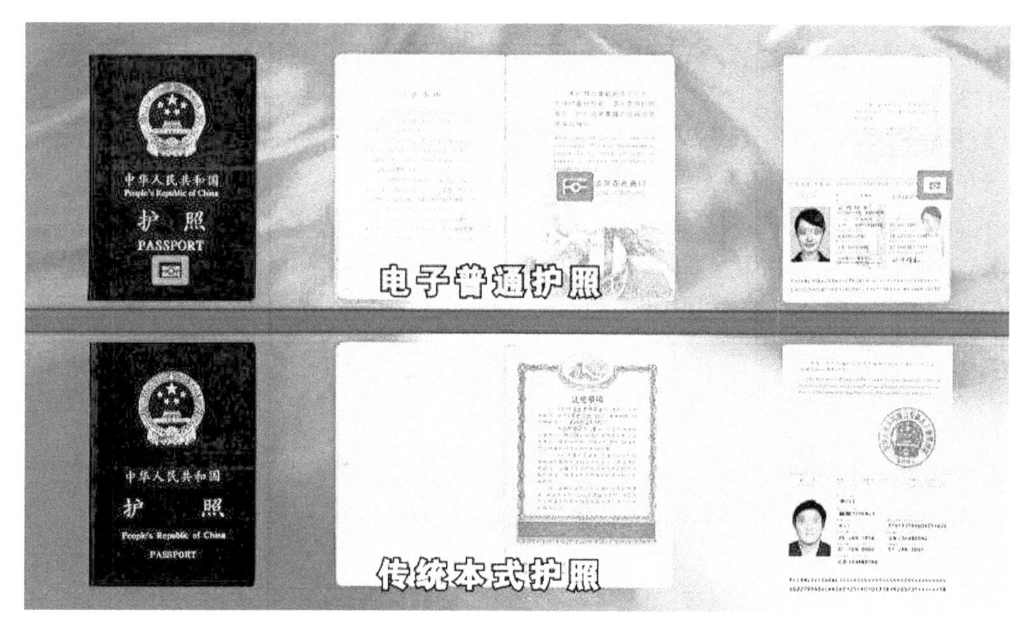

图3-4-2　电子普通护照与旧版普通护照

（三）护照使用注意事项

（1）护照有效期不足半年，禁止出入境。大部分国家都有相关规定，外国人入境时，护照有效期必须在6个月以上，否则禁止入境；另外，航空公司作为承运人，有权拒绝护照有效期限不满足要求的旅客登机。如果护照有效期已不足半年，或签证页即将用完，需要去申请换发新护照。

（2）护照不小心被撕破，磁条受损。当护照磁条受损，无法读取护照信息时，护照将瞬间失去效力，这一点在任何国家的海关都是如此。出门在外一定要妥善保管护照。

（3）护照页面脱落，千万别自己缝合。护照签证页脱落自行缝合的，会直接导致护照失效，被禁止出入境；存在主观故意，撕毁签证页、隐瞒出入境记录，有可能被定性为偷渡行为，面临牢狱之灾。护照有损坏的，应及时到出入境管理部门申请新证；在国外发生护照遗失、损毁等情形，应立即向驻外大使馆申请，换取中华人民共和国旅行证回国，如图3-4-3（a）所示。

（4）境外购物，签证被免税小票钉死。护照签证页被固定免税购物小票，回国时一般不影响出入关，按照边检人员要求将小票去掉即可。但注意，过程要小心，不可损坏签证页，否则将产

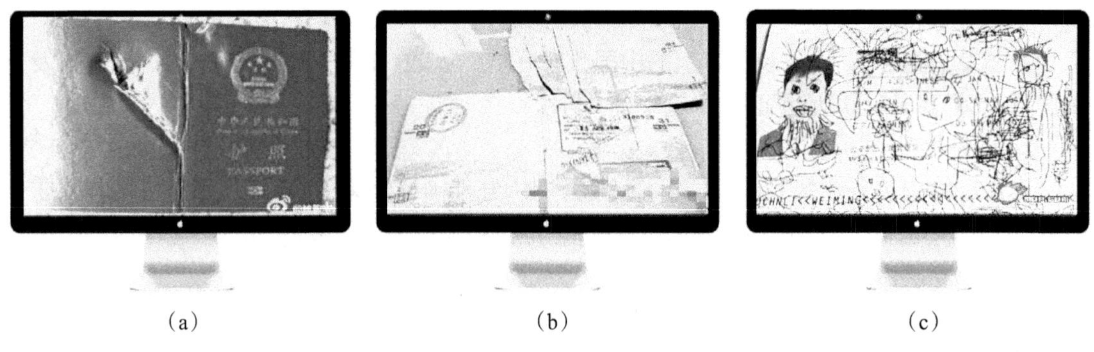

(a) (b) (c)

图3-4-3 所示不符合要求的护照

生影响。另外，申请一些国家签证时，有“护照必须有连续N个空白页”的要求。这意味着纸上不能有任何痕迹（包括签章、贴签或订书针留下的针眼）。取过订书针，便不能算作空白页了，如图3-4-3（b）所示。

（5）护照被涂写，会失效。护照如不慎被涂抹、画画，也会造成护照失效，如图3-4-3（c）所示。若在国外旅游，持护照者需尽快向驻外大使馆申请，换取中华人民共和国旅行证回国。护照如有“泡水”等情况，也需要换证。

（6）自助通关，记得打印入境凭证。2018年2月1日起，在全国所有启用自助通道的边检站，已提供出入境记录凭证自助打印服务。所有出入境人员均可自助打印出入境记录，作为出入境记录证明文件。

（四）护照申领办法

1. 办理流程

自2019年4月1日起，中华人民共和国普通护照实行“全国通办”，即内地居民可在全国任一出入境管理窗口申请办理出入境证件，申办手续与户籍地一致（见图3-4-4）。

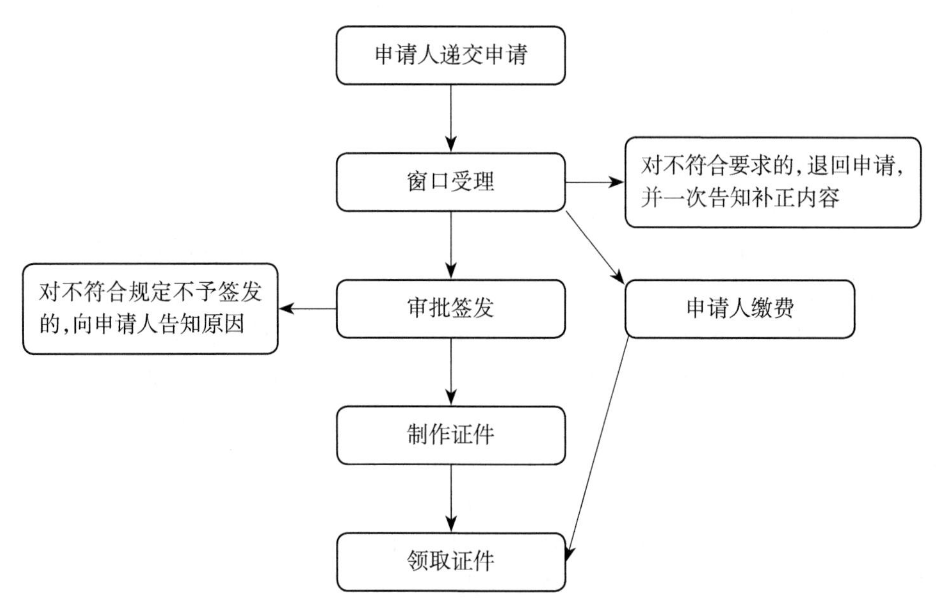

图3-4-4 普通护照签发流程图

（1）申请人向公安部委托的县级以上公安机关出入境管理机构提交申请材料并按规定采集指纹信息。

（2）受理机构对符合申请条件，申请材料齐全且符合法定形式的，向申请人出具《受理申请回执单》；对申请材料不齐全或者不符合法定形式的，一次性告知申请人需要补正的全部内容；对不属于本部门职责范围或不符合受理要求的，不予受理，并向申请人说明理由。

（3）审批机构进行审核，作出批准或者不予批准的决定。批准的，签发证件；不予批准的，审批机构向申请人出具《不予批准决定书》。

（4）申请人领取证件。

2. 办理时限

居民在户籍地公安机关出入境管理机构申请普通护照应当自受理申请材料之日起7个工作日内审批签发并制作普通护照。跨省异地申请普通护照的签发时限为20日。在偏远地区或者交通不便的地区或者因特殊情况，公安机关出入境管理机构不能在上述时限内签发普通护照的，经省级公安机关出入境管理机构负责人批准，普通护照的签发时限可以延长至30个工作日。

3. 办理费用

从2019年7月1日起，因私普通护照收费标准由160元/本降为120元/本。

二、签证

（一）签证的含义

签证（visa）是一国政府机关依照本国法律规定为申请入出或通过本国的外国人颁发的一种许可证明。根据国际法原则，任何一个主权国家，有权自主决定是否允许外国人入出其国家，有权依照本国法律颁发签证、拒发签证或者对已经签发的签证宣布吊销。

签证通常是附载于申请人所持的护照或其他国际旅行证件上。在特殊情况下，凭有效护照或其他国际旅行证件可做在另纸上。

（二）签证的种类

目前，世界上大多数国家的签证分为外交签证、公务签证和普通签证。以下主要介绍普通签证的细分种类。

根据出入境事由分为移民签证、非移民签证、留学签证、旅游签证、工作签证、商务签证和家属签证。

根据逗留时间分为长期签证和短期签证。长期签证的概念是，在前往国停留3个月以上。申请长期签证不论其访问目的如何，一般都需要较长的申请时间。在前往国停留3个月以内的签证称为短期签证，申请短期签证所需时间相对较短。

根据签证的表现形式分为贴纸式签证、印章式签证、另纸式签证、电子式签证。

1. 贴纸签证

目前应用最广的签证形式。签证的基质为一张标准化贴纸，上边载有申请人的信息及签证信息，记载方式为机打或手写。签证信息记载完毕后，通常由人工贴到护照签证页上（见图3-4-5）。

美国、加拿大、英国、申根各国、日本等多数国家均采用贴纸签证。

2. 印章式签证

既是贴纸签证的“前身”，又可视为贴纸签证的一类。通常以标准化印章作为签证基质，由手工盖在护照签页上，再用印章或手写补全签证信息（见图3-4-6）。

美国、申根各国、韩国等国家在启用贴纸签证之前，都曾使用过成本低廉的印章式签证。目前，仍用印章式签证的有尼泊尔、文莱、泰国（落地签见图3-4-6）、马来西亚（部分国家签发）、特立尼达和多巴哥、纳米比亚等。

3. 另纸签证

也可以视为贴纸签证的一类。签发国往往基于某些特殊政策，或为了规避某些政治分歧，而使用另纸签证，另纸签证和护照是分离状态，但二者必须同时使用；一般情况下，签发国边检也将边检章盖在另纸签证上而不在护照上留下痕迹。

目前，越南（对于中国新版护照，其另纸签证如图3-4-7所示）、菲律宾、伊朗、阿布哈兹、科威特、博茨瓦纳、纳戈尔诺拉巴赫（可选）、北塞浦路斯（可选）等采用另纸签证。

图3-4-5　美国签证样例

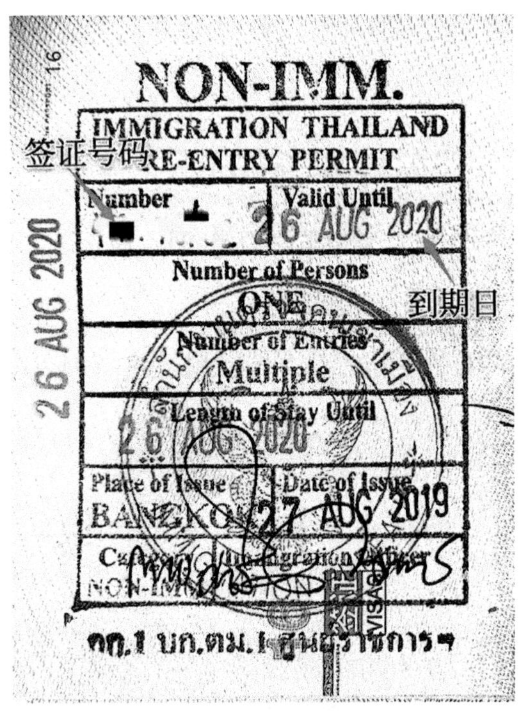

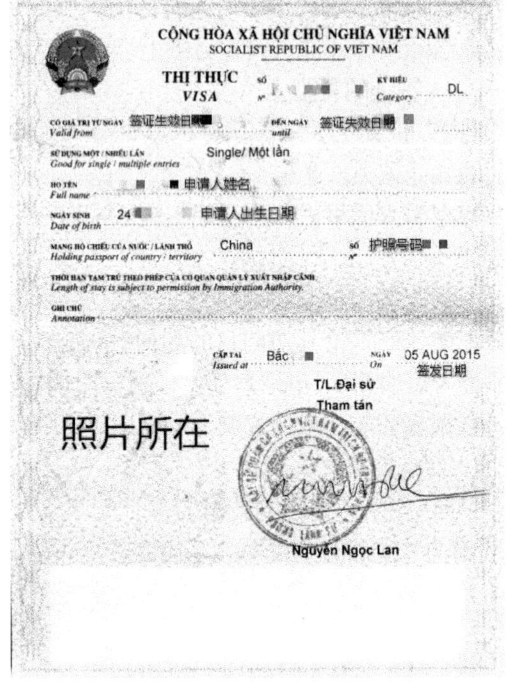

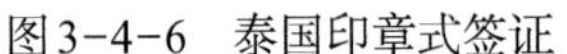

图3-4-6　泰国印章式签证　　　　图3-4-7　越南另纸签证

4. 电子签证

是通过网络申请，由目的国使领馆或移民局在线签发的签证。签证为电子版文件，申请人获签后，将电子版文件打印出来，配合护照使用即可（少数国家不需要打印件）。

目前，签发电子签证的国家越来越多，使用国家有澳大利亚（见图3-4-8）、新西兰、新加坡、马来西亚、阿塞拜疆、格鲁吉亚、亚美尼亚、乌克兰、乌兹别克斯坦、柬埔寨、肯尼亚等。

5. ADS签证

ADS（Approved Destination Status）签证即通常指的“团签签证”，最常见的是申根ADS签证。加注ADS签证后仅限于在被批准的旅游目的地国家一地旅游，此签证在目的地国家境内不可签转，不可延期。持有这种签证的人必须团进团出。ADS签证需要6人以上成团，同时而且必须要由取得相应送签资质的旅行社申请并委派领队全程跟团随行。

De[illegible]

We ha[illegible]anted you a Visitor (subclass 600) visa on 19 November 2018.

Application status	
Visitor (subclass 600):	**Granted**

Visa conditions

8101 - No work

8201 - Maximum three months study

An explanation of each condition of this Visitor (subclass 600) visa is provided below.

You can check these conditions at any time by using the Visa Entitlement Verification Online (VEVO) service. The four-digit number presented next to each condition above is used in VEVO to identify each condition that applies to this Visitor (subclass 600) visa.

Visa duration and travel

Date of grant	19 November 2018
Must not arrive after	19 November 2019
Length of stay	3 month(s) from the date of each arrival
Travel	Multiple entries

Visa summary

Name	[illegible]
Date of birth	11 November 1983
Visa	Visitor (subclass 600)
Stream	Tourist
Date of grant	19 November 2018
Visa grant number	2189584885519
Passport (or other travel document) number	[illegible]
Passport (or other travel document) country	CHINA
Application ID	205618690
Transaction reference number	EGOK6YJ3I5

图3-4-8　澳大利亚电子签证

拓展知识

申根签证

申根签证指根据申根协议而签发的签证。该协议规定成员国的单一签证政策。任何一个申根成员国签发的签证，在所有其他成员国也被视作有效，而无须另外申请签证。而实施这项协议的国家便是通常所说的“申根国家”。申请申根签证时，申请停留天数最长的国家的签证，如停留天数相同时，首先进入哪个国家，即申请哪个国家的签证。

申根国共有26个，包括奥地利、比利时、丹麦、芬兰、法国、德国、冰岛、意大利、希腊、卢森堡、荷兰、挪威、葡萄牙、西班牙、瑞典、匈牙利、捷克、斯洛伐克、斯洛文尼亚、波兰、爱沙尼亚、拉脱维亚、立陶宛、马耳他、瑞士和列支敦士登。

（三）办理签证的注意事项

（1）确认护照有效期足够（距出境日期6个月以上），有连续两页空白页（不含备注页）。

（2）确认申请人出境记录，是否有拒签记录及境外滞留不归记录。

（3）确认户籍所在地与常住地是否与签证申请领区相符。

（4）确认签证申请表所填信息与实际出行计划一致。

（5）出签后，核对签证页所有信息（特别留意个人信息及签证生效日期）。

（四）签证办理流程

签证办理流程，如图3-4-9所示。

1. 客人类型

办理签证时，根据递交材料要求的不同，可把客人分为以下几类：

（1）在职人员；

（2）退休人员；

（3）学生（18岁以上）；

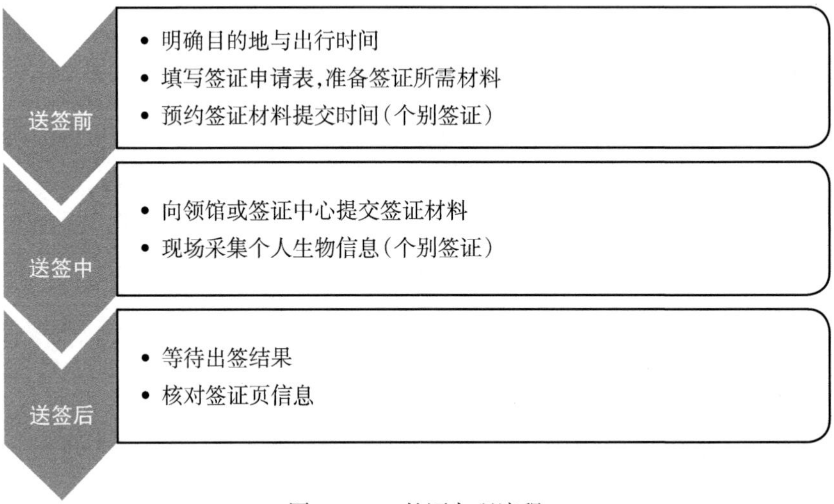

送签前
- 明确目的地与出行时间
- 填写签证申请表，准备签证所需材料
- 预约签证材料提交时间（个别签证）

送签中
- 向领馆或签证中心提交签证材料
- 现场采集个人生物信息（个别签证）

送签后
- 等待出签结果
- 核对签证页信息

图3-4-9 签证办理流程

（4）学生/儿童（18岁以下）；

（5）无业人员/家庭主妇/自由职业。

2. 签证资料审核要求

递交签证材料时，根据审核要求的不同，需要递交的资料包括出境记录、工作收入、家庭情况、资产情况等。一般常把资料整理分为以下几类：

（1）证件类资料（见图3-4-10）；

图3-4-10　证件类资料

（2）工作类资料（见图3-4-11）；

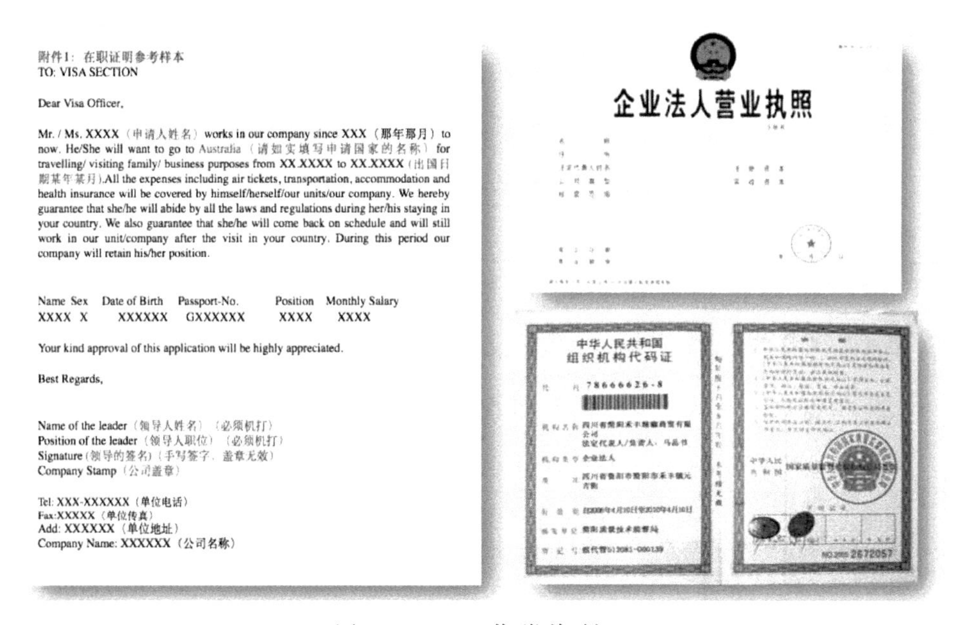

附件1：在职证明参考样本
TO: VISA SECTION

Dear Visa Officer,

Mr. / Ms. XXXX（申请人姓名）works in our company since XXX（那年那月）to now. He/She will want to go to Australia（请如实填写申请国家的名称）for travelling/ visiting family/ business purposes from XX.XXXX to XX.XXXX（出国日期某年某月）.All the expenses including air tickets, transportation, accommodation and health insurance will be covered by himself/herself/our units/our company. We hereby guarantee that she/he will abide by all the laws and regulations during her/his staying in your country. We also guarantee that she/he will come back on schedule and will still work in our unit/company after the visit in your country. During this period our company will retain his/her position.

Name	Sex	Date of Birth	Passport-No.	Position	Monthly Salary
XXXX	X	XXXXXX	GXXXXXX	XXXX	XXXX

Your kind approval of this application will be highly appreciated.

Best Regards,

Name of the leader（领导人姓名）（必须机打）
Position of the leader（领导人职位）（必须机打）
Signature（领导的签名）（手写签字，盖章无效）
Company Stamp（公司盖章）

Tel: XXX-XXXXXX（单位电话）
Fax:XXXXX（单位传真）
Add: XXXXXX（单位地址）
Company Name: XXXXXX（公司名称）

图3-4-11　工作类资料

（3）资产类资料（见图3-4-12）。

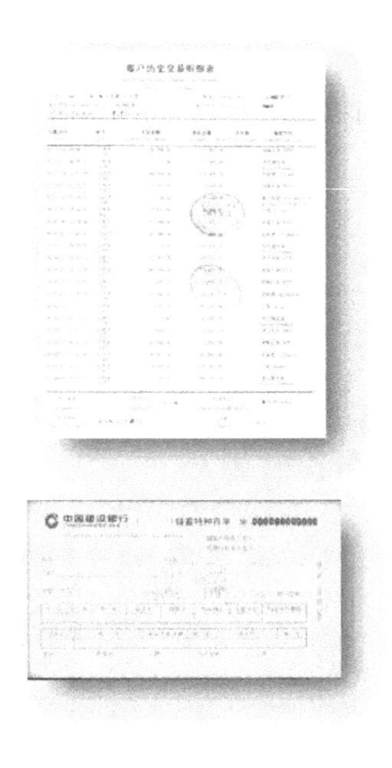

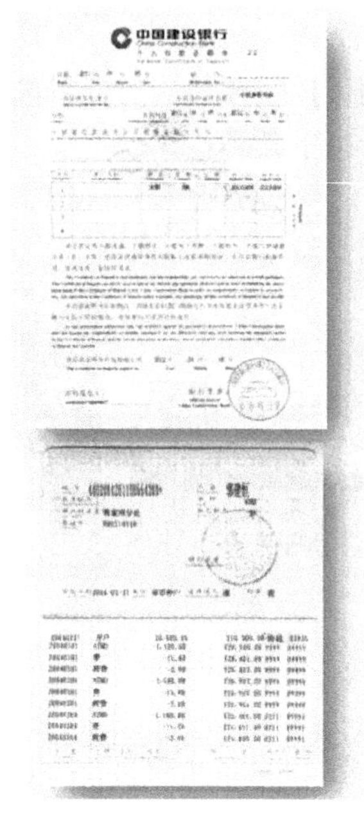

图3-4-12 资产类资料

3. 签证办理费用

各使馆签证费用不同，主要为签证申请费+签证中心服务费+旅行社服务费。发达国家签证申请结果根据申请人材料而定，有部分会遭到拒签，费用不退。表3-4-1为各国签证的受理类别、时间及旅行社零售价。

表3-4-1 常用签证一览表

国 家	可受理类别	受理时间	零售价
美国	商务/旅游/探亲	10天	1 500
加拿大	商务/旅游/探亲	20天	1 650（含按指纹费用）
申根国家	商务/旅游/探亲	10—15天	1 100
英国	商务/旅游/探亲（半年）	20天/可加急	1 400
以色列	商务/旅游/探亲	7天	700
澳大利亚	商务/旅游/探亲电子签证	30天	1 100
*签证有效期——三年1 150/十年5 900 *加急72小时费用1 000澳币			
新西兰	商务/旅游/探亲电子签证	20天	1550
新西兰家庭政策直系亲属（小孩未满18周岁）	商务/旅游/探亲电子签证	20天	追加350元/人

续　表

国　家	可受理类别	受理时间	零售价
阿根廷	旅游电子签证	30天	800
巴西	商务/旅游/探亲	5天	1 500
南非	商务/旅游/探亲	10天	90
日本	旅游单次	8天	350
	三年多次(冲绳、东北三县)	8天	300
	三年不限口岸、五年多次	8天	800
韩国	旅游单次/五年多次	7天	500/1 200
新加坡	旅游/商务	5天/可加急	350/450
马来西亚	旅游/商务	4天	350/600
泰国	旅游	4天	300
越南	旅游/商务	3天	350
菲律宾	旅游/商务电子签证	5天/可加急	350
印度	旅游/商务	7天	900
柬埔寨	旅游电子签	3天	350
伊朗	旅游签证	10天	1 400
土耳其	旅游电子签	1天	600

*由合作旅行社提供。

案例3-4-1　游客自办签证出了错,旅行社竟也要担责?

案件情况

2017年11月27日,A游客预订了B旅行社2018年2月11日出发的巴西、阿根廷、智利、秘鲁游,支付了37 380元(包括保险费用180元)。该次旅游需要A游客自备美国签证。后A游客自行办理了美国签证,并按B旅行社的指定邮寄了美国签证及办理其他国家签证所需的材料,B旅行社指定的人员于2017年12月28日收到前述材料。后,B旅行社在2018年2月7日下午告知A游客,称A游客提供的美国签证姓名拼音有误,将“JINYING”拼成了“JINGYING”,因此可能无法出行。据A游客介绍,在与B旅行社协商解决的过程中,旅行社曾提出花200美元买通关的方案,但不能保证一定顺利出行,游客对此无法接受。后,A游客在2018年2月9日向B旅行社发出电子邮件,以合同目的无法实现为由,要求解除本次行程合同。

A游客称,B旅行社作为专业的出境服务机构,未尽审查义务,导致其出行无法实现,应当退还收取的费用，并支付违约金。B旅行社辩称，因A游客自备的美国签证存在问题，责任在A游客自身，且相关费用已经支付给合作接待方C旅行社，不同意退还旅游费用和支付违约金。就此，B旅行社提交了与C旅行社的合同、付款凭证和发票等予以佐证，证据显示B旅行社支付给C旅行社A游客的费用为36 800元。

A游客还称，B旅行社曾承诺过，如美国签证有问题的话，全额退款，并提交了微信记录予以佐证。B旅行社认可微信证据的真实性，但表示如果是代办签证的话，出现问题可以退还部分费用，如果是游客自己办理，是不退费的。

法院判决

法院认为，虽然双方并未签订书面的旅游服务合同，但A游客预订B旅行社的旅游产品并支付费用，B旅行社予以接受，双方形成旅游合同关系。后因A游客的签证问题，导致A游客未能出行，A游客提出解除旅游合同。合同解除后，尚未履行的，终止履行；已经履行的，根据履行情况和合同性质，当事人可以要求恢复原状、采取其他补救措施，并有权要求赔偿损失。对于是否应当退还A游客已支付的旅游服务费并支付违约金，双方各执一词。

本次出行可以自备美国签证，且A游客也是自备的美国签证，在A游客自备美国签证的情况下，签证出现问题的责任应当由A游客自负。虽美国签证由A游客自备，但B旅行社作为旅游服务的提供者，并收取A游客的费用，在明确需要相关签证的情况下，应当对A游客提供的材料尽到一定的审查义务，在A游客已于2017年12月28日向B旅行社提供相关材料后，B旅行社没有在合理期限内审核相关材料并提出问题，直到2018年2月7日下午才告知游客发现的问题，此时距出行日仅3天的时间，导致A游客未能有足够的时间进行签证更正，B旅行社也未能提供合理有效的替代方案，对于A游客的旅游服务费损失应当承担一定的责任。

正如前所述，A游客对自备的签证在办理过程中及提供给B旅行社之前，应当尽到自身的核对义务，且该问题并非明显的，比如有效期的问题，而系一个字母的拼写问题，对于该问题A游客自身的审查核对义务应当高于B旅行社的义务。综上，法院根据A游客主张的数额、B旅行社支付给C旅行社的数额、双方的过错程度，酌情确定B旅行社退还A游客15 000元。A游客主张支付违约金，双方并无明确的书面合同关于违约金的约定，且A游客也未提交证据证明遭受的其他损失。故，对于A游客主张违约金的请求，法院不予支持。

律师观点

本案的争议焦点在于，既然是游客自办签证，为什么旅行社也要承担部分损失呢？首先，要从游客购买的旅游产品说起，A游客报名的是B旅行社组织的南美四国（即巴西、阿根廷、智利和秘鲁）出境游，其中，若游客持有美国签证可免签入境智利和秘鲁两个国家。A游客先按B旅行社的要求支付了20 000元订金，旅行社同时承诺，若游客的美国签证出现问题，将会把订金全额退还，若审核没有问题，则通知游客支付尾款。后A游客把办理好美国签证的护照原件及委托B旅行社办理的巴西、阿根廷签证材料一同邮寄给旅行社，交由其审查和保管。隔了一天，旅行社就回复材料已收到，并将审查后需要补充的材料告知游客继续准备，但只字未提游客美国签证存在问题，同时要求游客支付尾款。

可见，对于本次行程至关重要的美国签证，也是双方下一步签约、付款的前提条件，旅行社作为专业的旅游服务公司，其有义务也有能力对游客的签证是否符合行程要求进行审核。但由于旅行社员工的疏忽大意，以致没有及时发现签证中拼错的游客姓名字母，从而对整个行程产生影响。因此，法院酌定其承担部分责任，具有一定合理性。

但归根结底，本案的签证还是游客自行办理的，游客相对旅行社来说负有更多的注意义务，比如在线填写签证申请表时是否注意到姓名字母拼写的问题（如果填对了，是大使馆搞错了，还可以考虑向大使馆索赔），也就需要承担更多的责任。

本案的启发是，游客和旅行社对旅游所需的游客个人信息谁负有主要的审核义务，谁就对该信息出错承担主要责任。如果签证是游客自办的，旅行社只负责预订机票、酒店等服务，那因为签证问题（包括拒签、签证错误等）产生的损失，一般就只能由游客自行承担。如果是游客全权委托旅行社办理，且将旅行社要求的所有资料都及时、准确地予以提供，并由旅行社代游客向外国驻华使领馆送交签证申请，那签证姓名错误所造成的损失就应当由旅行社全部承担。

思考 针对上述案例，讨论造成此问题的原因及旅行社方面后续可以考虑采取的对策。

设计题

情景模拟：办理德国个人旅游签证

教师事先对德国（申根）签证的材料基本要求，并对部分特殊情况的材料要求和特殊事项（家庭主妇、自由职业、未成年人）进行说明。学生模拟旅行社销售人员指导顾客办理德国个人旅游签证的情景，具体要求如下。

（1）学生以3—5人为一个小组，分别扮演顾客与旅行社销售人员。

（2）顾客自拟身份、同行人、出行日期、行程天数等信息。

（3）销售向顾客介绍签证办理流程、所需材料，并结合顾客个人情况进行特别提示说明。

（4）顾客填写签证申请表，销售从旁进行指导并查漏补缺。

（5）不同小组交换签证申请表，并对填写情况进行点评，每个小组按照自填和交流情况进行总结陈述。

（6）教师进行活动总结。

表3-4-2 德 国 签 证

签证类别	旅 游	
受理时间	收齐材料后所需工作日10—15个，具体特殊情况由领馆最终决定。	
面试	无须面试，不排除领馆要求。	
地址	签证中心地址：中国上海市黄浦区四川中路213号久事商务大厦4层	
入境次数	单次或多次，具体以领馆签发为准	
有效期	具体以领馆签发为准	

续 表

签证类别	旅　　游	
停留期	具体以领馆签发为准	
受理省市	工作地或常住地是上海、江苏、浙江、安徽的中国公民，提供有效的且能体现居住地址的暂住证、临时居住证或居住证复印件（注意：如临时居住证或居住证上无法体现居住地址，请同时提供“来沪人员居住登记表”或“办理《上海市居住证》通知书”复印件）。 建议申请者至少在出发前30天递交您的签证申请，否则很有可能耽误您的行程。当然您可以提前90天（从您预计出发日期计算）递交您的签证申请。	
风险提示	1. 在办理签证期间，我社可能会根据您的材料情况要求增补其他材料；领馆也可能会针对您的实际情况，要求增补其他材料，或延长签证受理时间（此情况由领馆决定，我社无法干预）。领馆也可能因内部原因导致延迟出签，相关的受理时间信息仅供参考，非法定承诺。 2. 请您理解提供完整材料并不能作为获得签证的保证，最终签证结果将由申请国领馆决定。 （注：在签证未签出前，请先不要出机票及确认酒店。由此造成经济损失，由申请人自行承担。我社概不承担责任。）	
一、在职人员所需材料。		
材　　料	要　　求	是否
电子申请表	1. 请您一定如实、清晰、完整填写 2. 一定写明父母、配偶、子女各项	两选一
中文申请表		
护照	归国后至少6个月有效期；如有旧护照请一并提供。（请您在护照尾页“持照人签名”处用签字笔正楷签上自己的中文姓名）	
照片	半年内拍摄的2寸（3.5 cm*4.5 cm）白底彩照2张。	
身份证	正反面身份证复印件一份	
户口簿	整本复印件（不管改页拆页），如是集体户口，提供集体户口的证明原件。	
公司在职证明（提供模板）	1. 英文，必须包含公司抬头、英文公司名称、英文地址、电话、传真，加盖公司（公章）或（人力资源章）或（财务章），有公司负责人亲笔签名。公司负责人可以是法人代表、总经理、部门主管或人事主管。注：出行人不能为自己签名（除非是法人代表，可以为自己的在职证明签名）；同行人不可以互相签名； 2. 营业执照复印件：提供归国后仍在有效期之内的（营业执照）或（事业代码证）或（外商企业登记证）或（律师事务所执业许可证）或（医疗机构执业许可证）复印件并加盖公章。	
资金证明	6个月以上借记卡流水账单（信用卡除外）	
委托书（提供模板）	工作人员代送签证材料委托书一式两份，本人签名	

续　表

材　料	要　求	是否
保险(我公司可以代购需另付费)	1. 额度：须涵盖医疗保险和送返费用，医疗保险保额不低于3万欧元(约30万人民币)。 2. 期限：应至少覆盖机票订单往返中国的日期。 3. 保单应明确标明适用或覆盖申根地区的字样。只适用德国的保单不合格。	
预订单(我公司可以做虚拟，有预订单被取消风险)	机票预订记录(需体现申请人姓名、时间、航班信息) 酒店预订记录(需体现申请人姓名、时间、酒店信息) 英文行程安排	
资产证明	房产证复印件；车产证复印件；股票交割单复印件等其他资金证明(有助于出签率)；已婚者提供结婚证。	
二、如果您属于以下申请人，还需按照要求提供相应资料		
暂住人员	护照签发地不在上海、江苏、浙江、安徽的申请人需提供在以上省份6个月以前开始生效的暂/居住证复印件。	
自由职业	1. 配偶工作单位证明原件(英文)。 2. 配偶银行活期存折或配偶活期银行卡(信用卡除外)最近三到六个月的进出账单原件。 3. 经过中国外交部或中国驻外使馆认证的婚姻关系公证书(内含翻译)原件。 4. 其他固定收入证明。 5. 个人的说明：说明自己的主要经济来源和方式。	
退休	1. 提供退休证复印件。 2. 退休金，养老金或其他固定收入证明复印件。	
学生	1. 提供学校出具的英文在校证明(提供模板)，需用抬头纸打印并加盖公章和学校领导签名。 2. 学生证/学籍卡复印件。 3. 经济依附人工作单位证明原件，如申请人经济不独立必须提供，由经济依附人雇主出具的证明信(英文，或者中文附上英文翻译)，需使用公司正式的信头纸并加盖公章，签字，并明确日期及如下信息：任职公司的地址、电话和传真号码；任职公司签字人员的姓名和职务；申请人姓名、职务、收入和工作年限；准假证明。 4. 经济依附人的银行活期存折或活期银行卡(信用卡除外)最近三到六个月的进出账单原件。 5. 如未成年人单独旅行或跟随父母其中一方或法定监护人其中一方旅行，还需提供一份以下材料： (1) 经过中国外交部或中国驻外使馆认证的双方亲属或双方法定监护人许可公证书。如不在中国，则需在所居地的相关部门认证。 (2) 经过中国外交部或中国驻外使馆认证的亲属关系或法定监护关系公证书。 (3) 过中国外交部或中国驻外使馆认证的出生医学证明公证原件。	

公证STEP1：http：//www.shnotary.gov.cn/。

认证STEP2：受理地址及联系电话：上海市华山路228号二楼；电话，62470833http：//www.shfao.gov.cn/wsb/node270/node297/node299/node306/node313/index.html。

表3-4-3 申根签证中文资料表

<table>
<tr><td colspan="2">1. 姓</td><td colspan="2">2. 出生时姓氏</td><td colspan="2">3. 名</td></tr>
<tr><td colspan="2">4. 出生日期(日-月-年)</td><td colspan="2">5. 出生地
6. 出生国</td><td colspan="2">7. 现国籍
出生时国籍,如与现国籍不同</td></tr>
<tr><td colspan="2">8. 性别
□ 男
□ 女</td><td colspan="4">9. 婚姻状况 □ 未婚 □ 已婚 □ 分居 □ 离异 □ 丧偶
□ 其他 ____________</td></tr>
<tr><td colspan="6">10. 未成年申请人须填上合法监护人的姓名、住址(如与申请人不同)及国籍</td></tr>
<tr><td colspan="6">11. 身份证号码</td></tr>
<tr><td colspan="6">12. 护照种类: □ 普通护照 □ 外交护照 □ 公务护照 □ 因公护照 □ 特殊护照
□ 其他旅行证件(请注明): ____________</td></tr>
<tr><td colspan="2">13. 护照号码</td><td>14. 签发日期</td><td>15. 有效期至</td><td colspan="2">16. 签发机关</td></tr>
<tr><td colspan="4">17. 申请人住址及电子邮件</td><td colspan="2">家庭电话号码:
手机号码:</td></tr>
<tr><td colspan="6">18. 是否居住在现时国籍以外的国家
□ 否
□ 是。居留证____________编号____________有效期至____________</td></tr>
<tr><td colspan="3">*19. 现职业(中文)</td><td colspan="3">现职业(英文)</td></tr>
<tr><td colspan="6">*20. 工作单位名称,地址和电话,学生填写学校名称及地址(中英文均需要)</td></tr>
<tr><td colspan="6">21. 旅程主要目的
□ 旅游 □ 商务 □ 探亲访友 □ 文化 □ 体育 □ 官方访问 □ 医疗
□ 学习 □ 过境 □ 机场过境 □ 其他(请注明)________</td></tr>
<tr><td colspan="3">22. 申根目的地</td><td colspan="3">23. 首入申根国</td></tr>
<tr><td colspan="3">24. 申请入境次数
□ 一次 □ 两次 □ 多次</td><td colspan="3">25. 预计逗留或过境日数</td></tr>
<tr><td colspan="6">26. 过去三年获批的申根签证
□ 没有
□ 有。有效期由____________至____________</td></tr>
</table>

续　表

<table>
<tr><td colspan="2">27. 以往申请申根签证是否有指纹纪录
□ 没有　　□ 有　　　　如有，请写明日期__________</td></tr>
<tr><td colspan="2">28. 最后目的地之入境许可
签发机关__________　有效期由__________至__________</td></tr>
<tr><td>29. 预定入境申根国日期</td><td>30. 预定离开申根国日期</td></tr>
<tr><td colspan="2">*31. 申根国的邀请人姓名。如无邀请人，请填写申根国的酒店或暂住居所名称</td></tr>
<tr><td>邀请人/酒店/暂住居所的地址及电子邮件</td><td>电话及传真号码</td></tr>
<tr><td>*32. 邀请公司或机构名称及地址</td><td>邀请方电话及传真号码</td></tr>
<tr><td colspan="2">邀请公司/机构的联系人姓名、地址、电话、传真及电子邮件</td></tr>
<tr><td colspan="2">*33. 旅费以及在国外停留期间的生活费用</td></tr>
<tr><td>□ 由申请人支付

支付方式：
□ 现金
□ 旅行支票
□ 信用卡
□ 预缴住宿
□ 预缴交通
□ 其他（请注明）</td><td>□ 由赞助人（邀请人、公司或机构）支付，请注明
□ 参照字段 31 及 32
□ 其他（请注明）

支付方式：
□ 现金
□ 提供住宿
□ 支付旅程期间所有开支
□ 预缴交通
□ 其他（请注明）</td></tr>
</table>

1. 本人知道即使签证被拒也不能退还签证费。

2. 本人知道须预备有足够保额的旅游医疗保险作为首次及其后各次出发到申根国家领域之用。

3. 本人确保以上信息均系本人如实提供，确保信息正确而完整。本人知悉提供虚假信息可导致本人签证申请被拒签或已得到的签证被注销甚或受理本人签证的申根国会因此而对本人追究刑事责任。

本人签字：　　　　　　　　　　填写日期：

在职证明样本

公司抬头信纸打印

Certification

Dec 31，2020（打印此在职证明的日期）

Consulate General of Germany in Shanghai

Dear Sir or Madam：

Herewith we confirm that Mr./Mrs. ×××（申请人姓名）is the Employee of ×××（公司名称）. He/She will go to visit Germany and other Europe countries from Jan 1，2011（出发日期）to Jan 10，2011（回国日期）.

Name：（申请人姓名）

Date & Place of Birth：（申请人出生日期及出生地点）

Service organization：（申请人公司名称）

Title：（申请人职务）

Passport：（申请人护照号码）

Current Working Period：（申请人在该公司的工作年限）

Salary（including bonus）：（申请人的月薪，包括奖金）

All costs relating to his/her stay will be borne by himself/herself. We guarantee that during this trip he/she will obey laws of your country and be back as scheduled. We will resume his/her position in our company. It will be grateful if you issue his/her visa as soon as possible!

Yours faithfully，

删除后，在此空白处，请与下面打印姓名一致的申请人公司领导签署本人的中文签名（如是外国人签本国名字，并盖上与抬头纸一致的公司公章

×××（申请人公司领导职务）：×××（申请人公司领导姓名）

××××（申请人公司名称）

××××（申请人公司地址）

××××（申请人公司领导电话、传真）

任务掌握评价

1. 学生自评

要求在已完成和可以胜任的选项后打勾。

（1）能说出护照的分类。（　　）

（2）能列举护照使用的事项。（　　）

（3）能说出签证的含义及分类。（　　）

（4）能力列举办理签证时的注意事项。（　　）

（5）能概述办理签证的流程。（　　）

（6）能指导顾客准备办理签证的材料。（　　）

2. 老师评语

任务五　行前说明

2015年4月24日，国家旅游局正式发布《旅行社行前说明服务规范》(LB/T040—2015)。这是国家旅游局首次对旅行社服务全过程中的某一环节提出专门的行业服务标准，对落实《旅游法》相关精神、倡导游客“文明旅游”、促进旅行社服务向精细化方向发展具有深远意义。旅行社销售人员应当掌握相应规范并具备进行行前说明的能力。

通过本节内容学习，达到以下目标。

知识目标：概述行前说明的含义、具体内容及服务流程。

技能目标：能够召开行前说明会。

素质目标：培养学生对旅游安全、文明旅游的意识。

一、行前说明服务的含义

行前说明服务即pre-tour explication service，指旅行社与旅游者签订包价旅游合同、约定的旅游活动成行前，就约定的服务内容，向旅游者告知重要信息、有助顺利完成旅游的活动，是旅行社提供的包价旅游产品中不可缺少的服务环节之一。

行前说明服务提供方一般为与旅游者签订包价旅游合同的旅行社。通常由旅行社销售人员或领队提供具体服务。

二、行前说明服务的形式

(一) 一般服务

为保证行前说明服务的质量及效果，旅行社优先采取以下服务形式。

(1) 出行前且非出发当天，旅行社、旅游者双方见面的行前说明服务形式。

(2) 出行前且非出发当天，不见面形式的行前说明服务：旅行社利用互联网等技术或服务手段，向旅游者送达行前说明内容的电子版本和音、视频资料并取得旅游者接收确认，且有专门渠道、专门人员解答旅游者疑问。

(3) 上述两种形式的结合。

(二) 应急措施、补救手段

旅游者因故未能接受行前服务时，旅行社可采取以下服务形式作为应急措施或补救手段。

(1) 行程开始当天，在机场、车站、码头等公共区域临时举行。

（2）前往旅游目的地的交通工具上临时举行。

（3）在旅游过程中，通过播放音频、视频资料或由履行辅助人宣讲等进行。

三、行前说明服务的内容

（一）交付资料、物品

对与旅游安全、文明旅游相关的重要事项，应当向旅游者交付书面文件等形式的资料。重要信息在资料中应以加大字号、醒目色标注等处理方式引起旅游者重视。如：可能严重危及旅游者人身、财产安全的旅游风险提示、多发旅游风险的提示、安全避险措施等重要安全提示内容。旅行社认为应当交付的其他内容取决于旅行社自身管理需求和产品特点。

（二）告知相关内容

1. 出发信息

应向旅游者重点解读旅游行程，特别注意说明双方在签订包价旅游合同时尚未明确的要素，包括：交通工具的营运编号（如飞机航班号等）、集合出发的时间地点、必要的履行辅助人信息、团队标志（如导游旗、游客标志物）等。

2. 重要联络信息

应告知旅游者，并提醒其在旅游过程中全程携带的重要联络信息，具体如下。

（1）旅行社操作部门、销售部门相关工作人员、团队领队或全陪姓名及联络方式等信息；

（2）地接社及其工作人员（如地陪导游员）联络方式等信息；

（3）为游客提供保险产品的保险公司联络信息；

（4）遇到紧急情况时的应急联络方式。出境旅游产品还应向旅游者告知我国驻外使领馆应急联络方式；

（5）应该或能够在行程中为旅游者提供安全保障的其他机构或人员信息。

3. 行前准备事项

（1）告知旅游者国内、外运输管理相关法律、法规，行李托运须知，出入境物品管理相关法律、法规等；

（2）对旅游者乘坐交通工具、托运行李、出入国境有影响的事项，提示旅游者提前做好相应准备。

4. 旅游目的地相关信息

提示旅游者旅游目的地（国家或地区）历史、地理、气候、人文风俗等信息及相关注意事项。

5. 文明旅游提示

对旅游者进行的文明旅游提示应包括：

（1）旅游者应当注意的旅游目的地相关法律、法规和风俗习惯、宗教禁忌等；

（2）易因不了解而引起误会、冒犯、争端或遭受非议的其他事项；

（3）除上述提示外，出境旅游团队还应提示国家出入境管理相关法律、法规，以及依照中国法律不宜参加的活动。

6. 旅游者不适合参加旅游活动的情形

除一般旅行安全注意事项外，旅行社应根据产品行程设计内容，有针对性地提示行程中存在一定风险的旅游项目，再次询问旅游者健康状况，提示旅游者不适合参加旅游活动的情形。

7. 重大安全警示

应根据旅游目的地、行程安排的差异性，就以下事项对旅游者进行说明：

（1）行程中旅游者可能接触到的、操作不当有可能造成旅游者人身伤害的相关设施、设备的正确使用方法；

（2）必要的安全防范和应急措施；

（3）行程中未向旅游者开放的经营、服务场所和设施、设备；

（4）为保障安全，部分旅游者不适宜参加的活动。

8. 突发事件应急处理预案

（1）告知旅游者，旅行社对突发事件的处理流程；

（2）告知旅游者，有危及人身或财产安全的意外发生时，旅游者应联络的人员的顺序；

（3）如旅游者为旅游活动投保了保险，应告知旅游者保障内容及出险时可采取的措施；

（4）突发事件发生时，有利于旅游者保护自身安全的其他信息。

9. 议和投诉受理渠道

告知旅游者，当有争议发生时旅游者可通过何种渠道与方式维护自身利益，包括：

（1）旅行社受理投诉的渠道及流程；

（2）政府相关部门受理投诉的渠道及流程。

四、行前说明服务的流程

1. 告知并获得旅游者确认

应在合同签署时告知旅游者行前说明服务提供的方式、时间等信息，并申明服务的重要性，促使旅游者参与。

2. 获取旅游者参与记录

行前说明服务过程中，应获取旅游者参与活动的签字证明或其他形式的到场记录。

3. 宣讲及交付相关资料

对所有交付给旅游者的书面告知内容，应向旅游者收取接收确认，以保证信息能有效传达。

4. 答疑

就旅游者提出的与产品或服务有关的问题，旅行社服务人员应予以解答。采取非见面服务形式的，可由旅行社在团队出发前按约定方式对旅游者提出的疑问予以解答。

5. 资料存档

应指派专人对行前说明服务过程中的重要资料、记录进行整理、存档。存档要求应符合《中华人民共和国旅游法》对旅游者资料保存的相关规定。

设计题

模拟召开行前说明会

（1）教师事先确定若干不同的旅游目的地，要求学生根据不同的业务场景模拟准备行前说明会的召开。

(2) 学生以3—5人为一个小组,集体回顾并互相提问行前说明会的相关内容告知要求。

(3) 根据给出的情景资料与具体旅游产品,学生按小组合作进行行前说明会的模拟,具体要求包括:

① 能按照行前说明会的一般服务要求,小组内所有同学按流程依次进行相关信息的告知;

② 部分同学模拟游客,在信息告知后进行提问,并指派部分同学模拟旅行社人员完成答疑解释工作,小组其他同学对照相关知识,对提问及答疑部分进行评价。

(4) 各小组交流行前说明会模拟情况,每个小组按照交流情况进行总结陈述。

(5) 教师进行活动总结。

任务掌握评价

1. 学生自评

要求在已完成和可以胜任的选项后打勾。

(1) 能说出行前服务的形式。　(　　)

(2) 能列举行前服务需要说明的内容。　(　　)

(3) 能概述进行行前服务的流程。　(　　)

(4) 能模拟召开行前说明会。　(　　)

2. 老师评语

学习情景四

售后服务

旅行社的售后服务是指旅游者结束旅行之后，旅行社继续向参加旅游活动的顾客提供一系列的后续服务，目的在于主动了解客人对旅游活动组织和安排的反映，解决客人在旅游途中可能碰到的题目，以及加强同客人的联系。

任务一　处理投诉

在旅游服务中，投诉是指顾客对认为损害其合法权益的旅游经营者和有关服务人员向有关方面进行的申诉。不同的顾客，其投诉心理也不尽相同。了解顾客的投诉心理，减少和避免投诉，是旅游从业人员生存和发展的必由之路。

通过本节学习，达成以下目标。

知识目标：了解顾客投诉的心理特点，掌握旅行社投诉的种类、一般处理方法及应对策略。

技能目标：能按照投诉处理规范，受理顾客投诉；对无权处理的顾客投诉，能准确记录投诉内容，并按规定流程上报。

素质目标：培养学生养成仔细、严谨的习惯，提升自身判断力与沟通能力。

一、投诉的含义和种类

（一）含义

指旅行者在旅游过程中对事先约定的要素、提供的标准或范围产生异议，由此而产生的沟通协调和解决的过程。

在旅游活动过程中，旅游者认为自己的合法权益受到损害时，为保护自己的利益所采取的行动往往是投诉，目的是获取物质或精神的补偿。

（二）种类

来电投诉：顾客通过电话的方式进行投诉。

来访投诉：顾客直接前往实体店进行投诉。

来函投诉：顾客通过信件、传真或邮件的方式进行投诉。

网上投诉：顾客在网络平台上进行投诉，如12315。

主管部门转递投诉：顾客向上级主管部门进行投诉，如旅游质监所。

其他途径的投诉：如通过销售口头传达、通过媒体曝光等方式。

二、负责投诉的机构及职责

（一）机构

有条件的旅行社应设置投诉处理部门，可独立设置，也可设在质量管理部。无法单独设立部门的旅行社，最高管理者直接负责或指派专人负责投诉处理工作。

（二）职责

1. 投诉主管人员职责

负责和制定投诉处理规章制度、投诉处理程序以及制定有关的标准并监督执行；根据对投诉资料的分析，提出对服务质量不断完善和改进的措施。

2. 一般工作人员职责

执行旅行社制定的投诉处理的规章制度和标准，参照本行业投诉处理的惯例，坚持实事求是的原则，保护消费者的合法权益。积极维护旅行社的良好形象和信誉。

3. 人员资质要求

旅行社从事投诉处理工作的人员应具有一定工作经验，具备以下素质：

（1）掌握国家有关法律、法规和标准；

（2）掌握旅行社制定的投诉处理的规章制度；

（3）熟悉旅行社的旅游产品和具体业务；

（4）熟悉本行业投诉处理的惯例；

（5）具有一定的公共关系知识；

（6）具有良好的职业道德和沟通协调能力。

三、顾客投诉的心理特点

1. 求发泄心理

当顾客感觉受到了不公平待遇时，就会产生负面情绪，只有将这些负面情绪发泄出来，游客才能重新获得心理的平衡。而投诉就是最有效的一种发泄负面情绪的方式。

2. 求补偿心理

当顾客认为自己在旅游活动中受到损失时，通常希望能够获得一定的经济补偿。例如发生行程中实际安排的酒店档次与约定不符、导游服务态度不佳、因旅行社原因造成行程无法走完等。

3.求尊重心理

每个人在人际交往中都渴望得到别人的尊重，这是人的基本精神需求之一。在整个旅游过程中，由于旅游者始终处理“客人”的地位，求尊重的心理是十分明显的。如果发生投诉现象，顾客通常认为自己投诉的事实与理由是充分的，希望得到旅行社工作人员的尊重与支持，并渴望得到致歉及相应的反馈。

四、投诉应对策略

1. 耐心倾听、弄清真相

处理投诉时，应倾听顾客述说，不得使用过激语言，保持眼神交流，要敏锐地洞察顾客感到委屈、沮丧、失望之处，不能无视对方的情绪。要认真记录投诉内容，及时调查处理，尽量做到：事实清楚、证据确凿、处理得当、手续完备、程序合法。

2. 以诚恳的态度向顾客致歉

表达歉意须发自内心，使顾客感受到诚意，应对其遭遇表示同情并给予安慰。无论碰到怎样的投诉，都应表现出友善及愿意协助的态度，使顾客感觉受到尊重及理解，为后续进一步顺利处理投诉打好基础。

3. 根据不同情况做出恰当应对

对于一些明显是服务工作的过错，应马上道歉，在征得顾客同意后采取补偿性措施。对于一些较为复杂的问题，在弄清事实真相前，不应急于表达处理意见，应当先在情感上给予顾客慰藉，经过调查后再予以回复。对于一时不能处理的问题，应注意让顾客知晓处理进展，使顾客感受到诚意，也避免顾客误以为对其投诉不重视，从而进一步激化矛盾。

五、投诉处理的具体方法

（一）基本原则

（1）不得以任何形式拒绝顾客投诉或对其反映的问题不予理睬。

（2）本着“顾客至上”的原则，工作人员不得与顾客发生任何激烈的辩论。

（3）顾客投诉时，处理人员应以高度关注和尊重的态度，积极采取情感修复的手段，运用语言技巧，缓解和平复顾客愤怒的情绪。

（4）不损害公司的利益。在进行投诉处理时，要分析清楚顾客的投诉内容及责任认定，不能一味地认错，给予赔偿时既要考虑游客的诉求也要考虑到公司的损失。

（二）处理依据

投诉处理应依据体现公平、公正、合理的原则，处理的依据应包括以下几个方面。

（1）国家有关法律法规。

（2）有关服务质量方面的国家标准、行业标准、企业标准。

（3）旅行社制定的投诉处理的规章制度、办法。

（4）双方签订的合同或协。

（5）旅行社对社会公开的质量承诺。

（6）同行业的惯例。

（三）处理时限

旅行社对投诉应及时处理，不得无故拖延投诉处理的进度，具体应包括以下几方面。

<table>
<tr><th colspan="2">类　型</th><th>回复时限</th><th>举　例</th></tr>
<tr><td rowspan="3">回复归类</td><td>现场</td><td>0.5小时内</td><td>例如：景区门票无法进入景点；机场登机无客人姓名；酒店无客人信息等</td></tr>
<tr><td>紧急</td><td>2小时内</td><td>例如：价格浮动导致客人的不解；签证材料不解；紧急的报价等</td></tr>
<tr><td>非紧急</td><td>1个工作日内</td><td>例如：团队报价；确认机位房间等</td></tr>
<tr><td rowspan="3">投诉归类</td><td>现场升级的投诉</td><td>0.5小时内</td><td>例如：景区门票无法进入景点；机场登机无客人姓名；酒店无客人信息等</td></tr>
<tr><td>非现场投诉</td><td>3个工作日内</td><td>例如：客人已经返回，对整个行程中，旅行社的相关环节（门店、客服、地接、计调）有不满需要投诉</td></tr>
<tr><td>非旅行社责任投诉</td><td>7个工作日内</td><td>例如：航空公司的服务、保险公司的理赔不满意等</td></tr>
<tr><td colspan="4">话术：×先生/女士，您的问题我会马上提交相关部门（或相关工作人员），我们会在（×时间内）给到您回复，如您未得到相关解决，我工号是8888，您可再致电联系我！</td></tr>
</table>

图4-1-1　某旅行社投诉处理时限要求

（1）从受理到获得满意答复的全过程时间。

（2）对能够当场解决的问题，应立即解决。

（3）在给客人承诺的时间内，应尽早解决。

（4）在给客人承诺的时间内难以处理的投诉（如：因鉴定、检测、收集资料等其他原因耽误的时间），应向投诉者说明原因，并确定解决的时间。

（四）处理程序

1. 投诉受理

受理投诉是处理投诉的开端，为保障投诉处理的正常进行，旅行社工作人员应热情、友好地接待投诉者，理解投诉者的情绪。

以投诉电话为例。

首先，旅行社工作人员接到投诉电话时（或者在回程反馈时），应认真听取顾客反映的情况及意见，对顾客投诉的要点予以记录，待顾客说话结束后，再向顾客表达歉意，然后安抚其情绪并承诺及时予以解决处理。

旅行社工作人员应做好顾客投诉的记录工作，记录的内容包括以下几个方面。

（1）投诉接待人员和填表人员的姓名、接待日期和填写时间等。

（2）被投诉的旅游产品名称、旅游时间等。

（3）被投诉的人员和其负责人的姓名、职务等。

（4）投诉者的基本信息，如姓名、联系电话、通信地址等。

（5）投诉的事由或事情经过（包括发生时间）。

（6）投诉者出具的实物证据及资料。

（7）投诉者对解决方式的具体要求。

（8）具体的处理结果。

（9）投诉者、投诉处理人员、旅行社负责人等相关人员签字确认。

旅行社对顾客投诉的内容负有保密责任。对于投诉者不愿提供的与个人隐私有关的登记内容，旅行社应予尊重、理解。

2. 投诉调查

接待工作结束后，旅行社工作人员应立即将投诉记录交至投诉处理部门或从事投诉处理的人员处，不得搁置、拖延时间。

投诉处理部门应立即联系相关计调人员等责任人，对顾客投诉要点进行详细、如实的调查核实，收集必要的资料，以便分清责任，及时地解决问题，给投诉者以圆满的答复。

3. 投诉处理

对投诉的处理是投诉处理程序的重要环节。对受理的投诉应及时着手处理，并征求投诉者的意见。

（1）及时反馈。首先，旅行社应根据调查结果和处理依据，研究合理的处理意见，并选择合适的处理方式。在处理过程中，旅行社应将最新处理进展及时反馈给顾客，并对投诉事件的调查结果进行追踪。

（2）满足合理要求。顾客因误解导致投诉的，投诉处理人员应耐心地做好解释工作；顾客投诉属实的，投诉处理人员应及时向主管人员汇报，并积极与顾客协商处理。

旅行社应尽可能满足投诉者的合理要求。处理方式不仅限于现金和物质上的赔偿，还应包括精神上的安慰。如有涉及名誉等方面的精神伤害，还应以书面道歉、公开申明等方式对投诉者进行精神赔偿。

（3）书面处理。旅行社应主动与投诉者联系，说明调查情况，协商处理意见。对较复杂的投诉，应向投诉者展示全部调查资料，并给出书面的处理决定。书面处理决定的具体内容应包括：调查核实过程、事实与证据、处理依据、处理意见等，尽量避免产生争议。

4. 争议处理

如果因处理结果产生争议时，可采取以下解决途径。

（1）双方进一步协商和解。

（2）旅行社可申请旅游质量投诉监督中心、消费者协会等第三方进行调解。

（3）协商和解、调解不能解决争议的，旅行社可建议投诉者向消费者保护组织或旅游质监部门或旅行社监管部门申诉解决，或向人民法院起诉。

5. 资料保存及改进

旅行社应对投诉资料进行收集，设专人负责整理及保管，并确定资料保留时间。

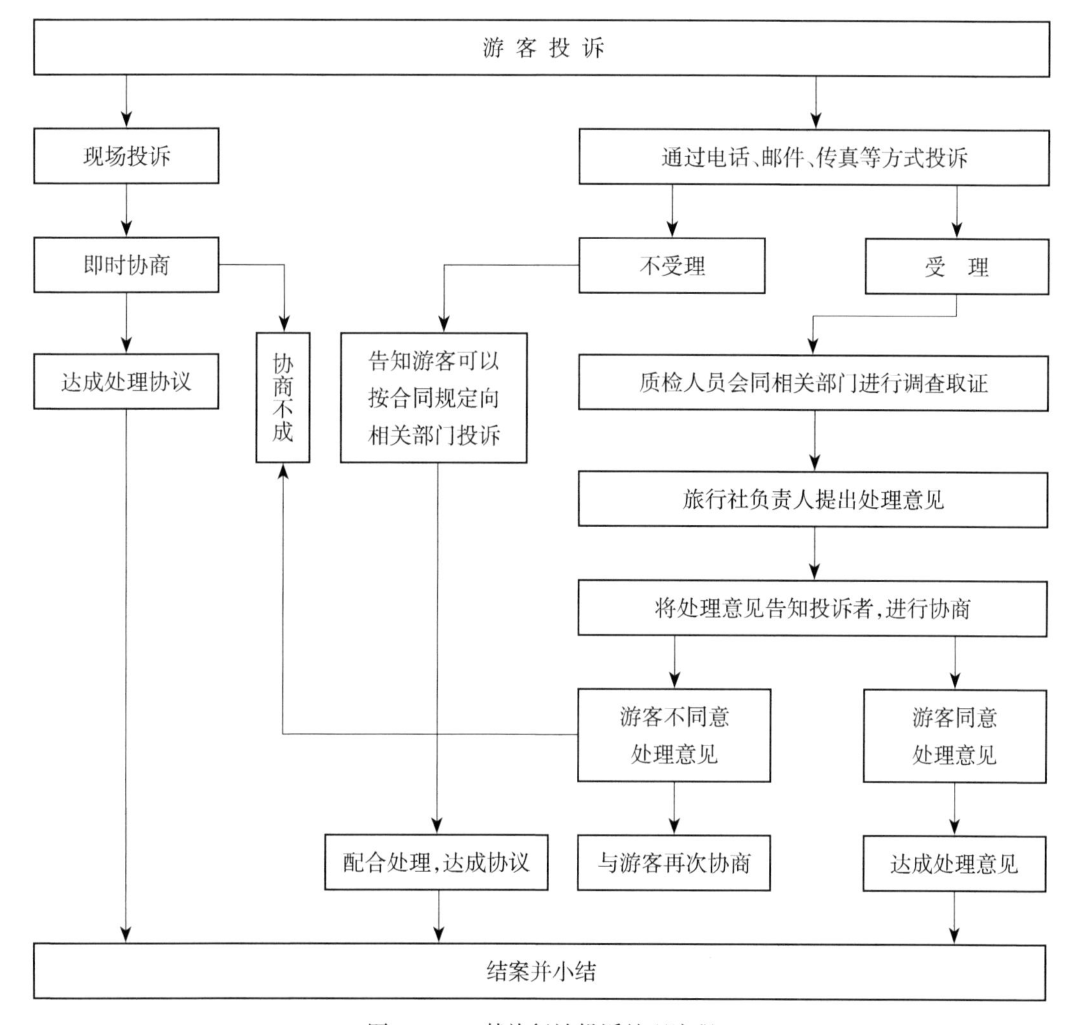

图4-1-2 某旅行社投诉处理流程

此外，旅行社还应对投诉资料进行分析、评价，制定改进措施，以便及时提高服务质量，具体包括如下方面。

（1）及时消除服务过程中存在潜在的不合格的原因。

（2）尽可能地满足顾客对服务质量的期望，消除或降低服务质量存在的缺陷。

（3）重新修订服务规范和服务提供规范。

（4）重新确定提供给顾客的信息，如重新编制旅游产品和服务说明等。

（5）重新制定旅游产品售前、售中、售后服务的措施。

（6）重新培训与服务质量职责有关的人员。

课堂思考

张女士参加某旅行社的香港四日游，行程第二日领队和当地导游随意调整了行程单上的餐厅，调整的理由及餐食的差价没有给顾客做说明，顾客要求说明理由并退回差价，领队含含糊糊不做正面回应，顾客当即电话向组团社投诉。请参照上图4-1-2某旅行社投诉处理流程，模拟投诉处理。

实训活动设计

设计题

模拟处理顾客投诉

（1）教师带领学生了解处理顾客投诉的方法，指导学生学习如何处理顾客的不同类型投诉。

（2）学生以3—5人为一个小组，复习处理顾客投诉的具体流程。

（3）教师给定不同的投诉内容，学生以小组为单位，分别扮演顾客和旅行社人员，进行顾客投诉处理的情景模拟。具体要求包括：

① 能按照岗位仪容仪表的要求，规范举止，并按照接待用语规范礼貌地接待顾客；

② 能按照投诉受理要求，熟练准确地记录顾客投诉的相关内容；

③ 能根据所学的投诉及争议处理程序，对碰到的问题区别对待、妥善处理、合理建议；

④ 填写投诉和解协议书

（4）每个小组按照模拟情况进行陈述，并在小组之间对陈述进行点评。

（5）教师进行活动总结。

附件：投诉和解协议书

甲方：

乙方：

________年____月____日—____月____日，乙方参加甲方组织的“____________”游览，乙方____________________对____________________提出投诉。经甲乙双方友

好协商，就相关问题的处理达成以下协议：

一、甲乙双方同意，搁置对甲方是否应当对乙方承担赔偿责任等相关方面的一切争议。

二、甲方同意，在乙方认可本协议书其他条款的前提下，甲方于本协议书签订后的______日内一次性向乙方支付______人民币______元（大写：______），其中包括______。

三、自本协议书生效之日起，甲乙双方关于本次旅游的所有事项及权利义务关系就此终了，乙方不再就本次旅游的任何事项以任何理由要求甲方承担（或赔偿）本协议第二条所列费用以外的其他费用。

四、乙方确认，乙方对其签订本协议书的行为及协议书的内容不存在重大误解。本协议书具有民事合同的法律性质，具有法律效力，甲乙双方均应遵照执行。

五、本协议书生效后，甲乙双方均自愿放弃就该事项提起诉讼、要求对该事项进行行政处理和裁决或者采用本协议外的其他方式处理该事项的权利。

六、本协议书自双方签字或盖章之日起生效，本协议一式两份，双方各持一份，具有同等的法律效力。

甲方： 乙方：

授（受）权代表： 法定代理人（监护人）：

任务掌握评价

1. 学生自评

要求在已完成和可以胜任的选项后打勾。

（1）在学习过程中查阅了相关法律法规。 （ ）

（2）在学习过程中查阅了旅行社投诉处理案例。 （ ）

（3）能概述游客投诉时的心理特点。 （ ）

（4）能列举投诉处理时的策略。 （ ）

（5）能说出投诉处理的基本原则。 （ ）

（6）能说出投诉处理的一般程序。 （ ）

（7）能体会妥善处理投诉的重要性。 （ ）

2. 老师评语

任务二 维护客户关系

作为旅行社销售人员，在顾客结束游程后，可以通过售后追踪等方式与顾客进行进一步的沟通，维护与客户的关系。维护好客户关系一方面可以培养老客户的忠诚度，增加二次消费，另一方面会使老客户主动为企业进行有力宣传，产生口碑效应，从而吸引新客户购买产品。

通过本节内容学习，达成以下目标。

知识目标：理解维护客户关系的重要性，掌握维护客户关系的流程，理解客户的分级标准。

技能目标：能对客户的情况进行评估并分级，能结合实际情况进行客户维护。

素质目标：提升岗位服务意识和爱岗敬业的职业素养。

一、维护客户关系的重要性

（一）利润源泉

企业的利润来源于客户，特别是对于旅行社这样的服务行业的企业而言，客户更可谓衣食父母和“财神爷”，维护好与客户的关系，就等于管好了“钱袋子”，得到客户的认可，也是旅行社能够长久稳定经营的基石。

正因如此，通用电气总裁韦尔奇曾说：“公司无法提供职业保障，只有客户才行”；著名的管理学大师彼德·德鲁克说：“企业的首要任务就是‘创造客户’”；沃尔玛公司创始人山姆·沃尔顿说：“实际上只有一个真正的老板，那就是客户。他只要把钱花在别处，就能将公司的董事长和所有雇员全部炒鱿鱼。”

（二）聚客效应

自古以来，人气就是商家发达的生意经。一般而言，人们都有着很强的从众心理，总是喜欢锦上添花，追捧那些“热门”企业。企业是否已经拥有大量的客户会成为人们选择企业的重要考虑因素。拥有众多的客户本身就是一种最好的宣传广告，这将使企业获得新客户变得更为容易。

（三）信息价值

客户的信息价值是指客户为企业提供信息，从而使企业更有效、更有的放矢地开展经营活动所产生的价值。这些基本信息包括：企业在建立客户档案时由客户无偿提供信息；企业与客户进行双向、互动的沟通过程中，由客户以各种方式（如抱怨、建议、要求等）向企业提供各类信息，包括客户需求信息、竞争对手信息、客户满意度信息等。

客户提供的这些信息不仅为企业节省收集信息的费用，而且为企业制订营销策略提供了真实、准确的一手资料。所以客户给企业提供的信息也是企业的巨大财富。

旅行社销售人员可以通过与老客户的沟通，快速地了解到自身产品的优势与不足之处以及市场的热点，从而进一步提升自身的品质与服务，开发新的人气产品。

（四）口碑价值

客户的口碑价值是指由于满意的客户向他人宣传本企业的产品或服务，从而吸引更多新客户加盟，使企业销售增长、收益增加所创造的价值。对于旅行社而言，每一位“忠诚”的老客户都好似一名“兼职销售“，他们会将自身的购买经历与旅行体验不断地传播给亲近的人，不经意间为企业源源不断地带来新客户，从而形成一种裂变效应。

研究表明，在顾客购买旅游产品时，亲朋好友的购买经历与建议会对决策起到决定性作用，远胜于商业广告和公共宣传的影响。因此，维护好每一位老客户，充分发挥和利用他们的口碑价值对于企业而言非常重要。

二、维护客户关系的流程

1. 确定维护客户关系的战略目标

维护客户关系的战略目标应以旅行社的发展战略为中心，为旅行社整体战略服务。在总体战略目标的基础上，制定出实施进程中的阶段目标，并予以量化，以此作为客户关系管理的建设目标和评估的依据。

2. 整理客户信息

通过报名资料、营销活动及与客户日常沟通交流等渠道收集客户信息，输入客户关系管理软件（CRM系统）或制成电子表格后，对客户资料进行统计整理，并不断更新完善客户档案数据库。

3. 分析客户信息

根据客户关系管理的战略目标，对客户的构成、交易行为、满意度和贡献率等指标进行分析，对客户进行分级，从中筛选出需要重点维护的对象。

4. 制订、实施计划

根据不同层级的客户，制订相应的维护与营销方案、合理的维护与营销方法，为特定细分市场的旅游者推荐合适的产品。

5. 评价和反馈

经过一段时间的维护与营销实施后，对前一阶段工作结果进行信息收集、分析和评价，找出成功的经验和不足，并根据评价结果对下一阶段的方案与措施进行改进与优化。

三、应当掌握的客户信息

（一）个人客户

1. 基本信息

个人客户的基本信息包括姓名、户籍、籍贯、血型、身高、体重、出生日期、性格特征、身份证号码、家庭住址、手机、电子邮箱、所在单位的名称、职务、单位地址等。

2. 消费情况

消费情况具体包括消费的金额、消费的频率、每次消费的规模、消费的档次、消费的偏好、购买渠道与购买方式的偏好、消费高峰时点、消费低峰时点、最近一次的消费时间等。

3. 事业情况

事业情况包括以往工作内容、单位名称、地点、职务、年收入，在目前单位的职务、年收入、对目前单位的态度、对事业的态度、长期事业目标是什么、中期事业目标是什么、最得意的个人成就是什么等。

4. 家庭情况

家庭情况包括已婚或未婚、结婚纪念日、如何庆祝结婚纪念日，配偶姓名、生日及血型、教育情况、兴趣专长及嗜好，有无子女，子女的姓名、年龄、生日、教育程度，对婚姻的看法、对子女教育的看法等。

5. 生活情况

生活情况包括过去的医疗病史、目前的健康状况，是否喝酒（种类、数量）、对喝酒的看法，是否吸烟（种类、数量）、对吸烟的看法，喜欢在何处用餐、喜欢吃什么菜，对生活的态度、有没有座右铭，休闲习惯是什么、度假习惯是什么，喜欢哪种运动、喜欢聊的话题是什么，最喜欢哪类媒体，个人生活的中期目标是什么、长期目标是什么等。

6. 教育情况

教育情况包括高中、大学、研究生的起止时间，最高学历、所修专业、主要课程，在校期间所获奖励、参加的社团、最喜欢的运动项目等。

7. 个性情况

个性情况包括曾参加过什么俱乐部或社团、目前所在的俱乐部或社团，是否热衷政治活动、宗教信仰或态度，喜欢看哪些类型的书，忌讳哪些事、重视哪些事，是否固执、是否重视别人的意见，待人处事的风格，自己认为自己的个性如何、家人认为他的个性如何、朋友认为他的个性如何、同事认为他的个性如何等。

8. 人际情况

人际情况包括亲戚姓名、与亲戚相处的情况、最要好的亲戚，朋友姓名、与朋友相处的情况、最要好的朋友，邻居姓名、与邻居相处的情况、最要好的邻居，对人际关系的看法等。

例如，房地产企业在收集客户信息时，通常关注客户目前拥有房地产的数量、品牌、购买时间等，而这些在结合家庭人口、职业、年龄和收入等数据进行分析后，往往能够得出该客户是否具有购买需求、预计购买的时间和数量、消费的档次等结论。

（二）企业客户

1. 基本信息

企业的名称、地址、电话、创立时间、组织方式、业种、资产等。

2. 客户特征

规模、服务区域、经营观念、经营方向、经营特点、企业形象、声誉等。

3. 业务状况

销售能力、销售业绩、发展潜力与优势、存在的问题及未来的对策等。

4. 交易状况

订单记录、交易条件、信用状况及出现过的信用问题、与客户的关系及合作态度、客户对企业及其竞争对手的产品或服务的评价、客户建议与意见等。

5. 负责人信息

所有者、经营管理者、法人代表及其姓名、年龄、学历、个性、兴趣、爱好、家庭、能力、素质等。

四、进行客户评估与分级

由于不同客户的购买力、购买欲望、服务需求等存在差异，每个客户给企业创造的收益也是各不相同的，正如帕累托定律所言，企业80%的收益来源于20%的高贡献度客户。旅行社在人力物力有限的情况下，需要合理调配资源，尽量为这群带来丰厚利润的、最有价值的客户提供优质的产品和服务，提升他们的满意度。

（一）重要客户

主要指具有较高忠诚度的大企业、政府机关、高净值客户、名人等。这类客户往往交易金额大，购买频次高，信誉良好。同时此类客户具有示范宣传效果，能起到增强旅行社品牌与知名度的作用。

此类客户是旅行社最需要关注的，对该类客户的管理目标是尽可能地保持他们的忠诚度。为客户提供一对一的专人服务，定期沟通拜访，根据客户需求定制产品，提供优质的产品及周到的服务，并增加产品附加值，以增强客户的体验。

（二）次重要客户

主要指具备较大规模及消费潜力，但忠诚度偏低，稳定性不高，当前交易总额尚处于较低阶段的客户群体。这部分客户是旅行社需要重点争取的对象。

此类客户一方面可能与其建立合作的时间并不长，尚未完全取得其信任。另一方面，销售服务的投入也较少。可以通过强化企业品牌、提高产品服务质量与销售对应服务等方法，进一步提升客户的好感度与信赖感。

（三）普通客户

主要指购买率较高的散客。此类客户对旅行社提供的新旅游线路或服务具有较高的购买意愿和兴趣，是具有成长性的客户。但由于这些客户相对较为分散，维护单价成本也相对较高。

对于此类顾客，旅行社可以采取内部分工管理的方式，由不同销售人员分别对应部分客户，尽量维护好与每个客户的关系，例如：在其生日或重要节假日时通过短信送上问候祝福，及时提供新的旅行产品信息，并以电话或问卷形式询问建议和看法；在其报名购买旅游产品时，以小额让利、旅程项目赠送、礼品馈赠等方式给予一定优惠。有时服务好普通顾客，也会有意料之外的惊喜发生——他可能会将身边熟悉的企业负责人或大客户介绍给你。因此服务好普通客户，也是构成企业持续发展的基础。

（四）小客户

主要指易转移的散客旅游者。此类客户往往是因为低价促销的原因才前来消费购买的一次性交易者。此类客户通常只看重价格，哪里便宜去便去哪里，较难培养忠诚度，而且往往咨询很多，实际下单很拖拉。

对于此类顾客，可提供自主性服务，如通过旅行社网站平台进行产品宣传，之后采用被动性应对，满足其普遍性的旅游需求，而不必进行针对性的开发。

五、维护客户的方法与技巧

旅行社销售人员需要掌握一些维护客户的方法与技巧,以提升客户的体验。如果能够把握客户的预期,并且让客户获得超出预期的价值感知,就会让客户感到满意,从而提升客户忠诚度。

(1) 让自己成为客户的客户。中国古语有言,预先取之必先予之。要想让客户成为自己忠诚的客户,要先学着成为客户忠诚的客户。想客户之所想,急客户之所急。这样你的客户才能一直维系与你的良好关系。比如你想与某汽车厂谈生意,你开着他们家生产的车去,谈成功的概率会大大提高。

(2) 充分利用节假日。在节假日到来时,多多拜访客户,了解客户的问题并解决,送送小礼物或者一起吃个便饭,沟通感情,这也是维护客户良好的方法。

(3) 充分了解你的客户爱好。与客户做生意,除了你解决客户的基本需求之外,如果有其他共同的东西可以沟通,可以进一步拉近你和客户的关系,提升客户的忠诚度。比如客户喜欢种花,那么日常沟通中,除了生意,可以一起聊聊种花。

(4) 让客户了解你的追求和进步。维护客户关系,并不是一味地迎合客户,有时候也要让客户从心底喜欢你。比如提高你的产品质量和性价比,多做社会公益,勇敢给客户提供一些承诺,也可以提高客户的忠诚度和好感。

(5) 充分了解你的客户需求。在与客户做生意的过程中,满足客户基本需求是最基础的能力,但是要想永久赢得客户,就要充分了解你的客户需求,这种需求不仅仅包括眼下的,还包括一些其他需求。要给客户一个惊喜,110%的满意。

(6) 建立系统的客户管理系统。随着客户的增加,客户管理难度不断增加,要想维护良好的客户关系,就要升级你的客户管理方式,建立系统的智能化的客户管理系统,这样才能确保做得更好,效率更高。

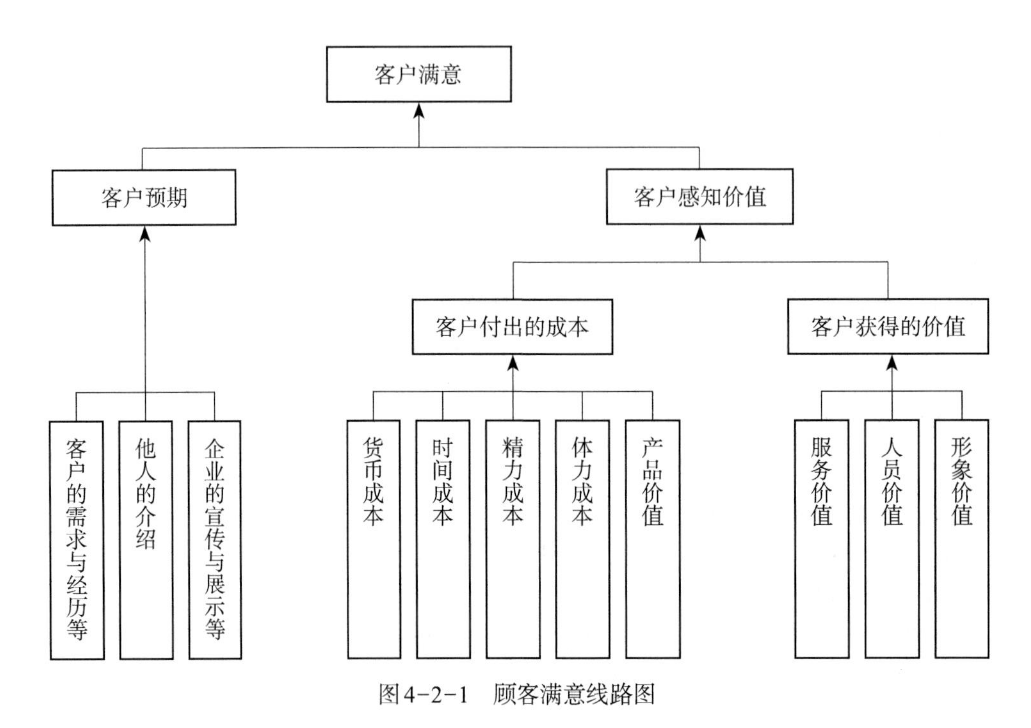

图4-2-1 顾客满意线路图

（7）建立完善的售后系统。优质的售后服务可以赢得老客户的信任和好感，维持好与老客户之间的关系，为实现二次销售做好铺垫。

（8）建立完善的促销策略。对待老客户，要给予更多的优惠，比如折扣、赠品；要常常和老客户沟通，对老客户进行满意度调查，配合刚刚提到的优惠福利。这也是维护客户的良好方式，让客户更加信任你。

案例4-2-1　曼谷东方酒店案例

一位朋友因公务经常出差泰国，并下榻在东方饭店，第一次入住时良好的饭店环境和服务就给他留下了深刻的印象，当他第二次入住时几个细节更使他对饭店的好感迅速升级。

那天早上，在他走出房门准备去餐厅的时候，楼层服务生恭敬地问道："于先生是要用早餐吗？"于先生很奇怪，反问："你怎么知道我姓于？"服务生说："我们饭店规定，晚上要背熟所有客人的姓名。"这令于先生大吃一惊，因为他频繁往返于世界各地，入住过无数高级酒店，但这种情况还是第一次碰到。

于先生高兴地乘电梯下到餐厅所在的楼层，刚刚走出电梯门，餐厅的服务生就说："于先生，里面请。"于先生更加疑惑，因为服务生并没有看到他的房卡，就问："你知道我姓于？"服务生答："上面的电话刚刚下来，说您已经下楼了。"如此高的效率让于先生再次大吃一惊。

于先生刚走进餐厅，服务小姐微笑着问："于先生还要老位子吗？"于先生的惊讶再次升级，心想："尽管我不是第一次在这里吃饭，但最近的一次也有一年多了，难道这里的服务小姐记忆力那么好？"看到于先生惊讶的目光，服务小姐主动解释说："我刚刚查过电脑记录，您在去年的6月8日在靠近第二个窗口的位子上用过早餐。"于先生听后兴奋地说："老位子！老位子！"小姐接着问："老菜单一个三明治，一杯咖啡，一个鸡蛋。"现在于先生已经不再惊讶了，"老菜单，就要老菜单！"于先生已经兴奋到了极点。

上餐时餐厅赠送了于先生一碟小菜，由于这种小菜于先生是第一次看到，就问："这是什么？"服务生后退两步说："这是我们特有的某某小菜。"服务生为什么要先后退两步呢，他是怕自己说话时口水不小心落在客人的食品上，这种细致的服务不要说在一般的酒店，就是美国最好的饭店里于先生都没有见过。这一次早餐给于先生留下了终生难忘的印象。

后来，由于业务调整的原因，于先生有三年的时间没有再到泰国去，在他生日的时候突然收到了一封东方饭店发来的生日贺卡，里面还附了一封短信，内容是：亲爱的于先生，您已经有三年没有来过我们这里了，我们全体人员都非常想念您，希望能再次见到您。今天是您的生日，祝您生日愉快。于先生当时激动得热泪盈眶，发誓如果再去泰国，绝对不会到任何其他的饭店，一定要住在东方，而且要说服所有的朋友也像他一样选择。于先生看了一下信封，上面贴着一枚六元的邮票。六块钱就这样买到了一颗心，这就是客户关系管理的魔力。

东方饭店非常重视培养忠实的客户，并且建立了一套完善的客户关系管理体系，使客户入住后可以得到无微不至的人性化服务，迄今为止，世界各国的约万人曾经入住过那里，用他们的话说，只要每年有十分之一的老顾客光顾饭店就会永远客满。这就是东方饭店成功的秘诀。

思考　在上述案例中，酒店采取了哪些措施以提升客户体验？是如何做到的？

案例4-2-2 某旅行社业务经理工作日记

8:30到公司，打开电脑，登录旅行社CRM系统。8:35系统自动提醒今天有4位老顾客过生日，马上给他们发一份电子贺信，重点客户手写一封贺信；8:40系统自动提醒今天有三个未处理的网上预订，处理网上预订，并电话确认；8:45给参加上个团旅游的每一位游客发封电子邮件，附件是随团导游拍的数码照片，对他们表示感谢；8:48从系统数据库内调出去年参加旅游的教师资料，给希望今年去黄山的教师发去黄山的旅游资料，给今年刚结婚的教师推荐几条蜜月旅游线；8:50调出后天出团中老顾客的旅游档案，包括他们曾经旅游过的目的地、饮食、喜好、性格、特长，身体状况等，打印出交给出团的导游；8:52在旅行社网站的BBS中收集处理游客的建议、意见，解答游客的咨询，对现有线路和服务作出改进……。

思考 结合本节所学内容，分析上述案例并谈谈你的看法。

实训活动设计

设计题

调查报告：旅行社业如何维护客户关系？

提示：

（1）调研当前该行业客户关系管理的做法，站在现有做法的基础上，超越当前的经验，策划该行业客户关系管理的做法与策略。

（2）要以理论为指导，这主要体现在思路和框架上，主体内容则必须紧密联系行业实际，不空谈，要言之有物，重对策，重实效。其中可穿插生动的实例来增强策略的有效性和说服力。

① 实践组织：教师布置策划任务，指出策划要点和注意事项。

② 全班分为若干个小组，采用组长负责制，组员合理分工、团结协作。

③ 相关资料和数据的收集可以通过实地调查，也可以采用第二手资料。

④ 小组内部充分讨论，认真分析研究，形成策划报告。

⑤ 小组需制作一份15分钟左右能够演示完毕的PPT文件在课堂上进行汇报，之后其他小组可提出质询，台上台下进行互动。

⑥ 教师对每组策划报告和课堂讨论情况即时进行点评和总结。

任务掌握评价

1. 学生自评

要求在已完成和可以胜任的选项后打勾。

（1）在完成实训作业的过程中查阅了其他资料。 （ ）

（2）能复述维护客户关系的一般流程。　（　　）
（3）能列举维护客户关系中应掌握的客户信息。　（　　）
（4）能根据客户资料进行客户评级及分类。　（　　）
（5）能列举维护客户的方法和技巧。　（　　）

2. 老师评语

参 考 文 献

[1] GUNN C A. Tourism Planning[M]. New York：Crane Russack，1979.

[2] LUNDBERG D E. The Tourist Business（the 5th Edition）[M]. New York：Van Nostrand Reinhold，1985.

[3] LEW A. A framework of tourist attraction research[J]. Annals of Tourism Research, 1987, 14：553-575.

[4] 宋海燕等.销售礼仪标准培训[M].北京：中国纺织出版社,2014.

[5] 张慧锋.客户关系管理实务[M].北京：人民邮电出版社,2014.

[6] 喻祥明.旅行社财务总监实务手册[M].北京：中国旅游出版社,2014.

[7] 魏巍.销售礼仪与沟通技巧培训全书[M].北京：中国纺织出版社,2015.

[8] 李晓铮.旅行社产品销售业务[M].北京：北京交通大学出版社,2015.

[9] 罗浩，冯润.论旅游景区、旅游产品、旅游资源及若干相关概念的经济性质[J].旅游学刊，2019，34（11）：116-123.

[10] 杨芸.旅游销售：业绩倍增实战技巧[M].北京：旅游教育出版社,2020.

[11] 张进福.旅游吸引物属性之辨[J].旅游学刊,2020,35（2）：134-146.

[12] 黄特.拓客：实体店引流99招[M].北京：清华大学出版社,2021.